KB036818

백과사전

# 백과사전

*Encyclopédie*

드니 디드로 지음
이충훈 옮김

도서출판 b

| 일러두기 |

* 이 책은 드니 디드로(Denis Diderot, 1713-1784)와 달랑베르(Jean le Rond d'Alembert, 1717-1783)의 『백과사전*Encyclopédie ou dictionnaire raisonné des sciences, des arts et des métiers*』 5권(1755)에 실린 디드로의 「백과사전」 항목을 모두 번역한 것이다. 번역의 대본으로는 Diderot, art. Encyclopédie, in *Œuvres*, éd. par Laurent Versini, t. I, Robert Laffont, 1994와 Diderot, *Encyclopédie*, éd. par Jean-Marc Mandosio, Paris, Editions de l'éclat, 2013을 이용했다. 베르시니 판의 각주를 이용할 경우 (V)로, 망도지오 판의 각주를 이용할 경우 (M)으로 표기했다. 표시가 없는 것은 모두 역자의 주이다.

# 차 례

# 백과사전Encyclopédie

단수, 여성 명사 (철학) 지식의 연쇄를 가리키는 말로, 그리스어 접두사 ἐν(안$^{內}$), 명사 κὐκλος(원$^{圓}$), παιδεία(지식)으로 구성된다.

사실 '백과사전'의 목적은 지구상에 흩어져 있는 지식을 모아 우리와 함께 살아가는 사람들에게 그 지식의 일반 체계를 제시하고, 이를 우리 다음에 올 후손에게 물려주는 것이다. 그렇게 해야 지난 세기의 연구들이 다가올 미래에 쓸모없는 것이 되지 않을 것이고, 우리 후손은 더 교양을 갖추어 덕성이 더 높아지고 더 행복해지게 되고, 우리는 죽기 전에 인류에 큰 공헌을 할 수 있게 된다.

사람의 호기심, 의무, 필요, 즐거움과 관련된 것을 죄다 다루려는 것보다 더 광범한 목적을 제시하기란 어려운 일이었으리라. 그래서 몇몇 사람들은 한 기획의 실현 가능성을 자기들의 능력 부족에 비추어 판단하는 데 익숙했던 까닭에 우리 사전은 결코 이루어질 리 없다고 선언해 버렸다. 『트레부 사전』의 최근 판에 실린 「백과사전」 항목을 보라.[1] 우리는 그들에게 국새상서 베이

---

1. 그러나 디드로가 여기서 지적한 트레부 사전(Dictionnaire de Trévoux)의 '백과사전' 비판은 디드로가 이 항목을 작성했던 1755년을 기준으로 해당 사전의 최근판인 1752년 판(5판)에 실린 것이 아니다. 이미 1730년판(3판)에 이 문제가 다루어졌으므로 트레부 사전의 비판은 디드로를 겨냥한 것으로 볼 수 없다. 다음은 트레부 사전 3판의 「백과사전」 항목 전문이다. "백과사전. 보편 학문, 모든 학문의 모음 혹은 연쇄. 한 사람이 백과사전[의 지식]에 정통하려는 것은 무모한 일이다. 이미 낡아버린 이 말은 소극(笑劇, le burlesque)에서나 사용될 뿐이다. 이 단어는 '발에 걸려 멈춘 사슬'인 πέδη에서 온 것이 아니다. 그리스어로는 αι, ένκυκλιπιδεία로 쓰며 접두사 έν과 '원'이라는 뜻의 κύκλος, '학문, 교리, 박학, 문학'을 의미하는 παιδεία에서 왔다. 어근은 παις로 '아이'라는 뜻이다. 그리스인들은 έγκυκλοπαιδεία라고 했는데 일곱 가지 교양과목의 지식, 모든 학문에 정통한다는 말이다. 퀸틸리아누스는 *Orbis ille doctrinam quem Greci έγκυκλοπαιδείαι vocant*라고 했고, 그리스 사람들은 κυκλοπαιδείαι라고도 했다. 통상 백과사전의 기획을 우스운 것으로 만드는 것은 그것을 시도하는 사람들이 전부를 조금씩, 대단히 피상적으로 아는 데 만족하기 때문이다. 우리가 어렸을 때 배웠던 피브라(Pibrac)의 4행시에 따르면 한 우물을 파야 하며 그 하나를 제대로 알려고 해야 한다. '하나의 기술 단지 그뿐, 그 속에서 갈고닦아 / 타인이 솜씨 좋아도 멈출 수 없니 / 네 기술은 나날이 완전함을 찾아 간다 / 탁월하다는 것은 사소한 영예가 아니니.' 하지만 양식 있고 건강하며 여가와 휴식이 충분할 때 좋은 선생을 만나고 올바른 길잡이를 찾았다면 백과사전[의 지식]에 이

컨의 다음 대목을 들어 답변하는 것으로 그치겠다. 이 대목은 특히 그들더러 들으라고 쓴 것 같다. "불가능성에 대해서 저는 이렇게 생각합니다. 모든 사람이 다 할 수는 없어도 어떤 이들이 할 수 있고, 혼자서는 할 수 없어도 여럿이 힘을 합치면 할 수 있고, 단 한 세기에 할 수는 없어도 여러 세기를 이어 가면서 할 수 있고, 개인들의 근면과 헌신으로는 할 수 없어도 공동체가 관심을 기울이고 경비를 대면 할 수 있는 그 모든 것을 저는 가능하며 해볼 수 있는 일이라고 생각합니다."[2]

• •
르게 되는 것이 어려운 일만은 아닐 수도 있다. [이때] '백과사전'은 비트루비우스가 '백과사전의 학문(Encyclios discplina)'이라고 부른 바로 그것이다."

    여기서 인용된 퀸틸리아누스의 구절은 『웅변강의 Les Institutions oratoires』 1권 10장의 첫머리에 나온다. "이것이 내가 문법에 대해서 해야 했던 이야기이다. 나는 이를 가능한 한 아주 간단한 것으로 만들었지만 모든 것을 전부 다루었다고 주장하지는 않았다. 이 영역은 무한한 것이 될 것이지만 본질적인 부분을 표시하면 그만이다. 나는 지금 아이들이 수사학자의 손에 가기 전에 유용하게 알아야 할 것이라 믿는 지식에 대해 한마디만 하려고 한다. 그것은 그리스인들이 백과사전이라고 불렀던 학문의 원을 두루 살피도록 하기 위한 것이다."(*Haec de grammatice, quam breuissime potui, non ut omnia dicerem sectatus, quod infinitum erat, sed ut maxime necessaria. Nunc de ceteris artibus, quibus instituendos, priusquam rhetori tradantur, pueros existimo, strictim subiungam, ut efficiatur* orbis ille doctrinae, quem Graeci εγκυκλιον παιδειναν uocant.)

2. 베이컨, 『학문의 진보에 관하여 *De dignitqte & augemtis scientiarum*』(1605) 2부. 원문에 라틴어로 되어 있다. "*De impossobilitate ita statuo; ea omnia*

'백과사전'이라는 방대한 분야를 검토하게 될 때, 뚜렷이 드러나는 한 가지 사실은 그것이 단 한 사람의 작업일 수 없다는 것이다. 한 사람이 그 짧은 인생에 어떻게 자연과 기술[3]의 보편 체계를 이해하고 설명할 수 있겠는가? 수많은 학자들이 모인 학회 크루스카 아카데미[4]에서 이탈리아어 어휘집을 만드는 데 사십 년이 걸렸고 아카데미 프랑세즈 회원들은 육십 년 작업 끝에 사전의 초판을 냈다.[5] 그런데 언어 사전dictionnaire de langue이

possibilia & proestabilia esse censenda quoe ab aliquibus perfici possunt, licet non a quivusvis; & quoe a multis conjunctim; licet non ab uno; & quoe in successione soeculorum, licet non eodem oevo; & denique quoe multorum cura &c. sumptu, licet non opibus & industria singulorum." 디드로는 베이컨의 이 구절을 이미 『취지서Prospectus』(1750) 첫머리에서 인용했다.

3. '자연과 기술(la nature et l'art)'은 현상으로서의 자연의 연구와 자연을 '가공'하는 인간의 기술이라는 두 영역의 구분을 말한다. 기술(l'art)은 예술 혹은 기술의 의미가 모두 있지만, 본 번역에서는 모두 '기술'로만 옮겼다.

4. 이탈리아 크루스카 아카데미(Accademia della Crusca)는 1583년에 피렌체에서 설립되었다. 이 아카데미는 이미 피렌체에 존재했던 현학적인 피렌체 아카데미와 대립했다. 크루스카 아카데미는 1590년경 이탈리아어 어휘집(Il Vocabolario)을 만드는 작업을 시작하면서 단테와 보카치오는 물론, 페트라르카, 뱀보, 아리오스트 등 동시대 다른 지역 작가들까지 연구하게 되었다. 이 어휘집은 1612년에 베네치아에서 출판되었으며(2판은 1623년), 1691년에 피렌체에서 3판이 나왔다. 크루스카 아카데미는 1729-1738년에 4판을 내고 1783년에 문을 닫았다가, 1811년에 다시 문을 열고 5판(1863-1923)을 냈다. 디드로는 1583-1612년 사이의 약 30년의 기간을 40년으로 혼동했다.

란 무엇인가? 가능한 완전하게 제작된 어휘집<sup>vocabulaire</sup>이란 무엇인가? 채워야 할 표제어들을 백과사전적이고 체계적<sup>raisonné</sup>인[6] 사전의 방식으로 대단히 정확하게 모아 놓은 것을 말한다.[7]

단 한 사람이 존재하는 모든 것의 주인이 되어 다른 사람들이 축적한 부를 마음껏 사용할 것이라고들 말한다. 나는 이 원칙에 동의할 수 없다. 나는 한 사람이 사람이 알 수 있는 모든 것을 알게 되고, 존재하는 모든 것을 사용하고, 볼 수 있는 모든 것을 보고, 정신의 모든 것을 이해할 수 있으리라 믿지 않는다. 학문과 기술의 체계적인 사전이 [학문과 예술의] 기초를 논리정연하게 méthodique 결합해 놓은 것일 뿐이라면, 올바른 기초를 세워야

• •
5. 아카데미 프랑세즈(l'Académie française)는 1635년에 루이 13세의 재상 리쉴리외가 설립했다. 1694년에 아카데미 프랑세즈 사전의 초판이 나왔으므로 디드로의 계산이 정확하다. 이 사전은 1718, 1740, 1762, 1798, 1835, 1878, 1932-1935, 1992년에 개정판이 나왔다(현재 9판).
6. "어떤 기술을 배우기 위한 모든 방법으로 이를 따라 모든 규칙을 설명한다."(아카데미 사전)
7. 달랑베르는 사전(dictionnaire), 어휘집(vocabulaire), 용어사전(glossaire)을 구분한다. "이 세 가지는 통상 어떤 순서에 따라 수많은 단어를 배치해서 필요할 때 쉽게 찾아볼 수 있게 한 저작을 말한다. 하지만 다음의 차이가 있다. 1. 어휘집과 용어사전은 순수한 단어 '사전'이지만 일반적인 사전은 언어 사전뿐 아니라 역사 사전, 학문과 예술의 사전도 포함한다. 2. 어휘집의 단어는 알파벳 순서로 배치되지 않을 수 있고 설명이 없을 수도 있다. […] 3. 용어사전은 잘 알려지지 않았고, 부정확하게 쓰이거나 오래된 말을 수록한 사전이다."(Enc. IV: 969b)

하는 사람은 누구일 것이며, 어떤 학문이나 기술의 근본 원리를
기초적으로 제시하는 일이 학생의 습작으로 될 일인지, 대가의
걸작이어야 하는지 묻고 싶다. 「학문의 기초」 항목을 보라.[8]

그러나 단 한 사람이 학문일반의 체계적인 사전을 제작하는
일이 얼마나 어려운 일인지 의심의 여지없이 보여주려면 그저
어휘집을 하나 만드는 것도 어려운 일임을 강조하는 것으로 충분

* *
8. "이제 학문의 완전한 기초를 놓는 일이 단 한 사람의 작업일 수 있는지,
학문의 기초를 놓는 일이 사람이 사용하는 모든 대상의 보편적이고 심오
한 지식을 전제로 하는 이상, 그것이 어떻게 한 사람의 작업일 수 있을지
판단할 수 있을 것이다. 나는 '심오한 지식'이라고 말했다. 한 학문의
모든 원칙을 피상적으로 다뤄 놓고 그것을 가르칠 수 있으리라 생각해서
는 안 되기 때문이다. 훌륭한 기초 서적은 거의 없는 반면, 형편없는
기초 서적은 날이면 날마다 넘쳐나는 이유는 허영과 무지의 소산인 이러
한 편견에 있다. 학생은 처음 만났던 손쉬운 길에서 갓 벗어나자마자
어려움을 만나 깜짝 놀란다. 그 어려움을 전부 극복한 것도 아니면서
그것을 가르치고 남보다 우위에 서려고 한다. 자기보다 앞선 사람들의
검열자이자 표절자로서, 그는 베끼고, 개작하고, 늘이고, 뒤집고, 압축하
고, 난해하게 만들고, 모호하고 무정형한 생각뿐이면서 그것을 명확하다
고 생각하고, 작가가 되고 싶었을 뿐이면서 유용한 사람이 되고자 했다고
주장한다. 우리는 그를 눈에 안대를 하고 더듬거리며 미로를 헤매고 있으
면서 지도를 제시하고 굽이 길을 펼칠 수 있다고 믿는 사람과 비교할
수 있을 것이다. 다른 한편 오랫동안 꾸준히 연구를 하여 어려움을 극복
하고 섬세함이 무엇인지 아는 장인기술자들은 예전에 자기들이 따라가
기가 그토록 어려웠던 길을 다른 사람들이 편하게 가도록 하기 위해
자기가 처음에 걸어왔던 길로 절대 되돌아가지 않으려고 한다."(달랑베
르, 「학문의 기초」, Enc. V: 496b)

하다.

보편 어휘집은 한 언어에서 쓰이는 용어들의 의미를 고정하는
것을 목적으로 하는 저작으로서 용어와 관련된 특징이나 관념을
짧고 정확하고 명료하고 간결하게 열거함으로써 정의가 가능한
용어를 정의하게 된다. 올바른 정의란 단어가 지시하는 사물의
본질적 속성을 모두 모은 것이다. 그런데 모든 사람이 이 속성을
전부 알고 설명할 수 있는가? 올바르게 정의하는 기술이 누구나
쉽게 사용할 수 있는 기술이던가?[9] 우리는 정도의 차이는 있겠지

9. "[…] 정의가 불가능한 말이 있다. […] [그중 하나가 시간인데, 시간을
정의하면서] 어떤 사람들은 그것이 창조된 사물의 운동이라고 하고 다른
사람은 운동의 척도라고 한다. 내가 말하는 사물의 본성은 모든 사람에게
알려진 것이 아니다. 그것은 고작해야 단순히 사물과 이름의 관계일 뿐이
다. '시간'이라는 표현을 가지고 모든 사람들은 동일한 대상을 생각하게
된다. […] 정의는 우리가 명명하는 사물을 지시하기 위해서 이루어지는
것이지 그 본성을 보여주기 위한 것이 아니다. […] 생각하기 시작한
뒤에 생각의 차이가 생기는 것이다."(파스칼, 『기하학의 정신에 대하여
De l'esprit géométrique』, GF Flammarion, 1985. 72쪽) 아르노와 니콜은
"일상적인 언어에서 만나게 되는 말의 혼동을 피하기 위한 가장 좋은
방법은 새로운 언어와 새로운 단어들을 만들어내는 것이다. 이때 새로운
단어들은 오로지 이 말들이 재현해주기를 바라는 관념들에 적용될 뿐이
다."(아르노, 니콜, 『논리학La logique ou L'art de penser』, 1부 12장,
Gallimard, 1992, 78쪽) 파스칼과 아르노는 모두 말의 혼동을 피하기 위해
일상적인 언어와 철학적인 언어 사이에 구분을 두었다. 파스칼은 정의될
수 없는 용어들이 존재한다고 생각하며, 아르노는 새로운 언어를 만드는
것(논리학에 기반을 둔 프랑스어의 개혁)에서 해결책을 모색했다. 이러

만 무수히 많은 용어를 더할 나위 없이 정확하게 적용해 쓰지만, 그 용어들을 그것이 나타내는 다수의 특징이나 관념으로 적절하게 대체해 쓸 줄은 모르는 아이들의 경우[10] 와 같지 않은가? 이로부터 흔하디흔한 표현의 의미를 고정시킬 때 예기치 못한 문제들이 얼마나 쏟아져 나오는가? 가장 이해를 못하는 표현이 제일 많이 쓰이는 표현임을 항상 경험으로 알게 된다. 이 기이한 현상의 원인이 무엇일까? 그것은 어떤 사물은 '이러하다'고 말할 기회는 끊임없이 생기는 반면 '이러한 존재'가 무엇인지 결정을 내려야 할 기회는 거의 없기 때문이다. 가장 빈번히 이루어지는 판단은 개별대상에 내려지는 판단이며, 우리는 언어와 사교계에서 자주 통용되는 용례를 따르기만 하면 된다.[11] 우리는 살면서 들은

· ·

한 생각은 또한 라이프니츠에게 직접 영향을 주었다. 이들은 좋은 작가들과 사교계에게서 모범을 찾으면서 말의 '올바른 사용법'을 주장하는 용례 우선의 문법학자들과 대립했다.

10. 콩디약은 우리가 나무를 처음 보는 아이에게 그것을 가리키며 '나무'라고 한다면, 그와 다른 두 번째, 세 번째 나무를 보더라도 그 아이는 종이나 속의 구분 없이 똑같이 '나무'라고 말한다고 주장한다. 그 뒤에 아이가 나무들 사이의 차이를 구분하게 되었을 때 자기가 이전에 '나무'라는 동일한 이름으로 불렀던 것이 사실은 모두 다른 종이었음을 깨닫게 된다. 콩디약의 주장은 세부적 특징의 구분은 선험적인 것이 아니라, 경험의 축적 이후에 가능하게 된다는 것이다.(Condillac, *La Logique ou les premiers développements de l'art de penser*, Paris, L'Esprit & Debure, 1780, 30쪽)

11. "사실 언어의 특징을 결정하는 공동의 용례는 […] 우리가 단어의 의미

바를 계속 반복할 뿐이다. 그런데 많은 수의 개체를 하나도 빠짐없이 모두 포함하는 일반개념을 만들어내어야 하는 경우는 사정이 다르다. 이 경우에는 대단히 심오한 사색과 놀랄 만큼 확장된 지식이 있어야 확실한 방향을 잡을 수 있다. 나는 한 가지 예를 통해 이러한 원칙을 명확히 하고자 한다. 종류에 상관없이 무수히 많은 대상에 대해 우리들 중 누구도 잘못 생각하는 일 없이 "그것은 사치스럽다"는 말을 한다. 그런데 누구나 할 것 없이 그 많은 대상을 이르는 '사치'라는 말은 무엇인가? '사치'라는 말을 가장 정확하게 적용해서 쓰고 있다고 알려진 사람들도 이 말에 대해 논의를 해본 적이 없고, 아마 논의할 능력도 없겠지만, 이 문제는 그런 논의가 끝나봐야 다소 정확하게 풀릴 수 있다.

모든 용어를 정의해야 하지만 어간<sup>les radicaux</sup>은 제외한다. 어간은 단순 감각이나 가장 보편적인 추상관념을 가리킨다. 「사전」<sup>12.</sup>

∵∵ 를 고정하는 데 유용하다고 생각할 수 있으며, 그것이 어느 정도까지 단어의 의미를 고정해준다는 점을 부정할 수 없다. 일상적인 대화에서는 공동의 용례로 단어의 의미를 충분히 결정할 수 있다는 점은 의심의 여지가 없다. 그러나 단어의 의미를 정확하게 세우고, 단어 하나하나에 결부시켜야 할 관념이 어떤 것인지 정할 권리는 누구에게도 없으므로, 통상적인 용례는 우리가 그 단어들을 철학적 담화에 적용시키는 데 충분하지 않다."(존 로크, 『인간지성론*Essai philosophique concernant l'entendement humain*』, trad. par Coste, Amsterdam, J. Schrfeuder & Pierre Mortier le Jeune, 1760; Paris, Vrin, 1983, 388쪽)

12. 달랑베르는 「사전」 항목에서 "존재의 일반적 속성을 가리키는 말"에 주목한다. 예를 들면 '존재', '연장', '사유', '감각', '시간' 등의 말이

항목을 보라. 그중 몇 가지를 **빠뜨렸을까?** 어휘집은 불완전하기 마련이다. 하나도 빼놓지 않으려고 하는가? 기하학자가 아니라면 누가 '켤레<sup>conjugé</sup>'라는 말을 정확하게 정의할까? 문법학자가 아니라면 누가 '동사의 활용<sup>conjugaison</sup>'이라는 말을 정의하겠는가? 천문학자가 아니라면 누가 '방위각'을 정의하겠는가? 문인이 '서사시'를, 상인은 '환전'을, 모럴리스트가 '악<sup>惡</sup>'을, 신학자가 '성위<sup>hypostase, 聖位</sup>'를, 철학자가 '형이상학'을, 기술 분야에 정통한 사람이 '끌'을 정의해야 하지 않겠는가?[13] 이 점으로부터 내가 내린 결론은 아카데미 프랑세즈가 다양한 지식과 재능을 한 자리에 모으지 않았다면 아카데미 프랑세즈 사전에 수많은 표현이 간과되어 찾아볼 수 없었을 것이고, 잘못되고 불완전하고 부조리하고 우스꽝스럽기까지 한 정의들이 나오지 않기란 불가능했으

그런 것이다. '존재'는 사물의 '있음'과 '없음'을, '감각'은 외부 자극의 유무와 정도를 추상화한 말이다. 달랑베르와 디드로는 이런 말들이 "언어의 철학적 뿌리"일 것이며 시간적으로 가장 앞선 말이라고 생각한다. "일반적으로 어간으로 간주하는 말은 하나하나가 다른 것과 완전히 다른 관념을 제시하는 단어일 것이다."(Enc IV: 959a)

13. 「켤레」 항목은 달랑베르, 「동사의 활용」 항목은 문법학자 뒤마르세, 「서사시」 항목은 백과사전의 문학 담당 집필자 마르몽텔, 「환전」 항목은 낭트 지역의 선주(船主)의 조카이면서 제조 상인이었던 베롱 뒤베르제 드 포르보네(Véron Duverger de Forbonnais), 「끌」 항목은 건축가 자크 프랑수아 블롱델(Jacques-François Blondel)과 변호사였다가 종마사육 위원이 되었던 클로드 부르줄라(Claude Bourgelat)가 집필했다. 그러나 「성위」 항목은 트레부 사전에서 베낀 것이다.

리라는 점이다.

우리와 모든 것에 대해 말하지만 아는 것은 아무것도 없는 사람들은 그렇게 생각하지 않는다는 점을 내가 모르는 바 아니다. 그들은 아카데미 회원이 아니고 앞으로도 아닐 것이다. 자격이 없기 때문이다. 그러나 그들은 아카데미 프랑세즈에서 공석이 된 자리에 지명을 하려고 하고, 감히 아카데미의 목적에 제한을 두고자 하면서 메랑, 모페르튀, 달랑베르[14] 등의 입회에 분개해했고, 그들 중 한 사람이 아카데미에서 첫 번째 발언을 했을 때가 '정오$^{正午}$'라는 말의 정의를 수정하려는 자리였음을 알지 못하는 것이다. 그 사람들의 말을 들어보면 언어에 대한 지식과 아카데

• •
14. 장 자크 도르투 드 메랑(Jean-Jacques Dortous de Mairan, 1678-1771)은 프랑소아 조셉 드 보푸알 드 생-톨레르(François-Joseph de Beaupoil de Sainte-Aulaire)의 뒤를 이어 1743년에 아카데미 프랑세즈의 회원이 되었다. 물리학자이자 수학자로 생토노레 가의 랑베르 부인(la marquise de Lambert)과 탕생 부인(Madame de Tencin, 달랑베르의 어머니)이 열었던 살롱에 자주 출입했고 디드로를 비롯한 당대 철학자들과 교류했다. 피에르 루이 모로 드 모페르튀(Pierre-Louis Moreau de Maupertuis, 1698-1759)는 『영구 평화론』의 저자로 알려진 샤를 이레네 카스텔 드 생 피에르(Charles-Irénée Castel de Saint-Pierre)의 뒤를 이어 도르투 드 메랑과 같은 해에 아카데미 프랑세즈의 회원이 된다. 모페르튀는 기하학자이자 천문학자로 당시 데카르트 자연철학이 우세했던 아카데미 프랑세즈에서 뉴턴의 입장을 지지했다. 1745년부터 베를린에 정착하여 베를린 아카데미 회원이 되는데 여기서 볼테르와 논쟁한다. 달랑베르는 장 바티스트 쉬리앙(Jean-Baptiste Surian)의 뒤를 이어 1754년에 아카데미 회원이 된다.

미 사전을 그들에게 익숙한 아주 적은 수의 용어로 줄여야 한다는 주장인 것 같다. 그렇지만 그들은 대충 넘어가지 않았다면 나무, 동물, 풀草, 꽃, 악惡, 덕, 진리, 힘, 법 등 여러 용어를 찾을 수 있었을 것이고, 그 용어를 엄격하게 정의하기 위해서는 철학자, 법률가, 역사학자, 자연사가 등, 한마디로 말해서 그러한 존재를 이루는 구체적이거나 추상적인 특징을 잘 알고, 그 존재가 유일무이한 것인지 닮은 존재들이 있는지에 따라 그것을 특화 또는 개별화하는 사람에게 도움을 구하지 않을 수 없음을 알게 되었을 것이다.

그러므로 정확한 어휘집을 제작하려면 재능을 가진 수많은 사람의 도움이 필요하다고 결론짓자. 이름의 정의는 사물의 정의와 다르지 않고(「정의」 항목[15]을 보라), 사물은 오랜 연구를 한 사람이 아니라면 제대로 정의하거나 기술記述할 수 없기 때문이다. 그런데 사정이 이러하다면, 그 단어를 정의하는 데 그치지 않고 사물이 갖는 모든 속성을 세부적으로 제시하고자 하는 저작을 만들려면 필요하지 않은 것이 무엇이겠는가?

따라서 학문과 기술의 보편적이고 체계적인 사전은 한 사람의 작업이 될 수 없다. 더 나아가 나는 이 사전은 개별적이든 단체든 현재 존재하는 어떤 문인협회나 학술협회가 할 수 있는 작업이라

• •
15. 베를린 아카데미 종신서기를 지냈던 철학자 장 루이 사뮈엘 포르메(Jean Louis Samuel Formey, 1711-1797)의 항목.

고도 생각하지 않는다.

아카데미 프랑세즈가 백과사전에 제공하는 것은 언어와 언어의 용례에 관한 것뿐이리라. 비문碑文과 문예 아카데미[16]는 고대와 현대의 세속사, 연대학年代學, 지리학, 문학에 관한 지식을 제공한다. 소르본은 신학, 종교사, 종교적 관습, 과학 아카데미[17]는 수학, 자연사, 물리학, 화학, 의학, 해부학, 외과학의 아카데미[18]에서는 외과학 기술, 회화 아카데미[19]는 회화, 판화, 조각, 데생, 건축 등, 대학은 인문학, 스콜라 철학, 법률학, 활판인쇄[20] 등을 제공한다.

● ●
16. 콜베르가 1663년에 세웠던 '비명과 메달의 아카데미'가 1716년부터 '비명과 문예 아카데미'로 이름을 바꾸었다. 고대와 역사의 지식에 통달한 전문가들의 모임이었다.
17. 과학아카데미는 1666년에 콜베르가 왕립 도서관에 소집한 일군의 학자들로 구성되었다. 처음 삼십 년 동안에는 다른 아카데미에 비해 상대적으로 공식적이지 못했다. 그러나 1699년에 루이 14세의 제안으로 왕립 아카데미의 이름을 받고 루브르에 설치되었다.
18. 외과학 아카데미는 1731년에 루이 15세의 외과의였던 조르주 마레샬(Georges Mareschal)과 그의 후임자 프랑소아 드 라페로니(François de Lapeyronie)가 세웠다. 위에 언급한 모든 아카데미는 1793년 8월 8일 국민공회의 결정에 따라 폐지된다.
19. 회화와 조각의 왕립 아카데미는 1648년에 화가 샤를르 르 브렁(Charles le Brun)의 발의로 설립되었다.
20. 인쇄소는 대학 부속이며, 서점은 당시 대학가였던 '카르티에 라탱'에 한정되었다.

내가 **빼놓았을** 수 있는 다른 협회를 훑어보라. 협회 하나하나는 확실히 보편 사전의 구성 요소가 되는 개별 대상에 몰두하기에 사전에 들어가야 할 다른 수많은 것을 간과하고 있음을 알게 될 것이다. 그러니 여러분이 필요로 하는 지식의 보편성을 제공해주는 어떤 협회도 없음을 알게 될 것이다. 더 잘 해보시라. 협회들에 의무를 부과해보라. 그래도 얼마나 부족할지 알게 될 것이고, 다양한 계층에 산재한 수많은 사람들과 협력하지 않을 수 없을 것이다. 그들은 둘도 없이 소중한 사람들이지만 신분상의 이유로 아카데미의 문은 그들에게 닫혀 있다. 한 가지 인문학 분야를 위한 학술협회의 회원은 너무 많지만, 인간의 학문 전반을 위해서라면 이들 협회를 다 합쳐도 부족하다.

분명 학술협회 하나하나에서 개별적으로 얻을 수 있는 것은 대단히 유용한 것이고, 이들 협회 전체가 제공하는 것으로 보편 사전은 **빠른** 시간 안에 진척되어 완전해질 것이다. 협회들은 한 가지 임무를 부여받아 보편 사전의 목적에 맞게 작업하도록 해야 할 것이다. 나는 학문 연구의 두 가지 방식을 구분한다. 하나는 발견된 것을 모아 지식의 양을 증가시키는 것이다. 그럴 때 사람은 '발명자inventeur'라는 이름으로 불릴 만하다. 다른 하나는 발견된 것들을 가까이 놓고 이들 사이에 질서를 부여하는 것이다. 이렇게 하면 더 많은 사람이 식견을 갖게 되고, 한 사람 한 사람이 자기 능력에 맞게 자기 세기의 빛[21]에 기여하게 된다. 결코 쉽지 않은 이런 분야에서 성공을 거둔 사람을 일러 고전

작가 *auteurs classiques*[22]라고 한다. 고백컨대 유럽에 널리 퍼진 학술 협회들이 고대와 현대의 지식을 열심히 모으고, 연관 짓고 *en-chaîner*, 이에 대한 철저하고 조리 있는 논고를 펴낸다면 사정은 더 좋아질 수밖에 없을 것이다. 어쨌든 결과를 놓고 이 점을 판단하도록 하자. 프랑스에서 가장 유명한 아카데미에서 최고의 정수를 가진 사람이 편집한 과학 아카데미의 4절 판형[23] 80권과 내가 구상하는 여덟 권 내지 열 권 분량의 사전을 비교해보고 어떤 것을 선택할지 생각해보자. 뒤에 말한 것에는 수많은 저작에 분산되어 있는 훌륭한 자료가 무수히 많이 포함되겠지만, 그 많은 자료들은 여기저기 흩어져 화염火焰을 만들 수 없는 숯처럼 전혀 유용하다는 생각이 들지 않는다. 저 수많은 아카데미 총서로 백과사전 열 권 중 몇 권이나 만들 수 있겠는가. 비명碑銘 아카데미 논집을 한번 살펴보고, 얼마나 많은 페이지를 발췌해야 한 편의 과학 논고를 쓸 수 있을지 계산을 해보라. 『철학 회보』[24]

21. 자기 시대의 빛(la lumière de son siècle). 아카데미 사전에 따르면 이 경우 "훌륭한 재능과 지식을 가진 사람(un homme d'un grand mérite, d'un grand savoir)"을 의미한다.

22. "고전작가란 어떤 분야에서 권위를 갖고 승인된 고대의 작가(un Auteur ancien, approuvé, & qui fait autorité dans une certaine matière)를 말한다." (아카데미 사전)

23. 4절판(*in-quarto*) : 책의 크기를 나타내는 단위. 전지(全紙)를 반으로 접은 책을 인-폴리오(in-folio, 2절판)라고 하고 이를 두 번 접으면 네 페이지가 나오므로 이를 4절판, 네 번 접은 책을 8절판 등과 같이 구분했다.

와 『진기한 자연에 관한 보고서』[25]에 대해서 뭐라고 말해야 할까?
이 모든 엄청난 분량의 모음집이 토대부터 흔들리기 시작한다.
훌륭한 취향을 가진 능숙한 사람이 요약만 한 번 해도 전부 무너
지고 말리라는 것이 분명하다. 이 모음집들의 최후의 운명이
그러하리라.

이 점을 진지하게 생각해본 후, 나는 한 아카데미 회원의 개인
연구대상은 그것이 속한 분과를 완전하게 만들 수 있고, 그의
연구는 자기 이름을 달고 펴내게 될 저작을 통해 길이 남게 될
수 있으리라 생각하게 되었다. 그 저작은 아카데미에서 나온
것이 아닐 것이며, 아카데미 총서에 들어가지도 않을 것이다.
하지만 나는 아카데미의 목적은 각 분야에서 출판되었던 모든
것을 모으고, 이를 소화해내고, 해명하고, 분량을 압축하고, 정돈
하고, 논고를 출판하는 데 있다고 생각한다. 그렇게 펴낸 논고에
는 각 사항이 필요한 만큼의 분량만 차지하고, 제거할 수 없는
것만이 중요성을 갖게 될 것이다. 논집의 분량만 늘릴 뿐 비슷한

• •
24. 『철학 회보*Transactions philosophiques*』는 런던의 왕립협회의 명령으로
통상 매달 발행되는 잡지다. 과학에서의 신발견과 물리학의 실험, 천문
학 관찰과 같은 내용이 실렸다.

25. 원제는 『*Acta academiae naturae curiosorum*』. 1652년 독일에서 설립된
'진기한 자연의 아카데미(Academia Naturae Curiosorum)'에서 발행한 정
기간행물이다. 트레부 사전에 따르면 '진기한 학문(sciences curieuses)'
이란 "대단히 적은 수의 사람들에게만 알려진 학문으로 화학이나 광학
의 일부, 점성술, 흙점, 수상(手相)학 따위를 말한다."

논고에 가져다 쓸 만한 내용이 한 줄도 없는 논문이 얼마나 많은 가!

프랑스 아카데미의 여러 대상뿐 아니라 인간 지식의 모든 분과로 확장된 이 기획의 실행은 백과사전이 대신할 수 있을 것이다. 백과사전의 작업은, 흩어져 있고 각자 자기 영역에 전념하고 있고 인류의 보편 이해와 상호 호의의 감정으로 하나가 된 문인과 기술인의 협회만이 해낼 수 있을 것이다.

내가 '문인과 기술인 협회'를 말한 것은 모든 재능을 한데 모으기 위해서이다. 이들이 '흩어져 있다'고 말한 것은 현재 존재하는 협회 중에 필요한 모든 지식을 끌어낼 수 있는 곳이 없고, 작업은 항상 하지만 끝내지는 않으려고 한다면 그런 협회를 하나 만들기만 하면 될 것이기 때문이다. 협회는 모임을 갖고, 모임 사이에는 공백이 생긴다. 모임은 고작 몇 시간 진행되고, 토론하다가 시간이 다 간다. 정말 별것도 아닌 문제로 꼬박 몇 달이 흐른다. 아카데미 마흔 명 회원 중 한 명이 그런 말을 했다. 많은 저자들이 글을 재기才氣있게 만든다면 그 분은 대화할 때 더 재기가 넘치는 분[26]이셨는데 그 분 말로는 그런 이유로 아카데미에서 어휘집 첫 번째 문자를 작업할 때 열두 권 분량의 『백과사전』은 먼저 출간이 되리라고 했다. 그가 덧붙이기를 반대로 백과사전을

• •

26. 과학 아카데미 종신서기(1699-1739)였던 베르나르 르 보비에 드 퐁트넬 (Bernard Le Bovier de Fontenelle, 1657-1757)을 말한다.

만드는 사람들이 아카데미에서 회합을 하듯 백과사전의 회합을 열었다면 아카데미 어휘집의 작업이 끝날 때 백과사전은 여전히 첫 번째 문자에 매달려 있을 것이라고 했다. 그가 백번 옳다.

나는 '인류의 보편 이해와 상호 호의의 감정으로 하나가 된 사람들'이라는 말을 추가했다. 훌륭하게 태어난 사람들의 마음을 자극하는 데 이만큼 정직하고 오래 지속될 만한 동기가 없기 때문이다. 우리가 한 일을 마음속으로 기뻐한다. 활기를 띠기 시작한다. 동료와 친구를 위해, 다른 것을 고려했다면 시도조차 할 수 없는 일을 시작하게 된다. 그래서 나는 경험에 비추어 이러한 시도야말로 성공의 보다 확실한 지름길임을 감히 단언한다. 『백과사전』의 자료 수집기간은 아주 짧았다. 저자를 모으고 재촉했던 것은 무슨 비루한 이득을 바래서가 아니다. 저자들은 도움을 받을 수 있었으면 했던 문인 대부분이 자기들이 기울인 노력에 가세했음을 보았다. 이들의 작업에 방해가 되었던 것은 한 장 남짓 분량을 써서 참여하기에 필요한 재능도 없었던 이들뿐이었다.

정부가 이런 일을 해볼까 한다면 그 일은 절대 이루어지지 않을 것이다. 정부의 영향력은 작업을 실행하는 데 좋은 여건을 만들어주는 것으로 제한되어야 한다. 군주는 말 한마디로 풀숲에서 성城을 세워낼 수 있다. 하지만 문인 사회에서나 직인장색職人匠色 집단에서는 그렇지 않다. 백과사전은 정연整然하게 이루어지는 일이 아니다. 열정으로 시작된다기보다 고집스레 이어져야 하는 작업이다. 이런 본성을 가진 사업은 궁정에서 우연하게 재미로 제안되기 마련이다. 하지만 그 사업은 중요성의 정도에서 다소 차이가 있는 다른 수많은 사업과 혼란스럽게 뒤섞이는 가운데에도 잊히지 않을 만큼 흥미로운 것은 결코 아니다. 거장이 품은 문학 기획은 봄에 돋아나 가을에 지는 나무 이파리와 같다. 숲속에 차례대로 떨어져 쌓이게 되는 이 낙엽은 양분이 부족한 풀의 거름이 되어 괄목할 만한 결과를 가져온다. 내가 알고 있는 이런 종류의 예는 많고 많지만, 그중 하나만 말해보겠다. 목재의 경도硬度를 측정하기 위한 실험 계획을 세웠다. 그러자면 나무껍질을 벗기고 나무를 선 채로 말라죽게 놓아두어야 했다. 그래서 나무껍질이 벗겨졌고 나무는 선 채로 말라죽었고, 필시 베어졌을 것이다. 모든 일이 다 되었는데 목재의 경도 측정 실험만 안 되었다. 어떻게 했으면 실험이 이루어질 수 있었을까? 처음 명령이 떨어지고 명령이 최종적으로 실행되기까지 육 년이 족히 걸렸다. 군주가 일을 일임했던 사람이 죽거나 신망을 잃으면 작업은 중단되고 재개되지 못한다. 새로 장관이 된 사람은 통상 전임자의 안을 채택하지 않는데, 그런 것이 그에게 영예가 될 것이다. 계획안을 세워서 가진 영예보다 더 큰 영예는 아닐지라도 어쨌든 더 흔치않은 영예이기는 할 것이다. 개개인들은 비용을 들여서 서둘러 결과물을 얻고자 하지만 정부는 이런 경제의 열의를 전혀 모른다. 나는 사람들이 무슨 괘씸한 생각으로 백성보다 군주를 덜 정직하게 대하는지 모르겠다. 계약은 가볍게 생각하면서, 보상은 무겁게 요구한다. 사업이 유용성을 의심받으면 일하는 사람들은 엄청난 무기력에 빠져버린다. 군주가 명령한 사업은 유용성이라는 이유가 아니라 항상 군주 개인의 위신으로 이해되니까 어려운 점이 있을 때 가능한 모든 능력이 경주된다. 즉 최대 규모를 꾀하고, 그러면 어려움이 증가하고, 이를 극복하려면 어려움에 비례해서 사람이 필요하고, 재능이 필요하고, 시간이 필요하고, 어떤 급격한 변화[27]가 틀림없이 일어나 이것으로 말만 많고 행동은 않는다는 학교 선생의 우화[28]가 입증될 것이다. 인간의 평균수명이 이십 년이 못 되고, 장관의 임기는 십 년이 못 된다. 그러나 사업의 중단이 흔한 일이 되었다는 것이 다가 아니다. 문학 사업에서는 개인들이 사업을 지도할 때보다 정부가 앞장설 때 더 나쁜 결과를 초래하기 일쑤다. 개인이야 자기가 벌였다가 망한 사업의 잔여물을 거두어 더 나은 시절이 오면 쓸 수 있는 재료를 꼼꼼히 챙기고 투자자를 찾게 된다. 군주의 정신은 이런 신중함을 경멸한다. 사람은 죽기 마련이다. 그리고 그가 밤을 새워 이룬 작업의 결과물도 남들 눈에 띄지 못한다면 사라져버린다.

••
27. 급격한 변화(révolution). 트레부 사전에 따르면 이 단어에는 "세상에서 일어나는 특별한 변화들, 즉 실총(失寵), 불운, 쇠락 등을 말한다"는 정의가 있다. 원래는 정치적인 의미가 없고 천문학의 용어로 사용되었다.
28. '학교 선생의 우화'는 라 퐁텐의 우화 「아이와 학교 선생」을 말한다. 물에 빠진 학생을 도와야 하는데 말로 떠들어대기만 한다는 풍자다.

그러나 앞에서 고찰한 점을 가장 비중 있게 다루어야 한다면 '백과사전'과 어휘집이 시작되고, 계속 진행되고, 일정한 시간이 지나면 끝을 맺어야 하는 반면, 왕이 명령한 사업은 치사한 이득 때문에 항상 연장되기 때문이다. 보편적이고 체계적인 사전을 만들 때 광범한 대상을 다루어야 하므로 오랜 시간이 필요했다면, 과학과 특히 기술 분야와 언어에서 급격한 변화가 생기기 때문에 이 사전은 이미 지나가버린 과거의 사전이 되고 말 것이다. 마찬 가지로 어휘집의 작업이 느린 속도로 이루어진다면 완전히 사라 져버린 한 치세治世의 어휘집이 되고 말 것이다. 여론은 말처럼 노쇠하여 사라진다. 어떤 발명이 이루어져 이득을 얻었더라도 그것은 날이 갈수록 줄어들다 결국 없어진다. 사업이 지지부진하 면 더는 문제가 되지 않을 일시적인 일들이나 논할 것이고, 중요 성이 사라져버린 다른 일들은 전혀 언급되지 않을 것이다. 이 사전이 시작된 날과 지금 내가 글을 쓰고 있는 순간 사이에 엄청 난 긴 시간이 흐른 것은 아니지만 우리 자신이 곤란을 느꼈던 지점이 바로 여기다. 과거 전체의 현황을 정확히 밝혀 제시할 목적의 작업에서 일관성의 결여irrégularité만큼 난처한 일이 없음 을 지적해야 한다. 중요한 대상은 축소되고 사소한 대상은 부풀 려졌다. 한마디로 말해 본 사전은 여러 사람의 손을 거치면서 계속해서 망쳐질 것이다. 정성을 기울여 완전해지는 이상으로 시간이 흘러감에 따라 망가질 것이다. 계속해서 얻게 될 것으로 풍부해지는 이상으로 요약, 삭제, 수정, 보충되어가면서 결함은

더 커지고 더 빈약해지고 말 것이다.[29]

기술의 언어, 기계, 조작방식에 날마다 얼마나 다양한 것이 들어오고 있는가? 한 사람이 기술의 목록을 만드느라 자기 인생 대부분을 소모한다. 그는 이 피곤한 작업에 진력이 나서 더 재미 있지만 덜 유용한 일에 빠져든다. 그러다 보니, 처음에 해놓은 작업은 서류철에 처박히고 말았다.[30] 스무 해도 지나지 않아서

· ·

29. 조르주 벤레카사에 따르면 "사실 『백과사전』의 현대성을 특징짓는 것은 […] 그것이 현재의 문제들을 신속하게 다루는 사업이며 과도기적인 기획이 되어야 한다는 점이다. 항목은 열린 상태로 끝나고 기획을 재개하고 개작하도록 개방되어 있기 때문이다. […] 현재의 작업은 시작되고 일정한 기간이 지나면 끝나야 하며 자유학예와 기술공예에서 일어나는 '급격한 변화'들을 이해해야 하고 어떤 모습을 고정시키고자 하는 순간 사라져버리게 되는 현대성을 작업을 하면서 부각시켜야 하기 때문이다."(조르주 벤레카사, 『18세기의 언어 Le langage des Lumières』, PUF, 249쪽) 자크 프루스트는 "학문과 기술은 대단히 빠른 속도로 발전을 하고 있기 때문에 가히 '혁명'이라고 할 만하다. 이렇게 얻은 지식과 견고한 개념들이 매일 같이 다른 용어와 지식에 자리를 내어 주게 된다. 기술에 대한 관심은 사회의 모든 계층의 주목을 받았다. 대중의 언어는 곧 변모하게 되고 수많은 전문용어로 풍부하게 될 것이라고 예측할 수 있다. 아카데미의 사업들은 너무 느리게 진행되기 때문에 출판이 되기도 전에 그 결과들은 벌써 현실에 뒤지게 되는 것"이라고 말한다.(자크 프루스트, 『디드로와 백과사전 Dideot et l'Encyclopédie』, Albin Michel, 1995, 190쪽)

30. 르네 앙투안 페르쇼 드 레오뮈르(René Antoine Ferchault de Réaumur, 1683-1757)는 당대 유명한 곤충학자였다. 과학 아카데미는 그에게 『다양한 기술과 직업의 목록 Description des divers arts et métiers』의 작업을

새롭고 진기하고, 특이해서 흥미가 더해지고, 쓰임새, 지배적인 취향, 일시적인 중요성 때문에 관심을 끌었던 것 대신에 부정확한 개념, 구태의연한 조작방식, 조잡하거나 더는 사용되지 않는 기계들만 남게 될 것이다. 그는 엄청난 분량의 책을 쓰겠지만 어느 페이지 하나 다시 손을 보지 않을 곳이 없을 것이다. 판화로 새겨 수많은 도판을 제작하겠지만 어느 그림 하나 다시 작업을 하지 않아도 될 만한 것이 없을 것이다. 원래 주인공이 더는 남아 있지 않은 초상화와 같은 것이다. 사치는 예술의 아버지이지만 이야기에 나오는 사투르누스처럼 자기 아이를 즐겨 잡아먹는다.[31]

급격한 변화는 기술공예<sup>arts mécaniques</sup>보다 자유학예<sup>arts libéraux</sup>와 과학에서 덜 강력하고 덜 현저할 수 있다. 그러나 그러한 변화가 이루어지기는 한다. 지난 세기에 나온 사전들을 펼쳐보자. '광행차<sup>光行差</sup>'라는 말에서 오늘날 천문학자들이 이 용어로 이해

<hr>

• •
　　위탁했지만 결국 완성을 보지 못했다. 그는 위 저작을 위해 제작한 도판을 디드로가 표절했다고 고소한다.

31. "사투르누스 고대 이교의 신. 시인들에 따르면 그는 시간이라고 한다. 그들이 말하기를 사투르누스는 하늘과 베스타의 아들이었는데 자기가 낳은 아이들을 잡아먹었다고 한다. 그의 세 아들이 주피터, 넵튠, 플루토였는데 이들이 자기 아버지를 세상에서 추방했다. 사투르누스는 이탈리아에 숨고 그곳에 황금시대를 열었다. 플라톤에 따르면 사투르누스는 바다와 테티스의 아들이다. 그러나 헤시오도스는 사투르누스를 하늘과 땅의 아들이라고 했다."(트레부 사전)

하는 것을 전혀 찾을 수 없을 것이다.[32] 저 풍요로운 '전기' 현상은 고작 몇 줄뿐이지만 그것도 낡은 편견과 그릇된 개념뿐일 것이다. 오늘날 그렇게 많이 언급하는 '광물학'과 '자연사'의 용어들이 몇 개나 되는가? 우리의 사전이 좀 더 앞서나갔다고 해도 '깜부기병', 종자種子의 병病과 거래에 대해 지난 세기의 오류를 그대로 반복할 처지였을 것이다. 티예 씨의 발견과 에르베르 씨의 방안方案은 아주 최근에야 알려졌기 때문이다.[33]

자연의 존재를 다룰 때 글을 쓰는 시점에 알려진 속성을 전부 세심하게 수집할 일이지, 무얼 더 할 수 있단 말인가? 그러나 관찰과 실험에 기반한[34] 자연학 덕분에 현상들과 사실들이 끊임

• •

32. 광행차(aberration)는 영국 왕립 천문대 브래들리(James Bradley)가 발견한 항성(恒星)들에게서 발견되는 시운동(視運動)을 말한다. 달랑베르는 『백과사전』의 동명의 항목을 르 모니에(Pierre Charles Le Monnier)의 『천문학 강의Institution astronomique』(1746)에서 발췌하고 있다.

33. 1755년에 나온 마티아스 티예(Mathias Tillet, 1720-1791)의 『밀알의 손상과 흑수증(黑穗症)에 관한 시론Essai sur la cause qui corrompt et noircit les grains dans l'épi』과 역시 같은 해에 나온 클로드 자크 에르베르(Claude-Jacques Herbert, 1700-1758)의 『곡식의 일반 정책에 대한 시론 Essai sur la police générale des grains』을 가리킨다.

34. '실험에 기반한(expérimental)'. 달랑베르는 이 말을 "자연의 법칙을 발견하기 위해 실험의 방법을 사용하는 것"이라고 정의한다. 18세기 초에 뉴턴 물리학을 이런 이름으로 불렀다. 뉴턴은 데카르트와 달리 가설을 배제하고 경험을 종합하는 것으로 시작해야 한다고 주장하기 때문이다. 달랑베르는 "실험에 기반한 자연학의 실질적인 첫 번째 목적이 되는 것이 물체의 일반적인 속성이다. 관찰을 통해서 우리는 이를 알 수 있다.

없이 증가하고 있고, 합리주의 철학[35]은 이를 비교, 결합하면서 우리 지식의 한계를 끊임없이 확장하거나 좁히고, 그 결과 제도화된 말의 의미를 다양하게 만들고, 그 말의 예전 정의를 부정확하고, 그릇되고, 불완전한 것으로 판별하고, 새로운 말을 제정하게끔 한다.[36]

．．

그러나 실험만이 결과를 측정하고 한정할 수 있다. 예를 들어 중력의 현상이 이러한 것이다. 어떤 이론도 질량이 있는 물체가 수직 낙하를 하면서 따르는 법칙을 발견하지 못한다. 그러나 이 법칙은 경험상 한번 알려지게 되면 질량을 가진 물체의 운동에 관련된 모든 것은 이 이론에 따라 설명이 된"다고 쓰고 있다.

35. 디드로는 1753년에 『자연의 해석에 관하여*Pensées sur l'interprétation de la nature*』에서 '합리주의 철학(la philosophie rationnelle)'이라는 말을 데카르트주의 철학에 국한시켜 사용했다. "사실들은 그것이 어떤 본성을 가졌든지 간에 철학의 진정한 풍요로움이 된다. 그러나 합리주의 철학이 가진 편견들 중의 하나는 자기가 가진 돈을 셀 줄 모르는 사람은 1에퀴를 가진 사람보다 더 부자일 수가 없을 것이라는 점이다. 합리주의 철학은 불행히도 새로운 것을 수집하는 대신 자기가 가진 사실들을 연결하고 비교하는 데 전념한다."

36. "[…] 참된 철학은 오로지 (혹은 주로) 정신의 힘에만 기댈 것도 아니요, 자연지나 기계적 실험을 통해 얻은 재료를 가공하지 않은 채로 기억 속에 비축할 것도 아니다. 그것을 지성의 힘으로 변화시켜 소화해야 하는 것이다. 그러므로 이 두 가지 능력(경험의 능력과 이성의 능력)이 지금까지 시도되었던 것보다 더 긴밀하고 순수하게 결합된다면 (아직은 아니지만) 좋은 결과가 나올 것이 틀림없으므로 이것으로 희망의 근거를 삼아도 좋다."(베이컨, 진석용 옮김, 『신기관』 1권 § 95, 한길사, 2011, 108쪽)

그러나 사전이 시대에 뒤진 것처럼 보이게 하여 경멸해버리게 하는 것은 무엇보다도 인간의 정신과 국가의 성격에서 생길 급격한 변화인 것이다. 철학이 성큼성큼 앞서나가고, 철학에 관계된 모든 대상을 자기 영역에 귀속하고, 철학의 어조야말로 지배적인 어조가 되고, 권위와 모범이라는 족쇄를 뒤흔들기 시작하여 오직 이성의 법칙만을 따르게 된 지금, 전적으로 만족할만한 초보적이고 교리를 따르는 저작이란 없다시피 하다. 그런 저작은 자연의 진리가 아니라 인간의 저작을 모방한 것임을 우리는 안다. 아리스토텔레스와 플라톤을 감히 의심하는 것이다. 여전히 명성이 드높은 저작들이 그 명성을 일부 잃거나 완전히 잊히는 그때가 왔다. 어떤 문학 장르는 모델이 되었던 풍속과 구체적 현실이 더는 남아 있지 않기 때문에 적합한 불변의 시학을 가질 수 없게 되어, 어느덧 잊힐 것이다. 다른 장르는 살아남을 것이다. 그 장르의 내적 가치가 완전히 새로운 형식을 지지하고, 그 형식을 취할 것이다. 이성이 진보하여 수많은 조각상을 무너뜨리고, 넘어진 조각상 중 몇몇은 새로 올릴 것이다. 그렇게 세워진 조각상은 자기 시대를 앞당겼던 흔치 않은 사람들의 조각상으로, 이렇게 말할 수 있다면 루이 14세 치세에 살았던 사람들이 그들이다.

시간이 흐르면서 우리는 비판과 논쟁의 대상이 되었던 문제들에 대한 취향이 무뎌져, 이 때문에 일부가 되겠지만 벨의 사전은 더는 새로움을 주지 못하게 되었다.[37] 어디서는 더 많이 따고 어디서는 더 많이 잃는 그런 작가는 없다. 그러나 벨의 운명이 이랬으니, 그가 살던 시대의 『백과사전』에 어떤 일이 일어날지 판단해야 하리라. 작시법을 고집스레 따랐던 부알로로서는 가치를 판단할 수 없었던 저 페로, 라 모트, 테라송, 부앙댕, 퐁트넬 같은 작가를 제외해보자. 바로 그들에게서 이성과 철학의 정신 혹은 의심의 정신이 크나큰 진보를 보았던 것인데, 그들을 제외해버리면 오늘날에도 여전히 읽을 만한 한 페이지를 쓸 수 있었던 작가는 아마 한 명도 없으리라.[38] 국가마다 계기, 취향, 관념, 편견이 다르기 마련인데, 한 나라에서 만장일치로 인정된 작품을 천재가 능력을 발휘해 만드는 것과, 시대를 막론하고 항상 동일한 사람의 마음, 사물의 본성, 올바른 이성을 깊이 성찰해서 얻은 구체적인 지식에 따라 장르의 시학의 기초를 세우는 일은 아주 다른 일임을 혼동해서는 안 되기 때문이다.[39] 천재는 규칙을 모른

••

37. 피에르 벨(Pierre Bayle, 1647-1706), 여기서는 그의 『역사적이고 비판적인 사전*Dictionnaire historique et critique*』(1697)을 말한다. 이 사전은 나중에 예수회원들에 의해 개작되었다.

38. 디드로는 17세기 후반 '신구논쟁(la querelle des Anciens et des Modernes)'을 염두에 두고 있다. 이 논쟁에서 구파의 수장 부알로와 신파의 수장 샤를 페로(Charles Perrault, 1628-1703)가 대립했다. 우다르 드 라 모트(Antoine Houdar de La Motte, 1672-1731), 장 테라송(Jean Terrasson, 1670-1750), 니콜라 부앙댕(Nicolas Boindin, 1676-1751), 퐁트넬은 신파의 핵심 이론가였다.

39. '신구논쟁'에 대한 디드로의 종합이다. 디드로는 이 논쟁이 처음부터 설정이 잘못되었다고 본다. 그는 신파에 호의적이었지만 신파가 호메로스와 같은 고대의 위대한 작가들의 가치를 고의적으로든, 무지에

다. 그러나 천재가 성공을 거둘 때 그는 규칙에서 벗어나는 법이 없다.[40] 철학은 존재들의 영구불변하는 본성에 기초한 규칙밖에 모른다. 여러 사례를 얻게 된 것이 지난 세기의 일이었다. 규칙을 규정하는 것이 우리의 세기이다.

지난 세기에 거의 알려지지 않았던 지식이 점차 보급된다. 여자들이 교육을 받으면 누구나 회화, 조각, 건축, 문예에 쓰이는 모든 표현을 분별력 있게 사용할 수 있다. 미술교육을 받고, 기하학을 알고, 음악을 연주하는 아이들이 얼마나 많은가? 집에서 쓰는 말보다 이런 예술의 언어가 더 친숙해서, 화음, 미적 형식, 아름다운 선[41], 평행선, 빗변, 5도 화음, 3연전음連全音, 아르페지

의해서든 인정하지 않은 것은 잘못된 판단이라고 본다.

40. "흔히 취향은 천재와 구분된다. 천재는 자연이 준 순전한 선물이다. 천재의 산물은 순간의 작품이고, 취향은 연구와 시간의 작품이다. 취향은 제정되었거나 제안되었던 수많은 규칙에 대한 지식을 필요로 한다. 취향이 만들어내는 아름다움은 관습의 아름다움이다. 어떤 것이 취향의 규칙에 따라 아름답기 위해서는 우아하고, 완결된 것이어야 하고, 그렇게 보이지 않더라도 공을 들인 것이어야 한다. 어떤 것이 천재적이기 위해서는 때때로 허술하고, 불규칙하고, 가파르고, 원시적으로 보일 필요가 있다. 숭고와 천재는 셰익스피어에서 긴 밤(夜)의 섬광처럼 빛난다. 라신은 언제나 아름답다. 호메로스는 천재로 가득 차 있고 베르길리우스는 우아함으로 가득 차 있다."(Enc, 「천재」, VII: 582b)

41. 아름다운 선(le contour agréable). 트레부 사전에 미술에서 화가가 대상을 정확하게 표현했을 때 이 말을 쓴다는 언급이 있다. "(표현된) 대상이 아름다운 선을 가지고 있다고 하면 아주 잘 그렸고 제대로 표현을 했다는 말이다. 즉 각각의 부분이 솜씨 좋게 균형이 맞고 정확하게 그려졌다

오[42], 현미경, 망원경, 초점[43]을, 오페라 안경, 검劍, 지팡이, 사륜마차, 삭모翣毛[44] 말하듯 하는 아이들이 있는 것이다. 다른 일반적인 경향에 따라 자연사, 해부학, 화학, 실험에 기반을 둔 자연학physique expérimentale으로 관심을 옮기기도 한다.[45] 이들 과학 분야에 고유한 표현들이 벌써 많이 보급되었고 앞으로 더 많이 보급될 것임에 틀림없다. 이로부터 어떤 일이 벌어지게 될까? 민중이 쓰는 언어조차 모습을 바꿀 것이다. 말이 귀에 익을수록 말을 훌륭하게 적용하면서 언어가 확장될 것이다. 이 점을 깊게 생각

•• 는 것이다."

42. 아르페지오(arpégement). 이 말은 하프를 가리키는 *arpa*에서 파생된 이탈리아어 *arpeggio*를 프랑스어로 옮긴 것이다. 장 자크 루소는 『음악사전 *Dictionnaire de musique*』에서 현악기의 모든 현을 활로 한 번에 켤 수 없는데 화음을 만들어내기 위해서 동원되는 연주의 기술이라고 정의한다. 현악기의 현 위에 손가락을 얹어 놓고 활을 크게 놀리면 화음이 만들어진다. 이런 화음을 만들 목적으로는 분산화음이라고 번역되기도 하고 이러한 기술을 가리키기 위해 연급탄주(連急彈奏)로 옮겨지기도 하는데 여기서는 그냥 아르페지오라고 적었다.

43. 초점(le foyer). 달랑베르는 『백과사전』의 항목에서 이 말이 가지는 두 가지 의미를 구분한다. 하나는 기하학에서 원뿔 곡선을 설명할 때 쓰이는 말이고 다른 하나는 광학(光學)에서 사용되는 말이다. 렌즈와 거울의 초점 공식은 18세기 초반에 발견되었다.

44. 삭모(plumet). "모자 주위에 꽂은 타조 깃털" 혹은 "이런 모자를 쓴 아이"를 가리킨다.(아카데미 사전)

45. 17세기가 수학과 기하학의 시대였다면, 여기 언급된 과학 분과들은 모두 18세기에 가치를 인정받고 본격적으로 연구되기 시작했다.

해보면 오늘날 우리가 사용하는 대부분의 전문용어도 처음에는 '신조어'였기 때문이다.[46] 시간이 흐르고 용례가 확립되면서 그 말들을 감쌌던 불확실한 모습도 걷혔다. 명확했고, 에너지가 넘쳤고, 꼭 필요한 말들이었다. 말의 본래 의미와 은유적 의미가 멀지 않아서 말은 있는 그대로 그려 보여주었다. 새로운 용례의 근거가 되었던 관계는 지나치게 복잡한 것이 아니라 구체적이었다. 비유적인 의미에는 알쏭달쏭한 데가 전혀 없었다. 더욱이 단어는 조화를 이루고 막힘없이 흘러가는 듯했다. 본 관념에는 다른 관념들이 줄줄이 이어져 있어서 그 관념을 떠올릴 때마다 교훈과 즐거움을 얻게 된다. 이것이 이들 표현이 성공을 거둔 근본 원인이다. 반대 경우에 다른 수많은 표현은 시대에 뒤떨어진 말이 되어버렸거나 앞으로 그리 될 것이다.

프랑스어는 벌써 높은 단계까지 확장되었다. 다른 언어들처럼 프랑스어도 필요에 따라 형성되었고, 상상력이 발휘되고, 시적 제약을 받아들이고, 산문 연설문에서 장단長短과 조화를 추구하

● ●
46. 신조어(néoloigisme).『백과사전』에서는 이 단어를 "새로운 표현을 사용하고자 하며 용례가 통제하는 표현에서 벗어나고자 하는 사람들이 배정하게 되는 말"이라고 정의한다. "신조어는 단지 불필요한 새로운 말을 도입하는 것이 아니다. 신조어는 문장들에 배정된 표현법이며 단어들 사이의 과감한 접합이다. 무엇보다도 신조어를 특징짓는 것은 문체의 독창성이다." 이와 반대로 1762년 판 아카데미 사전에서는 '신조어'를 "거의 항상 좋지 못한 의미로 쓰이며 (단어를) 좋지 못한 방식으로 사용하는 것"이라고 비판한다.

면서 풍부해졌다. 프랑스어는 이제 철학의 영향을 받아 거대한 걸음을 떼게 될 것이다. 아주 오래전부터 정신의 행진을 계속했다면 루이 14세 시대, 그리고 우리 시대에도 마찬가지지만, 그 시대의 시학과 웅변 사전에는 우리 후손이 앞으로 사용하게 될 것의 삼분의 이보다 훨씬 많은 말이 등재되었을 것이다. 그러므로 어휘집, 보편적이고 체계적인 사전, 인간의 교육 전반을 목표로 한 모든 저작은 대상을 가장 확장된 모든 측면에서 검토하는 것으로 시작하고, 국가의 정수를 이해하고, 그 성향을 꿰뚫어보고, 이를 신속히 취해야 한다. 그래야 작업이 뒷걸음치지 않고 멀리 앞을 내다보게 된다. 우리가 존재하는 순간은 흘러가고, 대규모 사업이 끝나자마자 현 세대는 죽고 없을 테니, 다음 세대를 위해 작업을 하기로 작정해야 한다. 그러나 끊임없이 진보하는 국가의 정수를 훨씬 더 앞당기고, 동료의 수를 늘리면서 작업 기간을 줄여야 한다. 그래야 더 오랫동안 유용하고 새로운 것으로 남을 수 있다. 하지만 이 방법은 곧 보겠지만 어려움이 없지 않은 방법이다.

지식은 어떤 단계까지만 보편화되는 것이며 그럴 수밖에 없다. 정말 우리는 그것이 어디까지인지 모른다. 어떤 인간이 어디까지 나아갈 수 있는지 모르고, 인류가 어디까지 나아가게 될지, 인류가 무엇을 할 수 있을지, 인류는 끊임없이 진보해나갈지는 훨씬 더 모른다. 하지만 급격한 변화는 반드시 있다. 항상 있었고 앞으로도 있을 것이다. 하나의 급변과 다른 급변의 간격은 굉장히 넓다. 바로 이 원인 때문에 우리 작업의 범위가 제한된다. 학문에는 누구도 그 이상 넘어설 수 없는 한 점이 있기 마련이다. 이 점에 다다랐을 때, 그 진보에서 남은 기념물을 전 인류는 영원토록 찬탄해마지 않게 된다. 그런데 인류가 아무리 노력을 해도 한계에 부딪히는데, 개인은 얼마나 한계를 절감하게 될까? 개인은 지적 능력이나 동물적 능력에서 일정한 에너지밖에는 갖지 못한다. 그는 고작해야 얼마만큼만 살 뿐이다. 일과 휴식을 반복하지 않으면 안 된다. 욕구와 정념을 채워야 한다. 정신을 팔게 되는 일이 한두 가지가 아니다. 이러한 수많은 부정적인 것이 가능한 최소가 되고, 긍정적인 것이 가능한 최대가 될 때마다, 인간학을 이루는 한 분과에서 홀로 노력하는 사람은 한 개인의 노력으로 이를 수 있는 먼 곳까지 이르게 될 것이다. 이 특별한 개인의 작업에 다른 이의 작업을 덧붙여보라. 이런 식으로 계속해보면서 어떤 급변과 가장 오래전에 있었던 급변의 간격을 메워보라. 그러면 인류가 만들어낼 수 있는 가장 완벽한 것에 대한 개념을 얻을 수 있을 것이다. 당신이 수많은 우연적 환경이 인류의 작업에 유리한 것이었다고 생각한다면 특히 그렇다. 전혀 다른 환경이었다면 그것 때문에 성공률이 낮아졌을지 모르는 것이다. 그러나 인류 대다수는 인간 정신의 이러한 행보를 뒤따르지도 알려들지도 않는다. 인간 정신이 발전하여 다다를 수 있는 교육의 가장 높은 지점은 한계가 있다. 이 때문에 어떤 저작은 모든 인간에게 공통된 능력을 항상 상회하고, 어떤 저작

은 조금씩 밑으로 내려가고, 어떤 저작은 이 두 가지 운명을
함께 겪을 것이다.

　백과사전을 아무리 완전하게 만들 수 있다고 해도 이 저작은
본성상 두 가지 운명을 함께 겪는 마지막 경우에 속할 수밖에
없으리라는 점이 분명하다. 민중이 늘 사용하는 대상이 있어서
그것에서 필요한 것을 끌어 쓰고, 그 대상의 실용적인 지식을
알고자 끊임없이 노력한다. 그 대상에 대해 어떤 논고를 쓰더라
도 책보다 더 많은 것을 알게 될 순간이 올 것이다. 또 알려진
바가 전혀 없다시피 한 대상이 있다. 그것에 대한 지식은 계속
증가되고 있지만 추세가 너무 느리고 미미해서 괄목할 만한 것이
못 되기 때문이다. 민중과 학자 모두 항상 '백과사전'에서 배울
것이 있고 바라는 바가 있을 것이다. 이런 본성을 가진 저작에서
가장 영광스러운 순간은 학문의 진보를 멈춰 세우고 기술 작업을
중단시키고 지구 북반구의 한 지점을 [중세와 같은] 암흑으로
다시 돌려놓을 수도 있는 엄청난 급변 직후에 올 순간이리라.
저 혼돈의 시대 이후에 올 세대는 오래전에 그러한 시대가 다시
올지 모르는 두려움을 느끼고, 참화를 예견하고, 과거 여러 세대
의 지식을 안전한 곳에 보호했던 사람들을 얼마나 감사하게 생각
할까? 바로 그때(나는 과장하지 않고 감히 그렇게 말한다. 아마
우리의 '백과사전'은 엄청난 영예를 받아 마땅할 완전성에는 결
코 이르지 못할 것이기 때문이다), 바로 그때 저 위대한 저작과
함께 그 사업이 기획되었던 군주의 치세, 저작이 헌정된 장관,

작업에 도움을 주었던 위인들, 참여했던 작가들, 협력했던 문인 전체가 거명될 것이다. 한 목소리로 받았던 도움을 기억하고 저자들이 겪었을 고통과 그들이 감당해야 했을 불운을 또한 잊지 않고 언급할 것이다. 그들을 기려 세운 기념물에는 여러 얼굴이 동시에 새겨질 것이다. 그리하여 그들을 기억하기 위한 영예의 얼굴과 그들의 적들을 기억하는 분노의 표시가 번갈아 나타나게 되리라.

그런데 언어에 대한 지식이야말로 이 위대한 희망의 토대이다. 언어가 고정되어 후세에까지 완전한 그대로 전해지지 않는다면 그 희망은 불확실한 것으로 남을 것이다. 백과사전을 펴내는 사람들이 심사숙고해서 고려했던 우선적인 목적이 바로 그것이다. 우리는 너무 늦게 이 사실을 알았다. 그 점에 부주의했기에 우리 사전 전체에 결함이 생기고 말았다. 언어의 측면이 약점으로 남은 것이다(내가 말하는 것은 '언어'이지 '문법'이 아니다). 이런 이유로 이 점이 본 작업을 공정하게 검토하고, 본 작업의 결함을 고칠 방법을 모색하는 [「백과사전」] 항목의 우선적인 주제가 되어야 한다. 그러므로 나는 언어를 전문적으로 고찰해볼 것이며 마땅히 그리 해야 한다. 나는 우리의 후임자들이 이 부분에 주의를 기울여보기를 감히 권한다. 이 주제가 자기와는 상관없다는 사람들도 그것이 중요한 주제임을 인정하고 길어질 설명을 용서해주시기 바란다.

관념을 재현하는 음성 기호와 목소리를 재현하는 그림 문자가

제정되었을 때 이것이 씨앗이 되어 인간 정신이 진보할 수 있었
다. 우리의 성찰을 이미 이루어진 성찰[47]에 적용함으로써만, 우리
의 사유, 관찰, 경험을 다른 이들의 사유, 관찰, 경험에 결합함으로
써만 학문과 기술이 생겨난다.[48] 관념을 목소리와, 목소리를 문자
와 결합시켜주었던 이러한 이중의 합의[49] 없이는 모든 것은 인간

• •

47. 성찰(réflexion). 콩디약은 성찰하기 위해서는 기호가 필요하다고 생각했
    다. "기억이 형성되고 상상력이 작동되기 시작하자마자 기억이 불러오
    는 기호들과 상상력이 일깨우는 관념들이 마음을 자극했던 모든 대상들
    의 의존관계로부터 떼어내기 시작한다." 그는 뒤이어 "우리가 스스로
    단 하나의 다양한 부분이나 다양한 대상에 차례로 주의를 기울이는
    이러한 방식을 '성찰한다'라고 부른다. 그래서 성찰이 어떻게 상상력과
    기억에서 생기는지 분명히 알 수 있다"고 썼다.(콩디약, 『인간지식기원
    론Essai sur l'origine des connaissances humaines』(1746) 1부 5장 § 47-48,
    Editions Alive, 1998, 69쪽)

48. "[최초의 인간들이] 기호에 익숙해질수록 그들은 그 기호를 자기 마음대
    로 회상해볼 수 있었다. 기억이 이렇게 실행되기 시작했다. 그들은 상상
    력을 사용할 수 있게 되었고 자기도 모르는 사이에 본능으로 했던 것을
    성찰을 하며 할 수 있게 되었다. 처음에는 두 사람이 이 기호를 가지고
    다른 사람이 어떤 순간 경험했던 감정을 이해하는 데 습관이 생겼다.
    그 다음에는 그들이 느꼈던 감정들을 교환하기 위해 기호를 사용했다."
    (콩디약, 『인간지식기원론』, 2부 1장 § 3, 164쪽)

49. 이중적인 합의(la double convention). 우리가 가진 어떤 생각은 약속에
    따라 어떤 소리 기호로 표현된다. 이 소리 기호는 다시 약속을 통해
    정해진 문자 기호를 가지게 된다. 하나의 관념이 제일 먼저 소리 기호로,
    다음에는 문자 기호를 필요로 한다는 점에서 이 관계는 '이중적'이다.
    루소는 『언어 기원론』 5장에서 중국어를 다루면서 이 표현을 사용한다.

마음에만 남아 [인간이 죽으면] 사라져버렸다. 민족 상호 간의 보편적 통역자로서 문법과 사전이 없이는 모든 것은 한 나라에 집중되어 그 나라와 더불어 사멸했다. 문법과 사전이라는 매개가 있었을 때 인간의 모든 능력이 공유, 결합되었고, 없었을 때 인간의 능력은 고립되었다. 제 아무리 놀라운 발명일지라도, 그것은 혼자 살아가는 천재, 개별 협회의 능력만을 보여줄 뿐 인류의 에너지를 보여주는 것은 못 될 것이다. 인류 구석구석으로 뻗어나가, 물리적으로나 정신적으로나 끊임없이 폭력을 가해야 하는 자연에 대항해 인류를 하나로 만들어줄 수 있는 유일한 수단이 공동의 특정어법[50]일 것이다. 특정어법이 수용되고 고정되었다고 가정하면, 곧 개념은 항구적인 것이 되고, 시대를 가르는 거리는 사라지고, 공간이 서로 가까워지고, 사람이 살았던 시간과 공간 좌표의 모든 점 사이에 관계가 생기고, 생명을 갖고 사유하는 모든 존재가 협력하게 된다.

· ·
"[문자언어의] 두 번째 방식은 말과 문장을 약속에 따라 만들어진 문자로 재현하는 것이다. 이는 언어가 완전히 형성되고 민족 전체가 공동의 법률로 결합되었을 때에야 가능하다. 여기에 이미 이중의 합의가 있기 때문이다. 중국인들의 표기법이 이와 같다. 이것은 진정으로 소리를 그려 보여주고 눈에 대고 말을 하는 것이다."(루소, 『언어기원론*Essai sur l'origine des langues*』, in *Œuvres complètes*, t. V, Bibliothèque de la Pléiade, 1995, 384쪽)

50. 특정어법(idiome). 아카데미 프랑세즈 사전은 이를 "한 나라에 고유한 언어" 혹은 "넓은 의미로 한 나라의 일부가 사용하는 언어"로 정의한다.

민족의 언어에는 어휘가 있고, 어휘는 그 민족이 갖고 있는 모든 지식을 아주 충실히 반영하는 도표인 셈이다. 한 나라의 어휘를 여러 시대에 걸쳐 그저 비교만 한대도 그 나라가 어떻게 진보해왔는지 생각해볼 수 있을 것이다. 학문마다 이름이 있고, 학문에서 사용되는 개념에도 각자 이름이 있다. 자연에서 알려진 모든 것, 기술 분야에서 발명된 것, 현상, 조작방식, 도구, 모든 것에 이름이 다 붙는다. 우리 외부에 있는 존재들과 우리 내부에 있는 존재들에도 해당하는 표현이 있다. 추상적인 것, 구체적인 것, 개별적인 것, 일반적인 것, 형식, 상태, 존재, 연속, 지속에도 이름이 있다. '우주'라고 하고, '원자'라고 한다. 우주는 전체고, 원자는 전체의 가장 작은 부분이다. 모든 원인을 빠짐없이 모은 것으로부터 외따로 떨어진 존재까지, 자연 속에서든 우리의 상상 속에서든 모든 한계를 넘어서는 것, 가능한 것과 가능하지 않은 것, 자연에도 없고 우리의 지성 속에도 존재하지 않는 것, 작은 것의 무한, 큰 것의 무한, 연장의 무한, 지속의 무한, 완전성의 무한 등 모든 것은 기호를 갖는다. 현상들을 비교하는 것을 철학이라고 한다. 실천적인 철학이 있고 사변적인 철학이 있다.[51] 모든

••
51. "철학한다는 것은 사물을 이치에 맞게 설명하거나 이치를 찾아나서는 것이다. 보이는 것만 보고, 본 것을 보고하는 것으로 만족한다면 우리는 그저 역사가일 뿐이다. 사물의 균형, 크기, 가치를 계산하고 측정한다면 우리는 수학자이다. 사물을 존재하게 하고 사물이 다른 방식이 아니라 이런 방식으로 있게 하는 이치를 발견하는 것으로 그치는 사람이야말로

개념은 감각작용에서 나오거나 귀납추리에서 나온다. 지성으로 파악되는 존재가 있고 자연에 있는 존재가 있다.[52] 인간은 자연을 도구 없이 이용하거나 도구를 통해 이용한다. 언어는 이토록 무한한 이질적인 사물들의 상징이다. 그래서 통찰력을 가진 사람은 언어를 보면 비록 아주 오랜 옛날일지라도 학문이 얼마나 깊었는지 알 수 있다. 언뜻 보아도 그리스 사람들은 로마 사람들이 갖지 못한 추상적인 개념을 엄청나게 가지고 있었다. 로마 사람들은 이 용어들이 없어서 그리스 사람들이 논리학, 도덕, 문법, 형이상학, 자연사에서 썼던 것을 표현할 길이 없었던 것이다. 우리는 이 모든 학문 분야에서 크나큰 진보를 이루었기에, 우리 학문 수준을 놓고 봤을 때 수많은 기호를 새로 만들지 않고서는 그 용어들을 그리스어로든 라틴어로든 기록하기 어려울 것이다. 이런 점만 보아도 그리스 사람들이 로마 사람들보다

••
　본래의미의 철학자이다.''(Enc, 「철학」, XII: 512b) "또 철학을 두 분과로 구분하고 두 가지 관계로 고려할 수 있다. 이론 철학과 실천 철학이 그것이다. 이론 철학 혹은 사변 철학은 사물을 순전하고 단순하게 성찰하는 것으로 그친다. […] 실천 철학은 대상에 작용을 가하기 위해 규칙을 제공하는 철학이다.''(Enc, 「철학」, XII: 513b)
52. "인간의 지성은 그 고유한 본성으로 인해 [제 눈에] 실제로 보이는 것 이상의 질서와 동등성이 존재한다고 생각하는 경향이 있다. 자연계의 많은 사물들은 본질적으로 속성이 서로 다르고, 같은 것이 전혀 없음에도 불구하고 [인간의 지성은] 병행, 대응, 관계 따위를 찾아내는데, 그런 것은 실재하지 않는다."(베이컨, 『신기관』, 1권 § 45, 앞의 책, 51쪽)

우월했고, 우리는 또 이들보다 우월하다는 점을 알 수 있다.

일반적으로 모든 민족은 언어의 진보와 취향의 진보에서 무수히 많은 변화와 수많은 사건을 겪게 되지만 이 변화들은 크지 않고 이 사건들은 두드러지지 않기에 후대로 전해지지 않는다. 동시대 작가들의 어조를 통해서 그랬었구나 하는 점을 알 수 있을 뿐이다. 이때 어조는 일시적인 주변 환경에 따라 취해진 것이거나 그 때문에 수정된 것이다. 예를 들어 어떤 저자의 책에서 "성악聲樂과 기악器樂에는 대단히 많은 수의 음정이 사용된다. 5도 화음은 물론, 옥타브로 시작해서 5도, 4도, 온음, 반음의 화음이 있고, 어떤 사람들은 귀로 4분음을 구분할 수 있다고 생각하기도 한다"[53]는 구절을 읽고, 이것이 우리 노래가 나아가야 할 길이야, 이것이 4분음 음높이가 가능한지 불가능한지에 대한 문제에서 우리가 얼마나 불확실한 처지에 있는 이유야, 하며 곧바로 생각하는 주의 깊은 독자란 누구이겠는가? 그러니까 우리는 고대인들이 엔하모니 음계를 사용했는지 아닌지 모르고 있지 않았

••

53. 원문에 라틴어로 되어 있다. "*cantus autem & organa pluribus distantiis utuntur, non tantum diapente, sed* sumpto initio *à diapason, concinnunt per diapente & diatessaron; & unitonum, & semitonium, ita ut & quidam putent inesse & diesin quae sensu percipiatur.*" 이 부분은 기원전 1세기 그리스 수사학자 할리카르나소스의 디오니시오스의 『말의 배열에 관하여*De collocatione verborum*』 11장에서 발췌한 것이다. 이 책은 원래 그리스어로 되어 있는데 비르코비우스(Bircovius)가 1604년에 라틴어로 번역했고, 샤를 바퇴(Charles Btteux)는 1788년에 이 책을 프랑스어로 번역했다.

는가? 이 난제를 해결해 줄 음악가가 더는 남아 있지 않았다는 말인가? 그러니까 우리가 멜로디에 대해 토론하는 것과 거의 동일한 문제를 할리카르나소스의 디오니시오스가 살았던 시대에 벌써 토론했단 말인가? 그리스어에 음이 정확히 몇 개인지 하는 문제에 대해 사람마다 의견이 제각각이었고, 이 주제가 대단히 열띤 토론을 불러 일으켰고, "그러나 이 문제의 연구는 문법과 시학에 속한 것이고, 몇몇 사람들이 생각하듯 철학에도 속한 것"[54]임을 알게 된다면, 우리와 마찬가지로 로마사람들 역시 그런 논의를 했다고, 다시 말하면 기호와 소리의 학문을 아주 정묘하게 다루고 나서, 훌륭한 정신을 가진 사람들이 기호와 소리의 학문과 사물을 다루는 학문 사이에 처음에 의심했던 것보다 더 큰 관계가 있고, 이러한 추론이 철학에 부당한 것이 전혀 아니라고 생각할 수 있음을 깨닫게 되었던 시대가 있었다는 결론을 내려야 하지 않겠는가? 바로 여기가 우리의 정확한 현 단계이

• •
54. 본문에 라틴어로 되어 있다. "*sed talium rerum considerationem grammatices & poetices esse; vel etiam, ut quibusdam placet, philosophiae*" 디드로는 할리카르나소스의 디오니시오스를 다시 인용하고 있다. "문자는 몇 개나 되는가? 정확하게 대답하는 것은 쉽지 않다. 우리의 선조들은 이 어려움을 알고 있었다. 어떤 사람들은 열세 개가 있고 나머지는 이들을 결합한 것이라고 했다. 또 다른 사람들은 스물네 개가 있다고 했다. 이 문제는 내가 다루고 있는 물질적인 문제 이상으로 문법이나 운율학 또는 철학 자체에 관련된 문제다."(할리카르나소스의 디오니시오스, 위의 책, 73-74쪽)

다. 어떤 저자가 전문적으로 주제를 다룰 때 [그가 사용한] 단어를 보면 그 사람이 얼마나 알고 있었는지, 얼마나 정확하게 혹은 부정확하게 알고 있는지가 두드러져 보인다. 그러나 그 전문 주제와 전혀 상관없고 우연히 쓰인 단어들을 수집하게 된다면 과거 인간 정신의 진보의 역사가 밝혀질 것이다.

저자들은 간혹 주변에서 일어나는 일에 별다른 영향을 느끼지 않곤 한다. 하지만 그들도 실제로 영향을 받는다. 음악가, 화가, 건축가, 철학자는 문인이 문제를 모르면 이에 대해 논쟁을 벌일 수 없다. 마찬가지로 문인은, 음악, 회화, 건축, 철학에 대해 글을 쓸 사람들이 아무런 흔적도 남겨놓지 않은 문제라면 어떤 문학의 토론도 하지 못할 것이다. 일반적으로 빛의 반사에 비유할 수 있다. 빛이 예술가와 문인들에게 비치고, 이들은 그 빛에서 남은 미광微光을 간직하는 것이다. 나는 이들이 간혹 틀린 표현을 쓸 때가 있음을 알고 있다. 그들은 그 표현이 어떤 힘을 갖는지 모른다. 그런 틀린 표현을 보면 그들이 자기 시대의 철학에 대해 몰랐음이 드러난다. 그러나 훌륭한 정신을 가진 사람은 이런 표현들을 수집하고, 여기서 한 가지 은유를, 저기서 새로운 용어를, 다른 곳에서는 어떤 현상, 관찰, 경험, 체계에 관련된 말을 포착하고, 지배적인 여론의 현황, 재사才士들이 받아들이기 시작했던 일반적인 시대 조류mouvement général, 공동의 언어에서 그 표현들이 띠었던 색조를 어렴풋이 짐작한다. 그리고 말이 나왔으니 하는 말인데 바로 이 점이 취향의 문제에 관해서 고대의 저자들을 판단하기 어렵게 만든다. 고대의 저자들은 감정과 이론의 보편적 설득, 공인된 용례, 법의 제정, 습관화된 연습의 결과, 말하고, 생각하고, 여러 가지 비교, 표현, 비유를 나타내는 여러 방식을 갖추었다. 여기서 말하는 비교, 표현, 비유들의 아름다움은 작가들이 토대로 삼은 사물 자체가 존재하는 한에서만 가능할 수 있다. 사물이 사라졌을 때 말의 광채도 더불어 사라졌다. 그 결과, 자기 작품에 영원한 아름다움을 확보하고자 하는 작가는 말하는 방식을 자기 시대의 사상, 일반적인 여론, 주류主流 이론, 유행 중인 예술에서 따올 때 극도로 신중할 수밖에 없다. 그런 모든 모델은 부침浮沈을 겪기 때문이다. 그러므로 작가는 되도록 이면 항구 불변하는 존재, 물과 흙과 대기의 현상, 우주의 장관壯觀, 인간의 정념에 몰두할 것이다. 이런 것은 항상 동일하기 때문이다. 진리라든지, 힘이라든지, 색채의 불변성이 그런 것으로, 이런 것 덕분에 어떤 작품이 비록 여러 분야가 뒤섞이고, 개념을 잘못 쓰고, 그 밖에 비난 받을 수 있는 모든 결함이 있다 해도 수많은 시대에 경탄의 대상이 될 것이다. 작가의 특별한 생각, 작가가 사용한 비유, 은유, 표현, 이미지들이 언제 보더라도 감탄하게 되는 자연으로 끊임없이 귀결하기 때문에 그만큼의 부분적인 진실을 이루고, 작가는 이를 통해 영원해질 것이다. 그 작가를 읽는다면 사유하는 법을 배우기 위해서가 아니다. 우리는 밤낮으로 올바로 말하는 법을 배우기 위해 그 책을 손에서 놓지 않을 것이다. 이것이 그의 운명이다. 반대로 단지 밋밋한 양식良識, 둔한 이성에나 기댈 뿐인 수많은 저작은 아마 대단히 존경받겠지만, 아무도 읽지 않을 것이고 결국 까맣게 잊힐 것이다. 훌륭한 천재와 엄청난 웅변의 능력을 갖춘 누군가가 그 저작들을 샅샅이 뒤져, 예전에는 엄격하기만 해서 무미건조하고 따분했던 진리를 더 고상하고, 더 우아하고, 더 풍부하고, 더 매력 있는 표현으로 재창조하게 될 테니 말이다.

이러한 급격한 변화들은 [자연물에서가 아니라] 인위적으로 만들어진 것에서 발생하고, 후세 사람들이 자기들에게 전해질 산물들을 평가하는 방식에 큰 영향을 주게 될 것이므로 우리의 사전과 같이 적절히 사례를 들어야 하는 저작에서는 항구 불변한 모델[55]에 기초한 아름다움을 갖춘 단편적인 부분들을 연구하는

• •
55. "그러므로 모방한다는 것은 베일을 벗기는 것이다. 디드로가 생각하기에 예술은 외관의 단순한 복제가 결코 아니다. 오히려 그 반대로 디드로는 여기서 과학적인 방식과는 명백히 다른 지식의 한 방법을 본다.[…] 모방한다는 것은 어떤 구체적인 모델을 반영하는 것이 아니라 '이상적인 모델(modèle idéal)'을 눈으로 볼 수 있게 드러낸다는 것이다. […] 모델은 우리가 물리학이나 생물학의 어떤 법칙이 완벽한 것이라고 말하는 의미로서만 이상적이다. 이때 최초의 모델은 '지성으로 이해할 수 있는 이미지'이며 '내 밖의 표준'을 정신이 발견하는 것이다. 하지만 이 모델 혹은 표준은 […] 초월적인 세계에 있는 것이 아니라 자연 안에 존재하므로 바로 자연 안에서 이를 발견해야 한다."(이봉 블라발, 『모순 없는 디드로의 미학L'Esthétique sans paradoxe de Diderot』, Gallimard, 1950, 97-98쪽) 디드로의 '이상적인 모델' 이론은 후기 저작 『배우에 대한 역설』에서 분명히 나타난다. "때로는 시인이 배우보다 더 강력하게 느

데 강력한 동기가 된다. 이렇게 주의하지 않으면 모델은 사라져 버리고, 모방은 더는 진실하게 느껴지지 않고, 언급된 사례는 더는 아름답게 보이지 않게 될 것이다.

사물을 그려서 관념을 전하는 기술이 본성상 제일 먼저 나타났음이 틀림없다. 반면 문자caractères를 사용해서 목소리les voix를 고정하면서 관념을 전하는 기술은 이에 비해 너무도 섬세한 것이다. 천재가 [문자로 관념을 전하는] 기술을 고안했을 때 그는 [너무 복잡하다는 생각에] 두려움을 느꼈을 것이다. 오래 시도해 본 끝에 그는 목소리가 생각했던 것만큼 수가 많지 않다는 점을 알게 되었고, 이를 과감히 적은 수의 기호로 나타내어 보자고 정했다.[56] 그러나 첫 번째 방식에도 장점이 있었고, 두 번째 방식에도 결함이 있었다. 그림으로는 정신 작용에 다다를 수 없다. 화폭에 배치된 감각 대상들에서는 연설문에서 표현되는 것 같은

●●

끼고 때로는—아마 보다 자주 그런 것인데—배우가 시인보다 더 강렬하게 느끼기도 합니다. 볼테르는 배우 클레롱이 자기 연극에서 연기를 하는 것을 보고서 이렇게 말했습니다. "이것이 정말 내가 만든 것인가?" 클레롱이 볼테르 이상으로 작품을 잘 알았을까요? 적어도 이 순간에는 클레롱은 대사를 하면서 자신의 이상적인 모델이 시인이 글을 쓰면서 만들었던 이상적인 모델을 넘어섰던 것입니다. 하지만 이상적인 모델이 그녀는 아니었습니다."(디드로, 주미사 옮김, 『배우에 대한 역설Paradoxe sur le comédien』, 문학과지성사, 2001, 76쪽)

56. "말을 기초적인 기호로 분해시켜보려고 했던 최초의 사람들이 처음부터 아주 정확하게 구분해냈던 것 같지는 않다."(루소, 『언어 기원론』 ch. 5, in Œuvres complètes, t. V, Bibliothèque de la Pléiade, 385쪽)

삼단논법과 판단을 구성하는 관계를 찾을 수 없을 것이다. 감각 대상의 존재들 중 하나를 절節의 주어로 지정하고, 이 존재들의 특성 한 가지를 속사로 지정한다. [이렇게 구성된] 절을 다른 절과 연결해서 추론을 하고, 이 추론을 다른 추론과 연결해서 연설문을 구성한다. 요컨대 그림으로 그려낼 수 없는 이런 성격을 갖는 무수한 사물이 있다. 그런데 그림은 적어도 그려진 사물을 전부 보여주기는 한다. 반대로 글로 적은 연설문이 사물을 전부 지시한다고 해도 그중 하나도 보여주지 못하기 마련이다. 존재를 모두 그린다는 것은 언제나 대단히 불충분할 수밖에 없다. 하지만 그림에는 모호한 데가 없다. 눈으로 보고 있는 사물의 초상화肖像畵이기 때문이다. 표기법의 문자로는 무엇이든 나타내게 되지만 그것은 결국 인위적이다. 문자는 그 자체로는 아무것도 의미하지 않는다. 화폭을 이해하기 위한 열쇠는 자연에 있으며 누구에게나 주어진다. 알파벳과 이를 결합한 문자의 해독을 도와줄 열쇠는 비밀을 밝히지 않으면 안 될 약속이다. 그러나 비밀이 완전히 밝혀질 수는 없다. 표현마다 틀림없이 확정되지 않은 채 남아 있는 미묘한 어감의 차이가 있기 때문이다. 다른 한편 그림은 영원하지만 순간적인 상황을 표현한 것일 뿐이다. 그림으로 더 이상 단순할 수 없는 움직임을 표현하겠다고 한다면 그 그림은 모호해질 것이다.[57] 트로피에 소문의 여신 파마가 날개

..
57. "어떤 행동을 재현하는 그림을 보면 지속된 시간의 한순간만을 볼 수

를 활짝 펼치고, 한 손에는 트럼펫을, 다른 한 손에는 영웅의 머리 위로 영예의 관冠을 들고 있는 모습이 그려져 있다.[58] 그런데 여신이 정말 관을 하사下賜하는 것인지 아니면 뺏는 것인지 알 수 없다. 모호함을 제거하는 것이 역사이다. 반대로 어떤 행동에 아무리 다양한 면이 있더라도 그 행동을 나타내는 용어들의 목록은 항상 있게 마련이다. 그러나 연속되었든 모여 있든 형상들figures에 대해서는 그렇게 말할 수 없다. 당신 좋을 대로 형상의 수를 늘려보라. 그래도 중단이 생긴다. 행동은 계속되는데 형상을 갖고는 이 행동의 분리된 각각의 순간밖에는 표현할 수 없기 때문에 그 빈자리는 통찰력 있는 관객이 메우게끔 남겨진다. 선분과 연속하는 수數와 마찬가지로 물리적인 운동과 이의 구체적인 재현은 서로 상쇄되는 일이 없다. 주어진 항과 다른 항

• •

있으므로, 화가는 현재 상황보다 앞서 일어난 일을 간혹 일상적인 생각에 넣어 보아야만 숭고한 표현에 이를 수 있다. 반대로 시는 이 행동의 모든 부수적인 일들을 전부 설명해준다. 과거에 일어났던 일은 언급되고 있거나 나중에 일어날 대단히 일상적인 일에 경이로움을 던져준다." (뒤 보스, 『시와 회화에 관한 비판적인 성찰Réflexions critiques sur la poésie et sur la peinture』, 1부 13장; éd. par Dominique Désirat, Paris, Ecole nationale supérieure des Beaux-Arts, 1993, 23쪽)

58. "베르길리우스는 아이네이스 4권에서 소문의 여신에 대해 기술한다. 사람들은 이 여신이 백 개의 입과 백 개의 귀를 가졌다고 생각했고, 날개와 트럼펫을 가진 모습으로 그렸다. 이 모든 것은 세상에 퍼지는 것이 어떤 행위의 소문이라는 점을 일깨우기 위한 것이다."(트레부 사전)

사이에 [중간] 항項을 늘려본다고 해도, 이 중간 항은 항상 고립된 채, 전혀 인접하지 않고, 이 항들 사이에는 항상 간극이 남게 되므로 연속하는 일정량에 결코 대응될 수 없다. 어떻게 연속 양을 불연속 양으로 측정할 수 있겠는가? 마찬가지로 어떻게 분리된 순간순간의 이미지를 가지고 지속하는 행동을 재현할 수 있겠는가? 그런데 언어에서 절대로 설명될 수 없는 것으로 남아 있는 이 항들, 즉 어간語幹들이 그림이 재현할 수 없는 저 중간에 놓인 순간들에 아주 정확히 대응하는 것이 아니겠는가? 그리고 이것이 양쪽이 갖는 거의 동일한 결함이 아니겠는가? 그러므로 지식을 전달하고자 했던 우리의 기획은 언어 전체를 설명할 수 없기 때문에 중단되었던 것이다. 문법적 어근語根을 어떻게 모을 수 있을까? 모은다고 해도 설명은 어떻게 할 것인가? 우리 스스로도 이해할 수 없는 처지에 미래를 위해 글을 써야 할까? 이 난점들을 해결해보자.

우선 나는 어간의 구분법을 다음과 같이 생각한다. 아마 많은 수의 어간을 찾아낼 수 있을 어떤 방법, 어떤 철학 이론 체계가 있을 것이다. 그러나 이 체계는 고안해내기 힘들 것 같다. 어떤 체계이든지 적용을 할 때 오류에 빠지기 십상이다. 나는 언어 분야에서는 무슨 일반법칙이라도 의심부터 하는 습관이 제대로 들었기 때문이다. 나는 전문적인 방식을 따르고 싶다. 이러한 전문적인 방식이 '백과사전적' 사전 제작의 필연적 결과이니만큼 더욱 그렇다.

맨 먼저 이 사전 작업을 함께 하게 될 사람들은 모든 것을 정의한다는 법칙을 받아들이지 않으면 안 된다. 모든 것을, 어떤 예외도 두지 않고 정의해야 한다. 이렇게 하면 편집자가 할 일은 똑같은 단어가 어떤 정의에서는 종種으로, 다른 정의에서는 차差로 간주되는 용어들을 세심히 구분하는 것뿐이다. 이렇게 이중 용법이 나올 수밖에 없다는 것이 악순환을 이루고, 이것이 정의의 한계라는 점이 명백하다. 그런 단어를 전부 모으고 나면 검토를 거쳐 서로가 서로를 규정하는 두 용어 중, 때로는 가장 일반적인 것이 종이나 차가 되기도 하고, 때로는 가장 덜 일반적인 것이 종이나 차가 되기도 한다는 점을 알게 된다. 두말할 것 없이 가장 일반적인 것을 문법적 어근 중 하나로 간주해야 할 것이다. 이로부터 문법적 어근의 수는 이렇게 수집된 용어들의 정확히 절반이 되리라는 결론이 나온다. 단어의 두 가지 정의 중 하나를 올바르고 정당한 것으로 받아들여야 다른 것이 악순환이 된다는 점이 증명되기 때문이다.

이제 이들 어간의 개념을 고정하는 방식으로 넘어가자. 내가 보기에, 바라는 만큼 완전하지는 않다고 해도 방법은 하나뿐이다. 이 방법을 적용할 때마다 모호한 점이 생기기 때문이 아니라, 아무리 솜씨 좋게 다루더라도 적용이 불가능한 경우가 있을 수 있기 때문이다. 그 방법은 현재 쓰이는 말을 사어langue morte, 死語에 결부하는 것이다. 현재 사용되고 있고 앞으로 사용될 언어 가운데 현재와 미래의 모든 사람에게 정확하고 불변하고 공통된 척도가 될 수 있는 것은 사어뿐이다. 이 특정어법은 [고대] 작가 [의 작품]에서밖에 남아 있지 않으므로 더는 변하지 않는다. 이러한 특징의 결과는 적용은 항상 동일하게 이루어지고, 어느 것이든 항상 알려진 것이라는 점이다.

누가 내게 그리스어나 라틴어 중에 무엇을 택하겠느냐고 묻는다면 그 어느 쪽도 아니라고 대답하겠다. 둘 다 사용해야 한다는 것이 내 생각이다. 라틴어에 해당하는 말이 전혀 없거나, 상당한 말이 없거나, 엄밀하게 쓰이지 않을 때는 그리스어를 쓰겠다. 나는 그리스어가 라틴어에 부족한 것을 보충하는 것뿐이었으면 한다. 단지 그뿐이다. 왜냐하면 라틴어는 아주 널리 알려졌기 때문이다. 내 말은 풍부함과 방대함으로 결정을 해야 했다면 이 두 언어의 경중을 달아볼 필요가 없으리라는 것이다. 그리스어는 라틴어보다 훨씬 더 폭넓고 표현력이 풍부하다. 그리스어는 명백히 의성어의 흔적을 가진 말이 무수히 많다. 그리스어는 기호로 표현된 수많은 개념이 있지만 라틴어에는 없다. 라틴 사람들은 사변적인 교육을 전혀 받지 않았던 것 같기 때문이다. 그리스 사람들은 학문의 형이상학, 예술, 논리학, 문법에서 내려갈 수 있을 때까지 깊게 파고 내려갔다. 그리스의 특정어법을 가지면 하고 싶은 말을 다 할 수 있다. 그리스 사람들은 지성의 작용에 관련한 추상적인 용어를 전부 가졌다. 이 점에 대해서 아리스토텔레스, 플라톤, 섹스투스 엠피리쿠스, 아폴로니우스, 문법과 수사학 관련 저작을 남긴 사람들을 모두 찾아 읽어보라.

라틴어로 쓸 때는 표현이 부족해서 곤란할 때가 많다. 로마 사람들이 추상화된 개념의 언어를 갖기 위해서는 수 세기가 더 필요했다. 적어도 그들이 그리스 사람들의 학생으로 있는 동안 이루었던 진보를 통해 판단해보면 그렇다. 더욱이 단 한 명의 천재가 민족 전체를 들끓게 만들고<sup>fermentation</sup>, 무지의 시대를 단축하고, 지식을 더없이 완전한 지점에, 그것도 놀랄 만큼 빠른 속도로 올려놓을 수 있기 때문이다. 하지만 그렇게 생각한다고 해도 내가 내세운 진실이 사라지지는 않는다. 천재들이 몇이나 되는지 헤아려 흘러간 모든 시대에 고루 나누어 본다면, 나라마다, 매 세기마다 극히 적은 수일 것이며, 그중 언어를 다듬어 완성했던 이는 없다시피 할 것이기 때문이다. 창조적인 사람들에게는 이 특별한 성격이 있다. 그들은 자기 글에서 사용하고 있는 관념을 같은 시대 사람들의 책을 훑어보면서 만나기도 했지만, 때로는 그들 자신에게로 깊이 파고 내려가고, 때로는 밖으로 달려 나가, 자기 주변의 자연을 더 주의 깊고 더 통찰력 있는 시선으로 바라보면서 만난 것이기도 하므로, 최초의 언어에서 특히 그렇겠지만, 그들은 자기가 처음으로 발견한 것을 정확하고 힘차게 표현할 수 있는 기호를 스스로 발명하지 않을 수 없었던 것이다. 상상력의 열기와 심원한 사색은 새로운 표현을 통해 언어를 풍요롭게 만들고, 정확한 정신과 엄격한 논리는 구문<sup>句文</sup>을 완전하게 만들어주고, 발성기관의 편의는 언어를 부드럽게 해주고, 청각의 감수성은 언어를 듣기 좋게 조화롭게 만든다.

두 개의 언어를 사용하고자 한다면 우선 프랑스어 어간을 적고, 옆에 그리스어나 라틴어의 어간을 적을 것이다. 그리고 어간을 끌어왔던 고대 저자의 인용문을 싣는다. 어간이 의미, 에너지, 다른 부수적 관념을 고려했을 때 가장 가까운 의미로 사용된 인용문을 골라야 한다.

나는 '고대의 어간'이라고 말했다. 하지만 한 언어에서 근본적이고 정의하기가 불가능한 최초의 용어인 것이 다른 언어에서는 전혀 그런 성격이 없을 수 있다. 그러니까 내 생각에는 이것이 인간의 정신이 어떤 민족에서 다른 민족보다 더 진보했음을 보여주는 것 같다. 언어가 이성이 얼마나 작동했는지 정확히 딱 맞춰 보여주는 이미지라는 점을 다들 아직 모르는 것 같다. 이 하나의 차이로 특히 추상적인 학문과 문예 영역에서 한 나라가 다른 나라보다 얼마나 놀랍게도 우월해지는 것인지! 프랑스어는 이미 완성이 되었는데 영국 사람들은 자기 언어를 형성해볼 생각도 하지 않는다는 그 하나만 고찰해 봐도 프랑스 사람들과 영국 사람들은 얼마나 멀리 떨어져 있는 것인지![59] 특정어법이 완성되

· ·
59. 이 말에는 영어에 대한 경멸의 의미가 없다. 디드로는 영어가 프랑스어보다 훨씬 음악적이며 특히 연극에 적합한 언어라고 생각했다. "그리스어, 라틴어, 이탈리아어, 영어는 자유로운 도치와 표현법을 허용하기 때문에 문학에 더욱 유리하다. 프랑스인들은 다른 어떤 민족 이상으로 정신의 언어를 말할 수 있기에 양식(良識)을 가진 사람은 불어를 선택하게 되리라. 그러나 상상력과 정념의 측면에서는 고대의 언어와 프랑스 이웃의 언어들이 선호된다. 사교계에서, 그리고 철학을 가르칠 때는

어야 엄밀한 학문의 정확성, 예술의 감식안, 결론적으로 이런 종류의 저작의 불멸성이 가능해진다.

나는 그리스어와 라틴어 동의어가 사용된 곳에서 인용해야 한다고 했다. 단어 하나에 자주 의미가 여럿이기 때문이다. 언어를 만들도록 주도했던 것은 철학이 아니라 필요였던 것이므로 [한 단어가 여러 의미를 갖는] 결함이 없는 언어는 없으며 앞으로도 없을 것이다. 그러나 인용된 문장에서 한 단어에는 하나의 의미뿐이며, 저자를 알고 있는 모든 민족에게 의미는 확실히 동일하다. 그래서 Μῆνιω ἄειδε, Θεά 운운하는 문장과 *Arma virumque cano* 운운하는 문장은 파리나 북경이나 똑같이 번역된다.[60] 그래서 라틴어를 할 줄 아는 프랑스 사람으로서는 영어를

<hr />

프랑스어를 말해야 한다. 설교를 하거나 극장에서는 그리스어, 라틴어, 영어를 말해야 한다."(디드로, 『농아에 대한 편지*Lettre sur les sourds et muets*』, in *Œuvres*, éd. Laurent Versini, t. IV, Robert Laffont, 32쪽) 루소는 『언어기원론』에서 "영어를 공부하려면 이를 두 번 배워야 한다. 한 번은 읽는 법을 배우고 다른 한 번은 말하는 법을 배우는 것이다. 어떤 영국인이 큰 소리로 책을 읽을 때 외국인이 눈으로 책을 읽으면 그 외국인은 그가 눈으로 읽는 것과 귀로 듣는 것 사이에 아무 연관도 느끼지 못하게 된다. 왜 그런가? 영국은 계속해서 이민족의 침입을 받았기 때문에 단어들은 항상 동일하게 쓰지만 이를 발음하는 방식은 자주 바뀌었기 때문"이라고 말한다.(루소, 『언어기원론』, ch. 7, in *Œuvres complètes*, t. V, Bibliothèque de la Pléiade, 393쪽)

60. 첫 번째 문장은 호메로스의 『일리아드』 첫머리에 나오는 시행으로 "노래하라, 여신이여, [아킬레우스의] 분노를"의 뜻이며, 두 번째 라틴어

배우는데 영어-라틴어 사전이 아니라 영어-프랑스어 사전을 이용하는 것은 정말 상상이 가지 않는 일이다. 이 영어-프랑스어 사전이 불변하는 공통의 척도에 따라, 혹은 두 언어에서 일상적으로 대단히 자주 쓰이는 용례에 따라 만들어지고 수정되었다한들, 그랬는지 아닌지는 전혀 알 수 없을 것이다. 매번 단어가 나올 때마다 통역과 안내자의 성실함과 지식을 믿어볼 수밖에 없을 것이다. 반대로 그리스어 사전이나 라틴어 사전을 사용해서 적용해보면 이해가 되고, 딱 맞아 떨어지고, 확신이 든다. 자기만의 어휘를 구성하는 방법은 있다면 단 하나이다. 그 방법만 따르면 다른 나라 말을 공부할 때 그 나라에 직접 가지 않아도 되는 것이다. 게다가 나는 내 경험에 비추어 얘기하고 있다. 나는 그 방법을 찾았고, 그 방법이 최단 시간에 적절성과 에너지에 있어 가장 가까운 개념을 얻는 확실한 수단이라고 생각한다. 요컨대 영어-프랑스어 사전과 영어-라틴어 사전은 서로 다른 두 사람과 같아서, 전자는 어떤 물체의 크기나 무게에 대해서 설명할 때 그 물체가 꽤 크거나 무게가 꽤 나간다고 단언하지만, 후자는 단언은 전혀 하지 않고, 대신 자나 저울을 갖고 당신 보는 앞에서 달아보거나 재어보는 것이다.

하지만 공통된 척도로 잴 수 없는 경우라면 명명자nomenclateur[61]

문장은 베르길리우스가 쓴 『아이네이스』의 첫 시행으로 "나는 전쟁과 영웅을 노래한다."의 뜻이다.

는 무엇에 기대야 할까? 내 대답은 어간은 본성상 단순하고 개별적인 감각이나 추상적이고 일반적인 관념의 기호이므로, 공통의 척도가 없는 경우는 정말 드문 일일 수밖에 없다는 것이다. 그러나 이 드문 경우에는 절대적으로 인간 정신의 통찰력을 믿고 따라야 한다. 어떤 표현이 명확히 정의되지 않았고, 그 기호가 알려지지 않은 유일한 것일 수많은 정의에서 항상 똑같은 의미로 사용되었음을 알게 되면 지체 없이 그 표현의 가치가 인정되기를 바라야 한다. 관념들에는, 그러므로 기호들에는(관념과 기호의 관계는 대상과 이를 비추는 거울의 관계와 같기 때문이다.) 대단히 밀접한 관계, 밀접한 대응관계가 있다. 기호들마다 빛이 발하고, 기호들은 서로 너무도 강렬하게 빛을 반사한다. 그래서 통사법을 알고 다른 모든 기호가 충실히 해석되거나 한 시대를 특징짓는 관념을 전부 알게 된다면, 그중 어떤 하나가 없더라도 이렇게 제외된 관념이나 알려지지 않은 기호를 규명하는 일이 불가능하지 않다.

우리가 알고 있는 기호들 전체가 문제 해결을 위해 주어진 조건이다. 연설문이 조금이라도 길어지고 여러 용어를 포함한다면 문제에 여러 개의 해결책이 있게 된다는 점을 흔히 이해 못하곤 한다. 아주 적은 수이기는 하지만 고대 작가들에게서 이해가

· ·
61. "자연사에서 식물, 물고기, 새, 네발짐승, 화석의 실제 이름과 동의어, 어원을 밝히는 학자."(Enc, XI: 211b)

안 되는 대목이 있는데 그 대목을 통해 문제를 판단해야 한다. 그 대목을 검토하면 이렇게 이해가 안 되는 까닭이 작가 자신이 명확한 관념이 없었기 때문이거나, 원고가 훼손되었기 때문이거나, 우리가 용례, 규칙, 풍속을 모르기 때문이거나, 이와 비슷한 어떤 다른 원인 때문임을 깨닫게 될 것이다. 기호가 여러 다른 장소에서 똑같은 의미로 사용된다면 그 기호는 반드시 근원적인 표현expression radicale에 이르게 될 테니 불명확할 수가 없다.

확실히 언어 연구에서 가장 중요한 점은 용어들의 의미를 아는 것이지만, 철자법과 발음도 중요한 것이, 그것이 없으면 시와 듣기 좋게 조화를 맞춘 산문의 가치를 느낄 수 없기 때문이다. 그러므로 '구두법ponctuation, 句讀法'이라 불리는 철자법의 분야를 전적으로 무시해서는 안 된다. 발음과 문자가 일치하지 않는 것은 발음을 하는 방식에 급격한 변화가 일어나는데, 이를 옮겨 적는 방식에 있어서는 교정이 완만히 이루어지기 때문이다. 유럽에서 문명이 가장 발전한 민족들은 발음과 문자의 차이를 완화하고, 이를 일치시키고, 동일한 수준으로 접근하게끔 하는 책임을 맡은 문인협회를 갖고 있다. 그럼에도 발음과 문자는 만나기 요원한 거리에 있어서, 둘 중에 문자는 원래 발음을 충실히 나타내기 위해 고안되었지만, 시간차를 많이 두고 그려진 한 사람의 초상화처럼 발음과 문자는 차이가 적지 않다. 결국 더는 감히 어떻게 고쳐볼 수 없을 정도로 불편이 커져버렸다. 하나의 언어를 말하면서 쓰기는 다른 언어로 쓰는 것이다. 이렇게 불규칙한 것을 배우느라 어렸을 때 그토록 눈물을 흘려놓고 나중에는 평생 그것에 익숙해진다. 발음과 아주 가깝게 적어 놓은 것을 철자법이 잘못되었다고 야단을 맞으면 나중에 그렇게 새로 조합된 문자를 보고도 그것이 구어인지 더는 알아보지 못하게 될 것이다.

그러나 다수가 현재 쓰고 있다는 대단히 강력한 이유로 그만두어서는 안 되고, 반드시 체계적인 알파벳을 만들어야 한다. 한 기호로 여러 소리를 나타내서는 안 되고, 여러 기호가 하나의 소리를 나타내서도 안 되고, 여러 개의 기호로 하나의 모음이나 단순한 소리를 나타내서도 안 된다. 그 다음에는 각각의 기호에 결부된 소리가 만들어질 때 조음기관이 어떻게 다르게 움직이는지 엄밀하게 기술하여 기호들의 음가를 정해야 하고, 순차적 움직임과 동시적 움직임을 정확히 구분해야 한다. 요컨대 너무 지엽말단에 빠지는 것이 아닌가 걱정할 필요가 없다. 옛날 언어에 관한 책을 썼던 저명한 저자들은 그 특수 언어를 위해 수고를 아끼지 않았다. 모든 장르에서 독창적인 작가가 있고, 날이 갈수록 영향력이 커지고 있고, 유럽의 공용어가 되다시피 한 프랑스어를 위해 그만한 수고를 들이지 않을 이유가 무엇인가? 몰리에르는 문법가들을 조롱하면서 철학자의 성격을 포기했다. 몽테뉴라면 그렇게 말했겠지만 몰리에르는 귀족이 된 부르주아에게 따귀를 올려붙일 때 그것이 자기가 가장 존경했던 작가들에게 그렇게 하는 것이라고는 생각하지 못했다.

순전히 관례적이고 변하기 쉬운 것을 고정하는 방법은 한 가지

뿐이다. 영원한 것과 관련지어보는 것이다. 여기서 영원한 기준이 되는 것은 마치 악기처럼 현<sup>絃</sup>의 조임이나 길이를 솜씨 좋게 조정하고, [관악기의 경우] 공기를 알맞게 조절한다면 '거의' 모든 시대에 같은 음을 만들어내게 될, 전혀 변함이 없는 조음기관 뿐이다. 기관<sup>氣管, trachée-artère</sup>과 입은 대단한 솜씨의 운지법<sup>運指法</sup>이 필요한 일종의 플루트의 구성부분이다. 내가 조금 전에 '거의'라고 한 까닭은 조음기관 가운데 음 하나를 뚜렷하고 놀랄 만큼 다르게 내는 데 필요한 것보다 수천 배 더 큰 음폭과 다양성을 갖추지 않은 것이 없기 때문이다. 아주 정확히 말하자면 프랑스를 다 뒤져보아도 완전히 발음이 똑같은 두 사람은 아마 없을 것이다. 각자 자기 목소리가 있다. 그러나 발음이 아주 비슷해서 종종 놀랄 만큼 다양하다는 생각을 전혀 하지 않는 것이다. 이로 부터 우리가 후대로 우리의 발음을 전할 수 없다고 해도, 말하는 습관 때문에 끊임없이 교정될 근사치<sup>近似値</sup>의 발음은 전해줄 수 있을 것이다. 어떤 외국어 단어 하나를 부자연스럽지만 조음기관을 정해진 대로 움직여 처음으로 발음할 때, 대단히 예민한 귀를 갖고 조음기관을 유연하게 움직일 수 있는 총명한 사람은 페레르 씨[62]에게 배우는 [농아<sup>聾啞</sup>] 학생과 처지가 같다. [조음기관을] 억지로 움직여보고 소리마다 끊어서 내볼 때 그는 정밀하게 구성된

<hr />

62. 자콥 로드리게즈 페레르(Jacob-Rodriguez Pereire, 1716-1780). 농아(聾啞)를 위한 학교를 세우고 그들에게 말을 가르쳤다.

자동인형과 다름없다. 그러나 그가 조금씩 빠르고 과감하게 소리를 낼 줄 알게 되면 얼마나 결함은 약화될 것인가? 처음에 그가 외국어에 있어서, 유모나 되어야 알아들을 수 있을 모국어를 말하는 어린아이보다 못한 처지에 있었을지라도, 곧 다들 그 사람더러 자기 나라 출신 아니냐고 할 것이다. 한 언어에서 소리들이 이어지는 것이 생각만큼 자의적이지 않다. 소리를 결합하는 것도 이와 같다. 차례로 발음할 때 무리하게 조음기관을 움직여야 하는 소리가 있다면, 그것은 서로 전혀 충돌하지 않거나 지속되지 않는 소리이다. 이런 소리들은 발음의 편의l'euphonie를 위해 사라져버린다. 이 법칙은 대단히 강력해서, 어원학과 어원학을 옹호하는 사람들을 고려하지 않아도 언제 어디에서나 작용하고 조음기관이 동일하고, 특정어법을 공유하고, [조음기관을] 규정대로 똑같이 움직인다면 거의 동일한 발음을 하게끔 끊임없이 이끄는 경향이 있다. 중단 없이 계속되는 원인은 그 자체로 아무리 약한 것일지라도 시간이 흐를수록 점점 강력해진다.

　　나는 이 원칙에 여러 가지 난점이 있다는 점을 숨기지 않겠다. 그중 대단히 중요한 난점이 하나 있는데 이 점을 설명하겠다. 내게 이렇게들 물을 것이다. 당신은 발음의 편의에 대한 법칙은 특히 조음기관의 움직임이 일단 정해져버리면 모든 사람이 동일한 발음을 하도록 만드는 경향이 있다고 했다. 그러나 독일, 영국, 이탈리아, 프랑스 사람들은 호메로스와 베르길리우스의 시를 전부 제각기 발음한다. 그리스 사람들은 μῆνιω ἄειδε, Θεά 라고 쓰고, 영국 사람들은 이를 '미, 닌, 아, 이, 데, 지, 에'로 읽고, 프랑스 사람들은 '메, 닌, 아, 에, 이, 데, 테, 아'로 읽는다.('에$^{ei}$'는 '눈$^{雪, neige}$'의 첫음절처럼, '이$^{ye}$'는 '내가(그가) 지불하다$^{paye}$'의 두 번째 음절처럼 발음된다. 이때 이그렉$^y$은 자음 'yeu'로, 프랑스어 발음에는 있지만 프랑스어 알파벳에는 없는 발음이다. 뒤클로씨가 『일반이성문법』에 실은 주석을 보라.[63])

그런데 이상한 점은 이들 모두 공히 [호메로스의 『일리아드』의] 첫 부분이 훌륭히 조화를 이루고 있다고 감탄한다는 점이다. 공통의 소리가 없다시피 할지라도 [이에 대한] 열정은 동일하다. 그리스어 발음이 대단히 변화가 심하므로 프랑스 사람들 중에 그리스 말을 이해는 잘 하지만 서로 못 알아듣는 두 명의 학자를 찾기란 쉽다. 그들은 장단$^{長短}$[64]에 대해서는 합의한다. 그

<br>

• •

63. 『일반이성문법Grammaire générale et raisonnée』은 포르루아얄의 철학자 아르노와 문법학자 랑슬로가 쓴 문법책으로 1660년에 출간되었다. 뒤클로는 1754년에 이 책에 주석을 달아 출판한다. 뒤클로는 자음을 다룬 1부 2장에서 "이그렉(y)은 현재 프랑스의 철자법에서 단순한 이(i) 이다. [⋯] 'système'에서 이그렉은 어원을 표현하는 단순한 기호이다. 두 개의 이(ii)는 pays의 경우에 나타난다. 그런데 'payer, royaume, moyen'의 경우에서 이그렉은 모음이면서 자음이다. 즉 이(i)와 아(a)가 결합이 되는 것이다. 'ayeul, payen, fayence'의 경우에 이그렉은 순수한 자음"이라고 썼다.

64. 장단(長短, la quantité). 『백과사전』의 문법 항목을 맡아 썼던 니콜라 보제(Nicolas Beauzée, 1717-1789)는 이 단어를 "단어의 음절에서 소리의 길이를 나타내는 것"이라고 정의한다. 고대 언어는 장음과 단음을 명백

러나 장단이라 함은 발음에 있어 [조음기관의] 움직임에 대한 법칙일 뿐이다. 이것은 발음을 빠르게, 혹은 느리게 하는 것이므로 음을 부드럽게 발음하거나 거칠게 발음하는 것과는 관계가 없다. 우리가 항상 궁금해 하는 점은 어떻게 문자, 음절, 단어를 홀로 쓰든 결합해 쓰든 이를 전부 다르게 발음하는 사람들이 똑같이 듣기 좋게 느끼는지 하는 것이다. 먼 곳에서 전해진 것을 특별히 좋게 받아들이는 편견의 결과인가? 시간과 공간의 거리 때문에 흔히 생기는 명성 탓인가? 오랜 전통으로 인한 결과인가? 그리스어와 라틴어로 된 수많은 시구(詩句) 가운데 스웨덴 사람들, 폴란드 사람들의 발음과 너무 달라서 그들이 결코 읽지 못할 음절이 하나도 없다는 일이 어떻게 가능했던 것인가? 사어(死語)들은 대단히 공들여 만들어졌고 아주 단순하고 발음하기 쉽고 기초적인 소리들의 결합으로 이루어진 것이라, 그 소리들을 사용하는 모든 현대어에서도 대단히 듣기 좋고 가락이 풍부한 부분이 생긴 것은 아닐까? 현대어들이 점점 더 완성되면서 끊임없이 자기 말을 개선해서 듣기 좋게 조화를 이루게 하고 사어들이 가졌던 조화와 가까워지는 것이 아닐까? 요컨대 사어들이 가졌던 조화가 나라마다 발음을 달리하면서 인위적이 되고 손상되어 버렸더라도 여전히 현대어에 존재하는 고유한 조화보다 우월한 것은

● ●

히 구분했다. 일반적으로 장음은 단음의 두 배 길이로 발음되었다. 장단음을 배치하는 방식에 따라 음악적 효과가 달라진다.

아닐까?

　나는 우선 그리스 사람들이 언어를 듣기 좋도록 조화롭게 만들고자 얼마나 놀라운 정성을 기울였는지 우리가 이해할수록 위에 제시한 마지막 의견이 더 힘을 얻게 되리라고 대답하겠다. 그러나 이 문제를 세부적으로 다루지는 않겠다. 단지 일반적으로 음가가 한결같아서 그 음을 변형하면서나 생략하면서 발음의 편의를 도모할 수 있는 모음, 이중모음, 자음이 하나도 없다시피 하고, 두 번째로 고대인들이 문자의 가치를 세심한 주의를 기울여 우리에게 전하기는 했지만 실제 발음되었던 그대로를 정확하고 세밀하게 남겼느냐 하면 전혀 그렇지 않고, 세 번째로 고대인들이 우리에게 남긴 것을 올바로 파악하게 될 학자는 이성적이고 합리적인 사람이라면 누구든지 자기처럼 발음하도록 할 수 있음을 자부할 수 있을 것이고, 네 번째로 영국 사람이 '미, 닌, 아, 이, 데, 지, 에'의 일곱 음절을 발음하면서 여섯 개의 잘못을 저지르고 있다는 점을 반박의 여지없이 증명할 수 있다. 영국 사람은 '메'를 '미'로 발음하는데, 한 고대 저자에 따르면 그리스의 양$^{羊}$은 장음$^{長音}$ '에$^{η}$'의 발음으로 울었음을 알게 된다. 그리스 양은 요새 양과 다르게 울어서, '비, 비'라고 했지 '베, 베'라고 하지 않았다고 할 것인가?[65] 더욱이 할리카르나소스의 디오니시오스를 읽어보면 "장음 '에'는 입을 보통으로 열어놓고 발음을 하는데

· ·
65. "베(bê)는 양의 울음소리를 나타내는 무변화사(無變化辭)."(트레부 사전)

소리는 혀 위쪽이 아니라 아래쪽에서 난다'[66]고 한다. 즉 이 발음은 장음 '에'를 '이'처럼 발음하는 사람은 어떻게 해도 할 수 없다. 영국 사람은 이중모음 '에[ei]'를 모음이자 단순한 소리인 '이'로 발음한다. 그는 'ㄸ[θ]'를 'ㅈ[z]'나 목구멍에서 나오는 'ㅅ[s]'로 발음하지만, 그것은 단지 보통의 기식음氣息音 'ㅌ[t]'일 뿐이다. 그래서 영국 사람은 '떼'를 '지', 즉 혀 중간께까지 공기를 힘차게 밀어 넣어 폐음 '에[ĕ]' 대신 "입을 거의 벌리지 않고 입술로 분명한 음을 만들지 않으며 숨을 이齒로 막아 내는'[67] 문자 '이'로 발음한다. 또 '아'는 "입은 보통으로 열어놓고 혀 아래쪽에서 내는 소리"인 개음開音 '에[ė]'로 발음한다. 그런데 문자 '아'를 정확히 발음하려면 "입을 활짝 벌리고 입천장이나 그 위쪽으로 숨을 내쉬며 호흡을 길게"[68]해야 하는 것이다.

반대로 그리스어 μῆνιω ἄειδε, Θεά를 '메, 닌, 아 에, 이, 데, 테, 아'로 발음하는 사람은 영어식 발음이 위반한 규칙을 지킨다. 그리스어 문자를 내가 여기 기입한 소리들과 할리카르나소스의 디오니시오스가 쓴 대단히 훌륭한 책 『말의 배치에 대하여De

• •
66. "η infrà basim linguae allidit sonum consequentem, non suprà, ore moderatè aperto"(라틴어 원문)
67. "allidit spiritum circà dentes, ore parùm adaperto, nec labris sonitum illustrantibus."(라틴어 원문)
68. "spiritum extendere, ore aperto, & spiritu ad palatum vel suprà elato."(라틴어 원문)

*collocatione verborum*』에서 문자 하나하나에 규정된 발음을 비교하면 이 점이 확인된다. 그의 규정이 얼마나 유용한지 보여주려면 '에르r'와 '에스s'에 대한 것을 옮겨보기만 하면 된다. '에르ρ'는 "혀끝으로 소리를 증폭하고 혀를 치아 근처 구개口蓋로 올릴 때"[69] 발음되고, '에스σ'는 "혀를 구개에 가까이 대고 숨을 입의 정중선正中線을 따라 불어넣은 뒤 꼭 다문 치아 사이에 가볍게 휘파람소리를 동반해 나오면서"[70] 발음된다. 내가 궁금한 것은 조음기관을 꼭 들어맞게 그렇게 움직일 수 있는가 하는 점과 '에르r'와 '에스s'를 우리가 이 두 문자에 맞추고 있는 음가와는 다른 음가로 발음할 수 있는가 하는 점이다. 다른 문자들은 정확하다.

하지만 그리스어를 읽는 민족이 남아 있어서 할리카르나소스의 디오니시오스의 규칙을 따르고 있다면 이들은 고대 그리스 사람들과 똑같이 발음하리라는 주장도 있을 것이다.

나는 이 문제에 대해 거부할 수 없는 한 가지 가정을 내세워 대답해 보겠다. 위에서 말한 나라에서라면 이런 가정이 아주 이상하게 보일 수도 있겠지만 말이다. 어떤 스페인 사람 혹은 어떤 이탈리아 사람이 애인의 초상화를 하나 갖고 싶었는데 화가에게 애인을 보여줄 처지가 못 되어, 아주 길고 정확하게 글로

69. "*linguae extremo spiritum repercutiente, & ad palatum propè dentes sublato.*" (라틴어 원문)

70. "*linguâ adductâ suprà ad palatum, spiritu per mediam longitudinem labente, & circà dentes cum tenui quodam & angusto sibilo exeunte.*"(라틴어 원문)

묘사하고자 결심했다. 머리 전체의 정확한 비례를 정하는 것으로 시작해서, 이마, 두 눈, 코, 입, 턱, 목의 치수를 쟀다. 그 다음에는 각 부분으로 돌아와 하나도 빠짐없이 글로 써서 자기가 보고 있는 진짜 이미지를 화가가 머릿속에 새길 수 있게끔 했다. 색깔, 형태는 물론 성격과 관련한 것도 소홀히 하지 않았다. 써놓은 글과 애인의 얼굴을 비교할수록 글이 얼굴과 꼭 닮은 것 같았다. 특히 세부사항을 덧붙일수록 화가 멋대로 그릴 여지가 없으리라 믿었다. 붓이 들어가야 하리라 생각했던 것을 전부 써 넣었다. 마침내 글이 완성되었다고 생각하고 이를 백 부 필사筆寫해서 백 명의 화가에게 발송했다. 글로 적힌 대로 정확하게 그려줄 것을 당부했다. 화가들이 작업을 하고, 약속한 시간이 되어 우리의 애인은 백 폭의 초상화를 받는다. 모두 그가 기술한 꼭 그대로 닮았으나, 서로 닮은 것이 하나 없었고, 애인을 닮은 것도 없었다. 이 우화를 우리가 다루는 문제에 적용하기란 어렵지 않다. 세세히 따지지는 말기로 하자. 내가 말하려고 하는 것은 단지 다양한 소리로 발음을 할 때 조음기관이 어떻게 움직이는지 제 아무리 솜씨 좋게 기술할 수 있더라도, 일정한 폭이 있게 마련이라는 점이다. 그 자체로는 작은 폭이지만 이 폭 안에서 분할이 가능하고, 그렇게 분할되면 측정할 수는 없지만 느껴지기는 하는 변동이 생기는데 이와 비교해보면 그 폭은 무한하기까지 하다. 그러나 그렇다고 [조음기관의 움직임에 대한] 세부묘사를 해보았자 그저 근사치의 발음밖에는 낼 수 없다고 해서, 고대 언어를 듣기 좋은 조화로운 언어로 만들어준 발음 편의의 원칙이 항상 작동되는 것은 아니며, 그 결과 그 발음에서 멀어지는 일도 있고 가까워지는 일도 있다고 해서 그 세부묘사를 전적으로 쓸모없는 일이라고 결론 내려서는 안 된다. 내가 세우려고 했던 두 명제가 그것이다.

구두법에 대해서 한마디만 하겠다. 제대로 읽는 기술과 제대로 구두법을 따르는 기술에는 차이가 거의 없다. 연설을 할 때 말하다가 쉬는 지점들이 있고 이를 기록할 때 쓰는 구두법 기호들이 있다. 이 둘은 항상 일치하고, 관념들이 이어지거나 분리되는 지점을 가리키고, 수많은 표현을 보충해준다. 그러므로 [구두법] 기호가 몇 개가 되는지 논리학의 규칙에 따라 정하고, 사례를 들어 기호의 가치를 고정하는 일이 불필요하지 않을 것이다.

이제 악센트와 장단長短을 정하는 일만 남았다. 프랑스어에도 악센트가 있지만 음절에 붙는다기보다는 응변할 때 붙는 것으로 극히 미미하다. 프랑스어의 장단은 긴 음절, 짧은 음절, 가장 짧은 음절 세 가지에 국한된다. 이 점을 보면 작시법에서는 아니더라도 적어도 산문에서 짧은 음절을 네 가지로 구분했던 고대인에 비해 프랑스어에 다양성이 부족하다는 점을 인정해야 할 것 같다. 그래서 운율이 다양하다는 점을 놓고 보면 산문이 확실히 시보다 우월하다. 고대 그리스 사람들은 'ὀδός', 'ῥόδος', 'τρόπος', 'στρόφος'에서 첫음절들이 모두 짧지만 장단은 분명히 다르다고 말했다. 바로 이런 경우에는 이를 소홀히 하지 않고 조음기

71

관을 잘 훈련한 사람의 발음을 믿고 따를 수 있다.

그러므로 언어 없이는 지식의 전달이 불가능하므로 언어를 고정하는 데 필요한 실천적인 조건이 다음과 같다. 언어를 본성에 따라 고정하는 것이 가능하고, 보편적이고 체계적인 사전의 본 목적을 위해 언어를 고정하는 것이 그만큼 중요하기 때문이다. 알파벳을 체계화하고, 이에 덧붙여 기초적인 문자 하나하나의 소리와, 그 문자들이 음절을 이루면서 결합했을 때의 소리가 만들어질 때 발생하는 공기의 변화와 조음기관의 움직임을 엄밀하게 설명해야 한다. 우선 단어를 통상의 알파벳을 따라 적고, 다음에는 체계적인 알파벳에 따라, 음절 하나하나를 분리하고 장단을 부가해서 적는다. 어근일 경우에만 프랑스어 단어가 나왔던 그리스어나 라틴어 단어를 추가하고 고대작가가 그 그리스어나 라틴어의 단어를 사용했던 대목을 인용한다. 단어에 의미가 여럿이거나 여러 의미 가운데 그 단어가 어근이 된다면 그때마다 사어에서 그것에 대응하는 어근을 가지고 단어를 고정한다. 요컨대 단어가 어근이 아닐 때 정의를 한다. 이는 언제나 가능한 것으로, 그때 그리스어나 라틴어 동의어는 불필요해진다. 이 작업이 얼마나 길고 어렵고 까다로운 일인지 모른다. 서로 관계가 동일한 여러 개의 기호로 나타낸 단순관념들이나, 이보다 더 까다로운 것인데, 동일한 관계를 가졌음이 틀림없는 기호로 나타낸 관념의 목록을 비교하려면 두세 개의 언어의 용례가 반드시 필요하다. 관계의 동일성을 확보할 수 없는 경우가 빈번한데,

그때마다 기호들 중에 의미가 가장 가까운 것들을 구분하고, 부수적인 관념들 중에 무엇을 보존하고 무엇을 버려야 하는지 구분하는 일은 얼마나 섬세한 작업일 것이며, 얼마나 뛰어난 감식안이 필요한 일이겠는가. 그러나 절망해서는 안 된다.

크루스카 아카데미에서 저 유명한 어휘집을 만들 때 이런 어려움 중 하나를 해결했다. 아카데미 프랑세즈에는 시인, 웅변가, 수학자, 자연학자, 자연사학자, 사교계 사람, 철학자, 군인의 모든 지식이 빠짐없이 한군데 모였다. 작업에 완벽을 기하기 위해 회원 선출의 기준을 아카데미에서 필요로 하는 재능을 가진 사람만 선발하도록 딱 정했다. 그래서 아카데미 프랑세즈에서 이 보편 기획을 따르지 않는다거나, 여기서 편찬되는 저작이 우리가 출판하고 있는 부족한 기획을 완성하는 일에 전념하게 될 사람들에게 그다지 유용한 것이 못 되리라고는 도저히 상상할 수 없다.

아카데미 프랑세즈는 확실히 프랑스어에 고유한 어법이나 일반이성문법의 원칙에서 벗어나게 되는 다양한 경우를 틀림없이 지적할 것이다. 특정어법이나 본성의 위반이나 사실 동일한 것이기 때문이다. 바로 이 점 때문에 어디에든 불변하는 공통의 척도가 있고, 이 척도 없이는 아무것도 알 수 없고, 아무것도 측정할 수도 없고, 아무것도 정의할 수 없음을 알게 된다. 그리고 여기서는 일반이성문법이 그러한 척도가 되는 것이며, 일반이성문법이 없다면 언어 사전은 토대에 결함을 갖게 됨을 알게 된다. 제시하기 곤란한 경우가 생길 때마다 참조할 수 있는 고정된 것이 하나도 없고, 그 어려움이 어떤 것인지 지적해주는 것이 하나도 없고, 어떤 입장을 취해야 하는지 가르쳐주는 것이 하나도 없고, 상반된 해결방안들 중 무엇을 우선해야 하는지 알려주는 것이 하나도 없고, 용례를 해석하고, 그 용례를 반박하거나 정당화해주는 것이 하나도 없기 때문이다. 이런 일이 다반사이다. 언어가 사람들이 교분을 나누는 토대이므로 정확히 판단하는 정신과 곧은 마음을 가진 사람들이 인지해서 고치지 않는다면 언어에 엄청난 결함이 오래도록 남을 수 있다고 생각하는 것은 편견일 것이다. 그러므로 보편 법칙을 벗어나는 예외들이 남을 텐데, 그 예외들은 엄청난 악습이라기보다는 생략, 에너지, 발음의 편의, 가볍게 꾸민 장식이라고 하는 편이 옳을 것 같다. 우리는 끊임없이 말하고, 끊임없이 쓴다. 관념과 기호를 무수히 다른 방식으로 결합한다. 그 모든 결합에 보편적인 통사론의 굴레를 씌운다. 통사론을 벗어나 자유롭게 쓸 때 문제가 조금이라도 있으면 금세 다시 맞춰 쓴다. 그렇게 맞춰 쓰지 않을 때는 맞춰 쓰면서 장점을 얻기 어려울 때가 있다고 생각하기 때문이다. 연대학年代學과 지리학이 역사의 두 눈眼이라는 말이 있듯이, 내가 말하는 기술l'art de parler의 두 날개라고 부를 유추와 어원학도 일반이성문법이 없이 발전을 기대하기란 항상 요원한 일이다.

동의어를 언급하면서 언어에 대한 고찰을 끝내도록 하자. 동의어의 수를 고정할 수 있는 법칙이 무엇일지라도 그것으로 시작하지 않는다면 동의어의 수는 무한히 늘어날 것이다. 어떤 언어든 대단히 미묘한 차이로 구분되는 표현들이 있기 마련이다. 언어의 대가인 웅변가나 시인이라면 이러한 미묘한 차이를 모를 리 없다. 그러나 이들은 그 차이를 전적으로 무시한다. 웅변가는 웅변술의 난점 때문에, 시인은 듣기 좋게 조화를 맞추지 않을 수 없기 때문이다. 바로 이런 점을 생각해보면서 우리에게 필요한 일반법칙을 추론해볼 수 있다. 작시법의 규칙이 지나치게 엄격하므로 관용을 베풀게 되면 언어가 혼란해질 수 있는데, 이를 개선하기 위해서는 시에서 동의어로 쓰는 용어들만을 동의어로 간주해야 할 것이다. 또 웅변에서는 때로는 원뜻으로 쓰는 말le mot propre을 선호하고 때로는 그것을 희생하기도 하는데 이는 양식良識과 이성의 판단은 제쳐두고 청각의 판단을 우선시하기 때문이다. 그런 방식으로 웅변을 대단히 듣기 좋도록 조화롭게 만들게 되면 언어가 혼란해질 수 있는데, 이를 개선하기 위해서는 웅변술에서 무차별적으로 바꿔 쓰는 용어만을 동의어로 간주해야 할 것이다. [양식과 이성을] 방기放棄하는 일은 우선 진실성과 정확성에 완전히 반反하고, 명백히 과장하는 일처럼 보인다. 그러나 잘 생각해보면 이것이 섬세함, 감식안, 음악적 문체, 통일성 및 문학 작품의 불멸성을 보증하는 웅변의 다른 특징의 기초가 되는 것이다. 원뜻으로 쓰는 말을 희생하는 경우는 음악적으로 표현했어도 말과 정신이 지나치게 동떨어지지 않는 경우에 한하므로, 그럴 때 이해력이 이를 보충하게 되고, 연설문은 논지가 바로 잡히고, 여러 개의 절이 조화를 이루며 구성되고, 나는 사물을 존재하는 그대로 보게 된다. 게다가 나는 작가의 성격, 그가 내게 말하고 있는 대상에 스스로 부여한 가치, 그를 자극하는 정념도 보게 된다. 공연이 어려워지고 복잡해지는 것과 같은 비율로 내 머릿속에서 느끼는 매혹도 커진다. 귀가 즐겁고 진실도 훼손되지 않은 그대로다. 이러한 장점들이 결합될 수 없게 될 때, 누구보다 조화롭게 글을 쓰는 작가가 감식안도 있고 정확히 판단할 줄도 아는 사람이라면 원뜻으로 쓰는 말을 동의어를 찾고자 방기하려 들지 않을 것이고, 보완할 수 있는 것을 찾아 음악성을 강화하든 약화하든 할 것이고, 박자를 달리하거나 어떤 다른 섬세한 조작을 두어 귀에 변화를 줄 것이다. 듣기 좋게 조화를 맞추는 일을 고려하지 않으면, 원뜻의 말이 하찮고, 저급하고, 외설적인 생각을 떠올리게 하거나 불쾌한 느낌을 줄 때마다 그 말은 제쳐두고 다른 말을 써야 한다. 그러나 상황이 다른 경우라면 원뜻으로 쓰는 말을 보충하는 것보다 조화를 맞춘 말을 보충하는 일을 독자에게 일임하는 편이 더 적절하지 않겠느냐고 할 수도 있다. 그러나 그렇지 않다. 원뜻의 말이 일단 주어지면 듣기 좋게 조화를 맞춘 말을 귀로 찾아내는 일이 쉬운 것처럼, 듣기 좋게 조화를 맞춘 말이 일단 주어지면 원뜻의 말을 머리로 찾아내는 일도 쉽다. 음악 효과가 이루어지려면 음악이 들려야 한다. 음악은 그 자체로 이해되는 것이 아니다. 귀가 실제로 자극을 받지 않는다면 음악은 아무것도 아니다. 위대한 프랑스 시인들과 웅변가들이 전혀 구분하지 않고 사용하고 또 사용할 수 있을 모든 표현을 모을 것이다. 특히 후세 사람들을 염두에 두어야 한다. 그 또한 불변하는 척도다. 언어가 사어가 되어버리면 단어들은 혼동될 리 없고, 그 단어들을 세심한 차이들로 구분할 필요가 없다. 이 경계 너머에서는 동의어를 찾는 기술은 미숙하면서도 광범위한 작업이 된다. 동의어 단어를 구분할 때 두 가지 다른 점에 주의를 기울여주기를 바란다. 하나는 구분이 되는 관념들뿐 아니라 공통된 관념들을 지적하는 것이다. 지라르 신부[71]는 이 법칙의 첫 부분만 신경 썼다. 그러나 그가 간과한 법칙 역시 중요하고 이를 충족하기란 쉽지 않다. 다른 하나는 다양한 의미를 설명하면서 국가의 용례, 관습, 성격, 오류, 장점, 주요 합의 등을 제시하는 동시에 국가의 위대한 인물, 국가가 처한 불행, 번영에 대한 기억을 상기할 수 있는 사례들을 선택하는 것이다. 내용도 없고 성실성도 없이 동의어를 찾는 것보다, 유용하고, 적합하고, 교훈을 주고, 덕을 드높이는 동의어를 만드는 일이 더 수고스러운 것은 아닐 것이다.

이러한 고찰에 표제어nomenclature를 줄이고 불필요한 반복을 피하는 단순하고 합리적인 방법을 추가하자. 아카데미 프랑세즈 사전 초판에서 이 방법이 실제로 사용되었다. 나는 아카데미

· ·
71. 가브리엘 지라르(Gabriel Girard, 1677-1748)의 『프랑스어 동의어 보편 사전*Dictionnaire universel des synonymes de la langue française*』을 말한다. 이 사전에서 지라르 신부는 동의어를 모으면서 간략한 차이를 기술하는 것으로 그쳤다.

프랑세즈가 그 방법을 박식하지 않은 독자들을 위해 포기했으리
라고는 생각하지 않는다. 아카데미가 그 독자들을 돕는 일이
얼마나 쉬운 것인지 고려했다면 말이다. 표제어를 줄이는 이
방법은 자연스럽게 하나의 표제 아래 포함해야 하는 것을 여러
항목으로 분리해서 배치하는 것이 아니다.[72] 정신의 눈眼으로 보
아 차이가 생길 때마다 매번 사전에 새 단어를 실어야 할까?
그렇게 되면 사전은 무한히 늘어나, 반복을 거듭해 틀림없이
혼란스러워질 것이다. 그래서 '침전沈澱될 수 있는précipitable', '침
전시키다précipiter', '침전제précipitant', '침전précipitation', '침전물
précipité', '벼랑précipice'과 이와 비슷한 모든 다른 표현을 하나의

••
72. "단어 하나하나를 기술(記述)하거나 정의하는 것 외에, 동의어, 즉 동일한
    의미를 가진 단어를 여기에 추가했다. 이 점에 대해 지적할 필요가 있다
    고 생각하는 것은, 동의어가 동의어를 이루는 단어의 의미와 항상 정확
    히 일치하는 것은 아니며, 그래서 동의어를 구분 없이 사용해서는 안
    된다는 점이다. […] 프랑스어에는 원시 단어(mots primitifs)와 파생되었
    거나 합성된 단어가 있으므로, 사전을 어근(les racines)에 따라 배치하는
    것이, 즉 파생되고 합성된 모든 단어를, 그것으로부터 거슬러 올라가보
    면, 순전히 프랑스어에 기원을 둔 것이든, 라틴어나 다른 언어에서 온
    것이든 기원이 되는 단어가 있는데, 그 단어 뒤에 정렬하는 것이 좋고,
    교육적이기도 하다고 판단했다. […] 동사 다음에는 그 동사에서 생긴
    과거분사를 두었고, 이 분사가 원래 동사와 다른 의미로 사용되지 않을
    때는 예를 따로 들지 않고 이 단어가 동사가 가진 의미를 가진다고
    기록하는 것으로 그쳤다. 하지만 이 단어에 다른 용례가 있거나 제한된
    의미가 있는 경우에는 잊지 않고 이를 기록했다."(『아카데미 프랑세즈
    사전』 초판(1694) 서문)

항목으로 묶고, 알파벳 순서로 어떤 일반적이고 공통된 동일한 관념으로 묶인 표현들이 제시되는 대목이 나올 때마다 그 항목을 지시할 것이다. 실사實辭는 사물, 사람, 행동, 감각, 특성, 시간, 장소를 지시하고, 분사는 가능성, 현재, 과거로 간주된 행동을 지시하고, 부정법不定法은 그 어떤 것이 되었든 확정되지 않은 동작주動作主, 장소, 시간에 관계된 행동을 지시한다는 것이 차이점이다. 이러한 모든 양상에 따라 정의를 늘린다는 것은 용어를 정의하는 것이 아니라, 어떤 용어가 새로운 양상으로 나타날 때마다 동일한 개념으로 돌아오는 것이다. 일단 이와 같이 상이한 관점에서 고려된 어떤 표현에 적합한 것은 언어도 이와 같이 다양함이 있음을 받아들이게 될 모든 표현에도 적합하다는 점이 명백하지 않은가? 나는 어떤 특정어법이 완성되려면 용어는 가능한 한 아주 다양해야 하리라는 점에 주목할 것이다. 내가 '가능한 한'이라고 한 것은 어떤 미묘한 차이를 배제하는 중성으로서의 동사가 있기 때문이다. 그래서 '가다[되다]aller' 동사는 'allable'이라는 형용사를 가질 수 없다. 그런데 이런 동사들과 같은 것이 아닌데도 이런 조어造語가 이유 없이 제한된 동사들이 얼마나 많은가? 실제로 이것이 늘 필요하며, 특히 정확하고 간결하게 쓰는 작가들은 이런 것이 없어서 불편을 겪고 있다. 우리는 '고소인accusateur', '고소하다accuser', '고소accusation', '고소하는accusant', '피고소인accusé'이라고 말한다. 그런데 '용서할 수 없는inex-cusable'이라는 말은 쓰면서 '고소할 만한accusable'이라고는 하지 않는다. 실사와 결합하지 않는 형용사들이 얼마나 많이 있으며, 형용사와 결합하지 않은 실사는 또 얼마나 많은가? 여기가 프랑스어에 아직도 퍼낼 것이 한참 남아 있는 풍요로운 샘이다. 표현이 나올 때마다 그 표현에 없는 미묘한 차이들을 지적하는 것이 좋을 것이다. 그래야 우리 시대에 그 차이들을 과감히 보충할 수 있다. 혹은 나중에 유추관계를 잘못 생각해서 그 차이들을 오랜 시간이 흐른 뒤에 여전히 통용되는 말하는 방식으로 보지 않을까 걱정스럽다면 그렇게 해야 한다.

이상이 내가 언어에 관해 제시해야 했던 내용이다. 언어의 문제가 우리 사전에서 소홀히 다루어질수록, '백과사전'의 목표와 관련해서 언어의 문제는 더 중요해졌으며, 이미 언급했듯이 우리가 범했던 오류를 개선하는 방법을 제시하기 위한 것뿐일지라도, 더욱 그 언어의 문제를 여기서 상당히 긴 분량으로 다룰 필요가 있었다. 나는 통사론에 대해서도, 프랑스어의 다른 여러 기초분야에 대해서도 말하지 않았다. 그 분야를 맡아 쓰기로 했던 사람[73]이 벌써 더 바랄 것이 없을 만큼 완전무결하게 설명했다. 우리 사전은 이 점에 대해서 완전무결하다.

그러나 지식 전달의 수단으로서 언어의 문제를 다룬 다음, 이제는 지식을 어떻게 훌륭히 연쇄<sup>enchaînement</sup>할 수 있는지 연구

• •

73. 문법학자 세자르 셰노 뒤마르세(César Chesneau Dumarsais, 1676-1756)를 말한다.

해보자.

첫 번째로 일반 순서를 따른다. 이 점이 우리의 사전과 주제항목을 똑같이 알파벳 순서로 배치한 다른 사전이 다른 점이다. 이 순서로 인해 우리 사전은 '백과사전'이 되었던 것이다. 백과사전의 전 분야와 관련하여 고려된 이 연쇄에 대한 한 가지만 말하도록 하겠다. 재능이 넘치는 천재 건축가라도 대형 건축물을 짓고, 건물 정면에 장식을 하고, 기둥양식을 결합하는 등, 한마디로 건축물을 구성하는 모든 부분을 배치할 때 백과사전의 순서가 허용하는 다양성을 도입하기란 불가능하다. 백과사전의 순서는 서로 다른 지식을 마음(정신$^{\text{âme}}$)의 다양한 능력에 관련시켜도 (우리는 이 체계를 따랐다) 생길 수 있고, 지식의 대상인 존재에 관련시켜도 생길 수 있다. 지식의 대상은 순전한 호기심의 대상이기도 하고, 사치품이기도 하고, 필수품이기도 하다. 학문 일반을 사물의 학문과 기호의 학문, 구체적인 것의 학문과 추상적인 것의 학문으로 나눌 수 있다. 가장 보편적인 두 원리인 자연과 기술 역시 대단히 중요한 구분이 된다. 물리현상과 도덕현상, 존재와 가능성, 물질과 정신, 실재와 지성을 나누면 다른 구분도 가능하다. 우리가 알고 있는 모든 것은 감각과 이성을 사용하면서 얻은 것이 아닌가? 자연적인 것이 아니면 계시적$^{\text{révélé}}$인 것이 아닌가? 말에서 나왔거나 사물에서 나왔거나 사실에서 나온 것이 아닌가? 그러므로 최초의 큰 구분에서 자의성을 배제하기란 불가능하다. 세상은 우리에게 수적$^{\text{數的}}$으로 무한하고, 고정되고 규정된 구분이 없다시피 한 개별자<sup>個別者</sup>밖에 보여주지 않는다.
무엇이 처음이고 무엇이 마지막인지 정할 수 있는 것이 전혀
없다. 모든 것이 느낄 수 없는 미묘한 차이에 따라 연결되고
이어져 있다. 그저 하나로 보이는 무한히 많은 대상 가운데서,
바위 모서리처럼 표면을 뚫고 우뚝 솟기라도 하는 몇몇 대상이
나타난다면, 그것이 특별한 체계, 모호한 관례, 몇 가지 기이한
사건 때문에 특별하게 다루어진다 뿐이지, 존재들이 자연적으로
그렇게 배치되었거나 자연의 의도가 그러했기 때문이 아니다.
『취지』를 보라.

  보통 기계 하나를 기술할 때 무엇이 됐건 한 부분으로부터
시작할 수 있다. 기계가 크고 복잡할수록 부분들은 관계가 긴밀
해지고, 그 관계에 대한 우리의 지식은 적어지고, 묘사하는 데
더 많은 도면이 필요할 것이다. 기계가 모든 점에서 무한하다면,
실제 세계와 지성의 세계[74]가 문제라면, 혹은 이 두 세계의 흔적이
모두 남은 창조물이 문제라면 그것은 무엇일 것인가? 실제 세계
든 지성의 세계든 그 세계는 무한히 많은 관점으로 재현될 수
있으며, 그 관점의 수만큼 가능한 인간 지식의 체계가 있는 것이
다. 자의성을 배제할 수 있는 유일한 체계는 우리가 이미 『취

---

74. 머릿속에 있는 것(intelligible). "특별히 오로지 지성 안에서만 존재하는
    것을 말한다. 이 경우 '실재하는(réel)'의 반대말이 된다."(아카데미 사전
    1694년 판)

지』에서 언급했듯이 신의 의지 속에 영원히 존재했던 체계다. 그리고 최초의 영원한 존재로부터, 시간이 흘러감에 따라 그 존재의 품에서 생겨난 모든 존재에 이르기까지 내려갈 수 있는 체계는 철학자가 머릿속에서 태양의 중심으로 이동하여 태양 주변의 천체현상을 계산하게 되는 천문학의 가설과 같은 것이리라. 이 질서[75]의 특징은 단순하고 규모가 크다는 데 있지만, 철학자들이 모든 시대의 모든 사람을 대상으로 쓴 책에서는 중대한 결함이 있다는 비판을 받을 수도 있다. 신학에 너무나 밀접하게 연결되어 있다는 결함 말이다. 신학은 기독교인이 수용하는 지식이라는 면에서 틀림없이 숭고하고 유용한 학문이지만, 희생을 요청하고 보상을 약속한다는 점에서 더 유용하다.

자의성이 배제될 이 보편 체계를 우리는 영원히 갖지 못할 것이지만, 아마도 이 체계를 갖게 된다면 훨씬 득이 되지 않겠는가? 세상의 모든 원인[76]을 설명해 줄 한 권의 책을 읽는 것과 세상을 연구하는 것 자체에 무슨 차이가 있겠는가? 전혀 없다시피 하다. 우리는 늘 이 위대한 책의 고작 한 부분만을 이해할

• •
75. 질서(ordonnance). "질서 또는 규칙을 요구하는 사물들의 배치. 또한 이런 의미로 중요한 아름다움들 중의 하나가 질서를 구성하고 다양한 부분들을 배치하는 데 있는 정신의 모든 작품을 말한다."(트레부 사전)
76. 원인, 동기(ressort). "기계 혹은 자동기계장치 안에서 운동의 원인으로 우리가 알고 있는 모든 것. 또한 자연이 작용하게 되는 미지의 원인을 말한다."(트레부 사전)

수 있을 뿐이다. 우리는 조급함에 사로잡히고 호기심을 이기지 못하기 때문에 연구관찰의 흐름은 항상 끊기기 마련이고, 체계적인 독서를 할 수 없게 된다. 그렇게 되면 우리의 지식은 현재 상태처럼 고립되고 말 것이다. 추론은 연관성을 상실하고 선행관계와 하위관계의 관계를 더는 알 수 없으므로 누락이 생기고 불확실한 부분이 생길 것이다. 이제 우리는 자연을 응시하면서 누락된 부분을 채우고자 한다. 우리가 보기에 세상보다 더 완전하지는 못해서 과감히 의심되고 반박될 수 있을 방대한 책을 계획하면서 그 누락된 부분을 채우고자 한다.

우리의 유약한 지성은 모든 것을 포괄하는 기획의 절대적 완전성으로도 개선될 수 없기에, 우리는 인간 조건에 합당한 것에 전념하고, 대단히 일반적인 개념으로 거슬러 오르는 데 만족하기로 하자. 대상을 보다 높은 곳에서 고려할수록 더 멀리 바라보게 되고 우리가 따르게 될 질서는 더 교훈적이고 더 위대해질 것이다. 따라서 단순성이 없다면 위대함도 없으므로 단순해야 하고, 분명하고 쉬워야 하고, 우리가 있는 지점 너머로 아무것도 보이지 않고 길을 잃기 십상인 굽이굽이 미로가 아니라 멀리로 뻗어 있는 광대한 주작대로와 같아야 한다. 그 길을 똑바로 따라가면 역시 질서정연하게 늘어서 있는 다른 길을 만나게 되고, 그 길들로 접어들면 가장 쉽고 가장 짧은 길을 따라 고립되고 배제된 대상을 만날 수 있다.

특히 절대로 잊어서는 안 되는 것은 사유하는 존재, 주의 깊은 관찰자인 인간이 지상에서 추방된다면 자연의 장중하고 숭고한 장관도 구슬픈 침묵의 장면과 다름없다는 점이다. 세상은 아무 말이 없고 침묵과 어둠이 엄습하게 된다. 모든 것이 광막한 고독으로 변하고, 그곳은 규칙을 벗어난 현상들이 모호하고 어렴풋하게 일어나는 곳이다. 인간이 나타나야 존재들이 흥미를 갖게 된다. 존재들의 역사를 연구하는 데 이러한 생각을 따르는 것보다 더 나은 방법이 무엇이 있겠는가? 우리의 사전에 인간을 들이지 못할 이유가 어디 있는가? 인간이 벌써 세상에 자리 잡고 있는데 말이다. 인간을 보편 중심으로 삼지 못할 이유가 어디 있는가? 무한한 우주에 어떤 점이 있어서 이 점으로부터 다른 모든 점까지 연장할 때 무한한 선분들이 생기게 되는 그런 점이 존재하는 것일까? 그렇게 되면 존재와 인간, 인간과 존재 사이에 얼마나 강렬하고 다정한 반작용réaction이 생기게 될까?

이것이 우리가 인간의 주요 능력을 빠짐없이 구분하려고 했던 이유이며, 우리는 이 구분에 따라 작업했다. 인간을 무관심하고 냉정한 침묵의 존재로 삼지 않는다면 각자 좋을 대로 그런 다른 길을 따라야 한다. 인간은 출발점이 되어야 하고 모든 것이 귀결해야 하는 유일한 항項이다. 검토하는 내용이 따분하고 세부사항이 무미건조하기 짝이 없는 것이어도 이를 파고들고, 관심을 불러일으키고, 마음을 끌고자 한다면 말이다. 내 존재와 다른 사람들의 행복을 추상화해버리면 자연의 다른 나머지가 내게 무슨 소용이겠는가?

두 번째 순서의 중요성도 첫 번째 순서 못지않은데, 사전을 구성하는 상이한 부분들을 고려해서 분량을 정해주는 것이다. 고백컨대 작업을 시작할 때 극복이 불가능하고, 판을 거듭하더라도 고치기 어려운 한 가지 어려움이 여기서 생긴다. 그 방대한 전체를 구성하는 여러 부분에 어떻게 균형을 정확히 맞출 수 있을까? 한 사람의 작업이라고 해도 쉬운 일이 아니리라. 그런데 수많은 사람이 모인 협회의 작업이라면 어떻게 해야 할까? 인간 지식의 보편적이고 체계적인 사전을 초대형 조각상을 제작하는 일과 비교해보자. 조각상의 절대높이를 정하는 데 어떤 학문을, 어떤 기술을 사용할지, 조각상의 각 부분은 어떻게 나타내어야 할지 모르기 때문에 더 진척을 보지 못하고 있는 것이다. 무엇을 단위치수$^{module}$로 사용할까? 가장 고상한 것인가, 가장 유용한 것인가, 가장 중요한 것인가, 가장 폭이 넓은 것인가? 수학보다 도덕, 신학보다 수학, 신학보다 법률학, 법률학보다 자연사, 이런 식으로 선호의 대상을 바꿀 것인가? 명확히 설명이 되지 않기에 모든 이가 모순 없이 사용은 할지라도 각자 의미를 다르게 받아들이는 특유한 표현으로 만족하고, 분야마다 개론서나 완전하고 보편적인 논고를 요구한다면, 이 이름뿐인 척도가 얼마나 모호하고 부정확한지 바로 알게 될 것이다. 그리고 자기가 맡게 될 자료를 자기 계획과 거의 일치시키는 식으로 미리부터 동료들과 준비한다고 생각하는 사람은 자기 주제에 대해서나 같이 일하는 동료에 대해서도 아무 생각이 없는 사람이다. 누구나 느끼고 보는 자기만의 방식이 있다. 나는 어떤 화가 얘기를 하나 해야겠다. 나는 그에게 미술에 대해 써야 할 것을 아주 정확하게 제시했다고 생각했다. 벽지 장식을 하는 방법에 대해 한 페이지 설명과 도판 반* 장이 필요했는데, 그가 내 말을 듣고(그의 주장에 따르면) 가져온 것은 그림이 빼곡히 들어찬 열에서 열두 장의 도판과 깨알같이 적은 2절판의 두툼한 노트 세 권이었다. 이것은 12절판으로 한두 권이 되는 분량이다. 반대로 내가 위에 말한 사람과 똑같은 규정으로 부탁을 했던 사람은 매뉴팩처 공장 중에 제조물, 사용재료, 운용 기계가 다양하다는 점에서 가장 큰 공장 한군데에 대해서 조그만 용어 목록 하나만 가져왔다. 정의도 안 되어 있고, 설명도, 그림도 없었다. 그러면서 그는 더 집어넣을 것이 없다고 확신을 하며, [여기에 빠진] 다른 나머지는 누가 모를 리가 없거나 글로 쓸 수 없다는 것이다. 우리는 칭찬이 자자했던 아마추어 한 명이 「회화에서의 구성」 항목을 써주기를 바랐다(바틀레[77] 씨가 아직 참여하지 않았을 때 일이다). 그 '아마추어'는 정확하지도 않고, 문체도 없고, 사상도 없는 단 두 줄짜리 정의를 '더는 모르겠습니다'라는 부끄러운 고백과 함께 보내왔다. 그래서 내가 「회화에서의 구성」 항목을 써야 했다. '아마추어'도 아니고 화가도 아닌 내가 말이다. 이런 일이 놀랍지도 않았다. 문인과

••
77. 클로드 앙리 바틀레(Claude-Henri Watelet, 1718-1786). 화가이자 문인. 백과사전 4권부터 회화 관련 항목을 집필했다.

학자의 작업에서도 이와 비슷한 일이 다반사임을 놀랍지도 않게 봤다. 우리 사전의 많은 곳에 그 증거가 남아 있다. 여기는 터무니없이 긴 분량으로 부풀려져 있고, 저기는 빈약하고 하찮고 형편없고 무미건조하고 휑하다. 어떤 데는 피골이 상접할 정도로 축소되어 있고 다른 데는 수종증(水腫症) 환자처럼 부어 있다. 난쟁이가 되었다가 거인이 되고, 거인이 되었다가 피그미가 되고, 바르고 잘 만들어져 균형이 잡혀 있다가도 구부정하고 다리를 절고 기형이 된다. 이런 괴상함에 때로는 추상적이거나, 모호하거나, 지나치게 공을 들이기도 하고, 더 자주 허술하고, 지지부진하고 느슨한 이야기를 더해보라. 작품 전체가 부알로 『시학』에 나오는 괴물 혹은 더 흉측한 것과 비교될 것이다.[78] 그러나 이런 결함은 최초의 시도와 떼려야 뗄 수 없으며 그 결함을 보완하려면 앞으로 여러 세기의 시간이 반드시 필요하리라는 점이 자명했다. 우리 후손이 끊임없이 『백과사전』의 일을 계속한다면 재료의 배치를 얼마간 완전한 수준으로 끌어올릴 수 있을 것이다. 하지만 항구적인 공통의 척도가 없다면 중간이란 없다. 우선 어떤 학문에 포함된 모든 것을 하나도 빠짐없이 수용하고, 각 분야를 독립시키고, 범위는 그 분야 대상의 범위만 인정해야 한다. 그때

. .

78. "뱀이라 하더라도, 추악한 괴물이어도 / 모방의 예술로는 눈에 보기 좋겠네 / 섬세한 붓이 가면 아름다운 예술에선 / 흉측한 대상으로 보기 좋은 것 만드네."(부알로, 『시학*Art poétique*』, 3권 1-2행)

사물과 『백과사전』의 관계는 사물이 그 자체와 맺는 관계와 같으므로, 사물은 『백과사전』에서 정확히 균형을 이루게 될 것이다. 특히 지식의 증가에 박차를 가하는 시대, 주제 하나하나가 그 정확한 범위와 일치되는 시대가 그렇다. 계속해서 판을 여러 번 거듭한 뒤에도 어떤 주요 분야가, 현재 우리로서는 광물학과 야금술<sup>métallurgie</sup>에서 흔히 볼 수 있는 상태처럼, 동일한 상태에 머물러 있다면, 그것은 우리가 작업하는 사전의 오류가 더는 아니고, 일반적으로는 인류, 개별적으로는 국가의 오류일 것이다. 시야가 좁아서 아직 그 대상에 관심을 돌리지 못하기 때문이다.

내가 자주 봤던 일이 하나 있다. 동료들 사이에 필연적으로 경쟁이 붙으면 사전의 항목이 아니라 논문이 나온다는 것이다. 그렇게 되면 제 아무리 참조기호[79]를 이용하는 기술을 발휘한다 해도 장황해지는 것을 막을 수 없다. '백과사전'의 항목 하나가 아니라 아카데믹한 논문을 읽게 되는 것이다. 판이 거듭할수록 이 결함은 감소하여, 모든 지식이 필연적으로 접근할 것이다. 과장된 웅변조의 표현은 줄어들고, 어떤 발견은 더 널리 알려지고 흥미가 떨어져 설 자리가 줄어들 것이다. 새로운 주제 밖에는 남지 않겠고, 그 시대의 발견은 과장될 것이다. 항상 대상, 저자,

. .
79. 참조기호(les renvois). 여기서는 백과사전의 항목 안에서 다른 항목을 지시하는 기호를 말한다.

독자 등에 호의 같은 것을 갖게 될 것이다. 시간이 지나면 그 항목도 다른 항목들처럼 간결해질 것이다. 그러나 통상 새로운 발명과 새로운 생각으로 인해 불균형이 생기고, 초판에는 최근에 발명된 것이거나 적어도 그런 성격을 가진 만큼 알려진 바가 없는 것이 아니라면 가장 많은 사항들이 포함되는 것이 보통이므로, 바로 이러한 이유 때문에, 그리고 선행하는 이유 때문에 초판만큼 혼란이 많은 판이 없음이 명백하다. 그러나 반대로 이러한 오류들 때문에 초판이 참신하게 보이는 것이며, 이는 이후 판본에는 살아남기 어려울 것이다.

왜 영국사람 체임버스의 사전에는 백과사전의 순서가 그토록 완벽하고 확실한가? 그것은 기존 사전을 편집하고, 적은 수의 저작을 분석하는 데 그치고, 새로운 것을 전혀 만들지 않고, 잘 알려진 것을 다루는 것으로 국한하고, 모든 것을 똑같이 흥미롭거나 무관심하게 다루고, 분야에 차별을 두지 않고, 두통을 앓거나 '우울'했던 때를 제외한다면 작업하기에 좋았던 때도 없고 나빴던 때도 없으므로, 그는 말하자면 얕기는 하나, 정돈되고 곧은 밭이랑을 가는 농부와 같았기 때문이다. 우리의 사전은 이와 같지 않다. 자부심을 갖는다. 멋진 부분을 쓰기를 바란다. 아마 지금 내가 가진 허영심도 이와 같으리라. 한 사람의 모범이 다른 이의 모범을 낳는다. 편집인들이 불평을 하지만 그래봤자 소용없다. 자기가 잘못해 놓고 편집인 잘못이라고 거들먹거리게 되니 모든 일이 도를 넘게 된다. 체임버스 사전의 항목들은 아주 정확하게 배치되기는 했지만 누락이 있다. 우리 사전의 항목들은 누락이 없지만 들쭉날쭉하다. 체임버스가 누락을 채웠다면 단언 컨대 배치가 무너졌을 것이다.

세 번째 순서는 부분 부분을 특별하게 배치하는 것이다. 한 동료에게 첫 번째 부분을 써달라고 요청해야 할 것이다. 나는 이 순서가 완전히 자의적이라고 보지 않는다. 학문은 우주와 동일하지 않다. 우주는 신이 지은 무한한 작품이다. 학문은 인간 지성이 만드는 유한한 작품이다. 제일 원리가 있고 일반개념이 있고 주어진 공리公理가 있다. 이것이 나무의 뿌리이다. 이 나무는 가능한 많은 가지를 뻗어 퍼져나가고, 나무 둥치에서처럼 일반 대상에서 출발하고, 우선 큰 가지들로 올라가는데 이것이 첫 번째 분리이다. 그리고 큰 가지에서 잔가지로 나아가고, 이런 식으로 나뭇잎과 나무 끝과 같은 개별말단까지 뻗어나갈 것이다. 이렇게 세부로 올라가는 것이 불가능할 것이 무엇인가? 말 하나 하나에는 제자리가, 이렇게 말할 수 있다면, 결절結節과 착생着生80 이 있지 않은가? 이 모든 나무를 정성들여 모을 것이다. 동일한 관념을 더 정확한 이미지로 제시하기 위해 백과사전의 일반 순서 는 커다란 지대地帶만을 보여주는 지구전도地球全圖와 같고, [백과

---

80. "결절(pédicule)이란 꽃이나 과실을 가지나 대에 이어주는 것이다."(루소, 『식물학 사전』, in Œuvres complètes, t. IV, 1237쪽) "농업에서 나무 틈에 접지를 착생(insertion)한다고 말한다."(트레부 사전)

사전의] 개별 순서는 왕국, 지방, 지역을 표시하는 특수지도와 같고, 사전은 모든 지역을 상세하게 설명한 지리학의 역사, 가시 세계와 지성 세계에서 우리가 알고 있는 것을 하나도 빠짐없이 체계적으로 연구하는 측지학測地學과 같을 것이다. 참조기호들은 가시 세계와 지성 세계의 노정표路程標로 쓰일 것이다. 이때 가시 세계를 구세계, 지성 세계를 신세계로 볼 수 있다.

네 번째 순서는 앞선 어떤 것보다 덜 일반적인 순서로, 상이한 여러 항목을 동일한 명칭 하에 적절히 배치해준다. 이때 관념의 발생 및 분야 간의 유추와 자연적인 연쇄관계를 따라야 하고, 단순한 것에서 비유적인 것 등으로 나아가야 할 것 같다. 단 하나의 학문에 속하고, 전혀 관심을 불러일으키는 일이 없는 고립된 용어들이 있다. 여러 학문과 여러 기술에 속해서 의미가 다양한 용어들로는 작은 체계를 구성해야 하는데, 그 체계의 주요 목표는 가능한 불규칙한 것들이 잡다하게 뒤섞인 것을 완화하고 순화하는 데 있다. 이를 통해 불규칙성과 비일관성을 최소화한 전체를 구성해야 하고, 관계가 뚜렷이 드러날 경우 그 관계에 따르거나, 분야의 중요도에 따르거나, 관계가 뚜렷하지 않을 경우 본래 표현에 따르도록 해야 한다. 이 표현들은 편집자가 더 천재적이고, 더 상상력이 풍부하고, 더 많은 지식을 가질수록 그만큼 더 자주 만나게 될 것이다. 주제들 중에는 전혀 분리가 되지 않는 경우가 있는데, 종교사와 세속사, 신학과 신화학 및 자연사, 물리학, 화학, 그 외 다른 기술 등이 그러하다. 아울러 어원학 및 존재와 이름에 대한 역사적 지식은 복잡하지 않을까, 모호하거나 우스꽝스러우면 어쩌나 걱정할 필요 없이 항상 따를 수 있는 수많은 상이한 관점을 제공할 것이다.

여러 개의 항목을 동일한 명칭으로 배치해야 할 때, 편집자는 자신이 항목의 저자이기라도 하듯 행동해야 할 것이다. 자기가 단어를 그 단어가 가진 모든 의미로 고려해야 했을 때 따랐을 질서를 따를 것이다. 이때 규정된 일반 법칙은 없지만, 한 가지가 있다면 가장 불편이 적은 것을 따라야 하는데, 이는 통일성을 기해야 한다는 점일 것이다. 백과사전의 일반 순서를 따르다보면 간혹 배치가 이상해질 때가 있을 것이다. 알파벳 순서를 따르면 매 순간 희극적인 대조가 생길 것이다. 신학 항목 하나가 기술공예 항목을 전부 거치면서 뒤로 밀려날 수도 있다. 공통적으로 어려움 없이 보게 될 것은 단순하고 문법적인 말의 뜻으로 시작하고, 문법적 의미로 항목 전체의 윤곽을 요약적으로 잡아내고, 단어의 의미가 여럿인 만큼 여러 문장을 사례로 제시하고, 단어의 다양한 의미가 항목의 나머지 부분에 정리되어야 하므로 이 문장들을 서로 배치하고, 문장이나 사례 하나하나를 문제가 되는 특별한 의미와 연관짓는 것이다. 그러면 거의 매번 문법 다음에 논리학, 논리학 다음에 형이상학, 형이상학 다음에 신학, 신학 다음에 도덕, 도덕 다음에 법률 등으로 이어지는 것을 보게 될 것이다. 의미가 다양하더라도 이런 식으로 다루어진 항목은 하나의 전체를 형성할 것이고, 모든 항목이 이런 식으로 통일될지라도 지나치게 천편일률적인 획일성을 피하게 될 것이다. 내 주장은 배치를 다양하고 자유롭게 하자는 것이다. 그것이 편리하면서도 유용하고 합리적인 까닭이다. 대도시를 건립하는 것이나 '백과사전'을 만드는 것이나 같은 것이다. 보편적이고 그 자체로 아름답고, 어디에 두어도 적합한 모델을 찾을지라도 모든 집을 하나의 모델을 따라 지어서는 안 될 것이다. 건물이 획일적이면 도로도 획일적이게 되고, 도시 전체의 분위기가 점점 더 침울해지고 지겨워진다. 길고 긴 벽을 따라 산책하는 사람들은 지루함을 견디지 못하게 된다. 처음에는 즐거웠을지 몰라도 긴 숲을 걷는 사람도 마찬가지다.

분별력을 가진 사람(적어도 편집인은 이 자질을 갖추어야 한다)은 사물을 제자리에 둘 줄 알 것이다. 생각이 뒤죽박죽이거나 감식안이 없는 정신을 가져서 다양한 의미를 불필요하게 뒤섞으면 어쩌나 두려워할 필요가 없다. 그러나 분야가 다양하고, 언어가 불완전하고, 비유를 잘못 사용하게 되면 장인이 공방工房에서 쓰던 단어가 소르본 대학의 강의실로 옮겨지고 전혀 동질적이지 않은 것들이 공통의 명칭으로 모이는 등 반드시 이상해질 수밖에 없지만 이를 비난하는 것은 공정하지 못한 일이다.

그러나 다루는 대상이 무엇이건, 대상이 속한 종種, 종차, 혹은 한 가지 특징이 있다면 그것을 다른 것과 구분해주는 특징, 혹은 대상을 구성하는 특징들의 결합(이러한 결합 때문에 필수적인 차이가 생기며, 이 차이가 없다면 자연의 존재 둘 혹은 여럿은 우리의 감각으로는 절대적으로 동일하다고 판단되기 때문에 구분이 불가할 것이기 때문이다), 원인들(우리가 원인을 알고 있을 경우), 우리가 알고 있는 결과들, 능동적 특징과 수동적 특징, 목적, 목표, 용례, 돋보이는 독특함, 발생, 성장, 쇠퇴, 차원, 사멸死滅 등을 보여주어야 한다. 이 결과 수많은 양상으로 고려된 똑같은 대상이 여러 학문에 속하게 되거나 단 한 가지 의미로 이해된 단어가 상이한 여러 항목을 필요로 하는 일이 다반사가 된다. 예를 들어 어떤 광물을 다룬다고 하자. 문법학자나 자연사학자가 제일 먼저 이 단어에 달려든 뒤, 이를 자연학자[81]에게 넘기고, 자연학자는 화학자에게, 화학자는 약제사에게, 약제사는 의사, 요리사, 화가, 염색업자에게 넘기게 된다.

여기서 다섯 번째 순서가 나온다. 동료들 각자가 자기 분야의 범위에서 더 엄밀히 일하고, 문제가 되는 개별 사물에 대해 예전에 고려했던 관점을 올바로 이해하게 될 것이므로 그만큼 더 이 다섯 번째 순서를 세우기 쉬울 것이다. 본 다섯 번째이자 마지막 순서는 모든 특징을 논리정연하고 체계적으로 열거하는 것으로, 이로써 엄청난 다양성이 가능할 것이다. 어떤 실체가 정해진 용례에 따라 단계적으로 진행해나가는 추이를 보면 개념 하나하나가 어떤 자리를 점하게 되는지를 알 수 있을 것이다.

----

••
81. 자연학자(physicien). "자연의 대상을 연구하는 사람을 말한다."(아카데미 사전)

게다가 나는 동료들이 따로따로 설명하도록 해야 한다고 생각한다. 그들의 모든 항목을 단 하나로 합쳐야 했다면 편집인의 작업은 영원히 끝나지 않을 것이다. 동료들이 각자 자기 작업의 영예를 얻게끔 하고, 독자는 필요한 항목의 대목만 편리하게 참고하면 되는 것이다.

나는 무엇이 되었든 방법이 필요하다고 하는 것뿐이다. 중요한 항목이 구분도 없고 세부 구분도 되지 않은 채 하나만 덜렁 있기를 바라지 않는다. 순서가 있으면 기억이 편해진다. 그러나 저자가 독자를 위해 그러한 주의를 기울이기란, 독자가 저자의 주의에 따라 그 장점을 취하기란 어려운 일이다. 자기 분야를 깊이 성찰해야 일반적인 배치를 알게 된다. 우리는 거의 항상 이 중요한 마지막 생각을 만나게 된다. 저절로 그런 것처럼 서로 접근하는 다른 모든 생각을 자양분으로 취하면서 자라나고 뻗어가고 가지를 치는 유일한 생각이 그것이다. 이러한 일종의 인력引力을 벗어나는 생각들은 그 영역을 지나치게 벗어나 있지 않다면 더 심각한 어떤 다른 결함을 가진 것이다. 어느 쪽이든지 그런 생각들을 버리는 것이 좋다. 더욱이 사전은 찾아보려고 만든 것이 아닌가. 본질적인 문제는 독자가 독서의 결과를 기억 속으로 분명히 가져온다는 점이다. 발명의 방법을 아주 잘 보여주므로 간혹 따라야 할 한 가지 방법은 개별적이고 특수한 현상에서 출발하여 더 확장되고 덜 특수한 지식으로, 훨씬 더 일반적인 지식으로 올라가, 결국 단순하고 보편적이고 명확하기 때문에 증명이 필요 없게 된 명제나 공리들로 이루어진 학문에 이르는 것이다. 그것이 어떤 분야일지라도, 우리에게 밝혀진 지식의 한 부분을 잃지 않고서는, 논증을 한없이 밀고나갔을 때 떨어지게 될 그런 깜깜한 곳으로 한 걸음을 떼어놓지 않고서는, 증명할 수도, 정의할 수도, 설명할 수도, 모호하게 만들 수도, 부정할 수도 없는 원칙에 이르고 나야 거쳐야 했던 모든 영역을 거친 것이기 때문이다.

그 이상을 넘어서면 논증을 계속하는 일이 위험에 빠지게 되는 한 점이 있다면, 그 점에 다다랐다는 확신이 생길 때에야 멈춰야 한다고 나는 생각한다. 모든 학문, 모든 기술은 각자 형이상학을 갖는다. 이 분야는 언제나 추상적이고, 고상하고, 어렵다. 그러나 그것이야말로 철학 사전의 가장 중요한 부분일 것이다. 설명할 수 없는 현상이 있다는 말은 개척해야 할 것이 남아 있다는 것이며, 그 역逆도 성립한다고 말할 수 있다. 문인, 학자, 기술인이 어둠 속을 함께 걷는다. 이들이 진보를 한다면 그것은 우연에 의한 것이다. 이들은 알지도 못한 채 바른 길을 따라가는 길 잃은 여행자처럼 진보를 이룬다. 그러므로 사물의 형이상학, 혹은 사물들의 일차적이고 일반적인 원인을 올바로 제시하는 것이 정말 중요하다. 나머지는 정신 속에서 더 분명하고 확실해질 것이다. 이러한 소위 불가사의한 것들이 어떤 학문에서는 그토록 비판을 받고, 다른 학문에서는 적극적으로 언급되면서 형이상학적으로 논쟁된 문제를 개선한다. 이 모든 것은 해가 뜰 때 어둠의 환영처럼 사라진다. 기술이 훤히 밝혀지면 그 첫발을 내딛자마자 확실히, 신속히, 항상 가장 짧은 길을 따라 전진할 것이다. 그러므로 사물들의 존재이유가 존재한다면 그것을 설명하고, 원인이 알려졌다면 밝혀주고, 그로부터 생기는 결과가 명확하다면 지적하고, 원칙을 직접 적용하면서 문제를 해결하고, 진리를 증명하고, 오류를 공개하고, 편견을 능숙히 몰아내고, 의심하고 대비하는 법을 가르치고, 무지를 일소하고, 인간지식의 가치를 평가하고, 진실과 거짓, 진실과 진실임 직한 것, 진실임 직한 것과 경이롭고 믿기 어려운 것, 흔한 현상과 기이한 현상, 확실한 사실과 의심스러운 사실, 의심스러운 사실과 부조리하고 자연의 질서에 어긋나는 것을 구분하고, 사건들의 일반적 추이를 알고, 사물 하나하나를 있는 그대로 받아들이고, 이로써 학문에 대한 취향, 거짓과 악에 대한 공포, 덕에 대한 사랑을 고취하도록 노력해야 한다. 행복과 덕을 최종목적으로 삼지 않는 것은 아무 가치가 없기 때문이다.

나는 추론의 문제에서 흔히 저자의 권위에 기대는 것을 참을 수 없다. 우리가 진리를 찾는 데 결코 오류에 빠지는 일이 없다는 사람의 이름을 들먹여봤자 무슨 소용인가? 어디에든 시구를 두지 말라. 철학 논의가 너무 허약하고 보잘것없어 보인다. 사소한 장식은 문학 항목으로 보내야 한다. 좋은 취향에 따라 시구를 넣어서 좋은 예로 쓰고, 흔히 되풀이하는 오류를 강력히 드러내주거나 아름다움이 요청되는 곳을 빛나게 해준다면 바로 그때

나는 시를 승인하는 것이다.

과학 논고에서는 관념이나 현상의 연쇄에 따라 길이 바로 잡힌
다. 우리가 나아갈수록 내용도 선호된 방법에 따라 일반화되든
개별화되든 발전해나간다. 과학 논고와 '백과사전'의 개별항목
의 일반 형식은 이 점에서 동일하다. 차이가 있다면 항목들이
협력하는 사전에는 과학 논고에서 어떤 장점을 희생하지 않고는
얻을 수 없을 장점이 있다는 점이다. 이 장점은 백과사전의 가장
중요한 순서의 한 부분인 '참조기호'로부터 생긴다. 나는 두 가지
종류의 참조기호를 구분한다. 하나는 사물의 참조기호이고, 다른
하나는 단어의 참조기호이다. 사물의 참조기호는 대상을 밝혀주
고, 그 대상과 즉각적인 관계가 있는 것과는 인접한 관계를, 고립
되어 있다고 생각되는 것과는 소원한 관계를 지시하고, 공통
개념과 유사원리들을 떠올리게 하고, 결론을 확고하게 하고, 가
지와 몸통을 연결하고, 전체에 진리를 입증하고 설득하는 데
대단히 유용한 단일성을 확보해준다. 그런데 필요할 경우, 참조
기호는 완전히 반대되는 결과를 낳게 되고, 원리와 대립되고,
공개적으로는 감히 공격할 수 없을 우스꽝스럽기 짝이 없는 의견
을 은밀하게 공격하고 뒤흔들고 쓰러뜨릴 것이다. 저자가 사심
없는 공정한 사람이라도, 참조기호는 언제나 긍정과 공박, 동요
와 화해의 두 가지 기능으로 작용할 것이다.

단어의 참조기호는 대단한 기술을 요하지만, 엄청난 장점이
있다. 이로부터 작업 전체에 내적 힘과 눈에 확 띄지 않는 유용성

이 생기게 된다. 그 효과는 당장 알려지지 않아도 시간이 지나면서 반드시 분명해질 것이다. 예를 들어 어떤 민족의 편견이 주목할 가치가 있을 때마다 개별항목에서 그 점을 존중하면서, 그리고 이에 필연적으로 따르는 개연성과 유혹을 함께 실으면서 제시해야겠지만, 견고한 원리들이 상반된 진리에 토대를 제공하는 항목을 참조하면서 그 진흙 구조물을 쓰러뜨리고 헛되이 먼지를 뒤집어쓴 것을 일소一掃無知蒙昧해야 할 것이다. 무지몽매를 깨뜨리는 이 방식은 분별력을 가진 사람들에는 신속한 효과를 내지만, 모든 사람들에게 화려하지 않고 은밀하게, 아주 수월하게, 틀림없는 효과를 낸다. 이것이 전술적으로 가장 강력한 결과를 끌어내는 기술이다. 긍정과 논박의 참조기호들이 멀리서 예측되고, 주도면밀하게 준비될 때 '백과사전'에는 좋은 사전이 가져야 할 특징이 생긴다. 이 특징은 공통된 사유 방식을 바꾸는 것을 말한다. 본 저작은 이렇게 전체적으로 큰 효과를 산출하게 되겠지만 작업하는 데 결함도 있을 것이다. 나도 인정한다. 그러나 기획과 토대는 훌륭할 것이다. 이와 똑같은 효과를 내지 못하는 사전은 좋은 것이 아닐 것이다. 아무리 좋은 말을 듣더라도 찬사는 언젠가 사라지고 사전은 잊힐 것이다.

단어의 참조기호는 아주 유용하다. 학문 하나하나, 기술 하나하나에는 자기 언어가 있다. 어떤 기술 용어를 사용할 때마다 명확성을 도모하기 위해 그 용어의 정의를 반복해야 했다면 우리는 어느 단계에 와 있는 것일까? 얼마나 불필요한 반복인가?

옆길로 새고, 흐름이 끊어지고, 길게 늘이면서 얼마나 모호해질까? 압축적이고 모호한 만큼 장황하고 모호한 일이 흔하다. 후자는 때로 피곤하게 만들고 전자는 항상 지겹다. 그 단어들을 사용하면서 설명을 하지 않을 때는 문제가 되는 대목을 참조하게끔 최대한 세심히 주의를 기울여야 한다. 그 대목에 이르는 방법은 오직 유추類推뿐인데, 이는 일종의 길잡이 실絲이지만 모든 사람이 손에 쥐고 있는 것은 아니다. 학문과 기술의 보편 사전에서 판단력, 분별력, 통찰력을 전제로 하지 않을 수 없는 여러 상황이 있지만, 지식을 전제로 하지 않는 상황은 전혀 없다. 지성이 부족한 사람은 노력해도 자연을 알기 어렵거나 분야가 어려웠음을 탓해야지, 사물의 쪽에서도 단어의 쪽에서도 이해하는 데 자기에게 아무 문제가 없다고 저자를 탓해서는 안 된다.

전적으로 받아들여서도 안 되고 거부해서도 안 되는 세 번째 참조기호가 있다. 이를 통해 학문들에서는 어떤 관계들을, 자연의 실체에서는 유추적 특성들을, 기술에서는 유사한 여러 조작들을 접근시키면서 새로운 사변적인 진리를 가능하게 하고, 알려진 기술을 완전하게 하고, 새로운 기술을 발명하고, 잊힌 옛날 기술을 복원할 수 있을 것이다. 이 참조기호는 천재가 만들어내는 것이다. 이러한 참조기호를 알 수 있는 사람은 얼마나 운이 좋은 사람인가. 천재는 이처럼 결합의 정신을 가진 사람, 내가 예전에 『자연의 해석에 관하여』의 몇몇 부분에서 정의 내렸던 본능을 가진 사람이다.[82] 그러나 유용한 가설을 잃는 것보다 비현실적인 가설을 무릅써보는 것이 훨씬 낫다. 그런 이유로 나는 과감하게 다음의 가설을 제안한다.

나침반 자침磁針의 경사각傾斜角과 편각偏角을 보면 이 자침의 한 끝이 복잡한 운동을 통해 지축地軸의 끝이 그리는 것과 똑같은 작은 타원을 그린다는 점을 의심할 수 있을까?

우리가 보는 자연 현상 가운데 대단히 드문 경우가 있다. 그중에 토성의 고리 같은 항구하지만 고립된 현상을 공통된 일반 법칙에 포함시킬 수 없을까? 토성의 고리를 연속체가 아니라, 동일 평면에서 우리 눈이 빛과 어둠을 중단되는 일 없이 영구히 감각할 수 있는 속도로 움직이는 일정 수의 위성들로 고려하면서 말이다. 내 동료인 달랑베르 씨가 이 가설을 높이 평가했다.

혹은 우리에게 보다 가깝고 유용성이 더 확실한 대상으로 내려가기 위해, 식물, 새, 동물, 인간을 그려보지 못할 것이 무엇인가? 요컨대 비단緋緞을 다루는 직업에서 꽃과 잎을 섬세한 차이를 살려 완벽하게 그림으로 재현해 놓은 것이 그렇다.

• •

82. "우리에게는 세 가지 중요한 방법이 있다. 그것은 자연을 관찰하고 성찰하고 실험하는 것이다. 관찰을 하면서 사실들을 모은다. 성찰을 하면서 이를 결합하며 실험을 하면서 이 결합의 결과가 어떤 것인지 증명을 하게 된다. 자연을 관찰할 때는 진득해야 하고 성찰을 할 때에는 깊이가 있어야 하고 경험을 할 때는 정확해야 한다. 이런 방법들이 결합되는 일이 극히 적다. 이런 천재성을 모든 사람이 가진 것은 아니다."(디드로, 『자연의 해석에 관하여』, in *Œuvres*, éd. par Laurent Versini, t. I, Robert Laffont, 566쪽)

같은 직업에서 바느질로 양모<sup>羊毛</sup> 타피스리 배경을 채우되, 섬세한 데생이 들어갈 자리만 비워두고 양모가 되었든 비단이 되었든 수작업으로 완성하게끔 남겨두는 것이 불가능하겠는가? 그렇게 하면 이런 종류의 작업에 신속성을 기할 수 있을 것이다. 양말 제조 기계가 코를 뜨는 방법이 그러하다. 기술자들이 이 점에 대해 생각해보기를 바란다.

천공<sup>穿孔</sup> 활자 인쇄술을 악보 인쇄나 복사에까지 확장할 수 없을까? 규격 종이를 이용한다. 활자의 작은 날<sup>刀</sup>로 오선<sup>五線</sup>이 그려질 것이다. 이렇게 선을 긋고 활자의 공백도 이용해서 이를 오선 위에 쉽게 배치할 것이다. 마디를 나누는 세로줄, 음표를 잇는 줄, 악보의 다른 모든 기호마다 다 활자가 있을 것이다. 활자의 날을 굵기를 달리해서 음가를 표시할 것이다. 그렇게 되면 음표는 선 위에서 음가에 비례한 자리를 차지할 것이고, 음악가가 크게 신경 쓰지 않아도 다른 음역에서 마디들이 꼭 일치하게 될 것이다. 이렇게 한 후, 음역 하나하나를 포함하는 조판용 틀을 이용하여, 원하는 규격의 종이에 연속적으로 맞출 수 있을 것이고, 이로써 똑같은 부분을 그만큼 복사할 수 있다. 신경 써야 할 문제는 선에서든 선 사이에서든 정확히 딱 맞춰지지 않을 때마다 조그만 도구를 사용해서 활자의 작은 날을 위로 아래로 맞추는 것이다. 이 문제에 대해서는 내 친구인 루소 씨의 판단에 맡기도록 한다.

마지막으로 단어의 참조기호일 수도, 사물의 참조기호일 수도

있는 마지막 종류의 참조기호가 있는데, 나는 이를 기꺼이 풍자
나 경구警句의 참조기호라고 부르겠다. 예를 들어 거창하게 찬사
를 늘어놓은 뒤에 '「카푸숑」 항목[83]을 보라'라고 적어놓았던 한
항목의 참조기호가 그런 것이다. '카푸숑[두건頭巾]'이라는 익살
스러운 말과 「카푸숑」 항목에서 볼 수 있는 것은 그 거창한 찬사
가 실은 빈정거림에 지나지 않았는지, 그 항목을 주의 깊게 읽고
모든 용어를 정확하게 따져보아야 하는 것은 아닌지 의심스럽게
만들 수 있다.

　이러한 참조기호들도 간혹 유용할 때가 있기 때문에 이를 완전
히 없애고 싶지는 않다. 어떤 편견에 맞세워 철학적 참조기호를
사용하듯, 이 참조기호는 어떤 우스꽝스러운 것에 은밀하게 맞세
워 사용할 수 있다. 이는 수세에 몰리는 일이 없이 모욕을 되받아
치고, "사는 것은 개차반인데 쿠리우스를 흉내 내는"[84] 준엄한
사람의 가면을 벗겨버리는 가볍고도 미묘한 방법일 때가 간혹
있다. 하지만 이를 빈번하게 사용하는 것은 좋지 않다고 본다.
인용한 문장도 마음에 들지 않는다. 이런 성격의 암시를 빈번하

●　●
83. 「프란치스코 회(Cordeliers)」 항목을 가리킨다.
84. "*qui curios simulant & bacchanalia vivunt*"(원문에 라틴어로 되어 있다)
　이 표현은 유베날리우스의 『풍자*Satires*』 2, 3장에 나온다. 쿠리우스는
　로마시대의 인물로 피리우스와 삼니테스를 복종시킨 마르쿠스 쿠리우
　스 덴타투스(Marius Curius Dentatus)를 말한다. 쿠리우스는 덕과 검소함
　으로 유명했다.

게 사용하면 저작은 모호함으로 가득찰 것이다. 후세사람은 전할
가치가 없던 사소한 상황을 몰라서 그 세심한 임기응변을 느끼지
못하므로, 우리야 이런 말이 재미있지만, 그들은 이를 유치하다
고 생각할 것이다. 진지한 철학 사전이 아니라 풍자문[la pasquinad
e][85]이 되어버린다. 심사숙고한 후, 돌리지 말고 진실을 바로 말하
는 것이 좋다. 명망을 잃고 지식도 없고 품성도 나쁜 파렴치한의
대명사를 불행히 혹은 우연히 상대해야 했다면, 부끄러워서든
불쌍해서든 그 이름을 언급하지 않고, 그를 가차 없이 다루고,
저지른 악행이 더없이 치욕스러워 부끄럽도록 만들고, 통렬한
말로써 그가 처한 상황과 해야 할 의무를 깨닫게 하고, 그를
페르세우스의 독설과 유베날리스 혹은 뷰캐넌[86]의 악의(惡意)로써
기소하고 싶다.

완전히 격분한 저자가 쓴 책을 보고, 끔찍하군! 저렇게 심하게
다뤄서야! 주워 담을 수도 없을 상스런 욕을 써놓았어! 라고 하거
나 이와 비슷한 말을, 우스꽝스러움과 악의가 더없이 강렬한

85. "로마에서, 자리에 있는 사람이나, 어떤 악행이나 우스꽝스러운 행실
   때문에 빌미를 제공한 사람에 대해 지은 경구, 격언, 풍자시를 그렇게
   불렀다. '파스키나드'라는 말은 로마 사람들이 파스키노라고 불렀던
   부서진 오래된 조각상 한쪽에 풍자적인 벽보를 붙였던 데서 나왔다."
   (Enc, t. XII: 114a)
86. 뷰캐넌(George Buchanan, 1506-1582) 스코틀랜드의 인문주의자로 성 프
   란체스코 수도회를 반박하는 풍자문으로 유명하다.

필치로 그려져 오늘날에도 굉장한 즐거움을 주는 모든 시대의 모든 저작에서 가져와 쓰고 있음을 나는 안다. 우리의 판단이 이리도 모순이 된다는 점을 설명해보자. 저 가공할 만한 책이 출판되자, 악인이란 악인이 모두 놀라 그들을 두려워했다. 타락한 사람일수록 불평의 소리는 높았다. 나이, 지위, 품위를 앞세워 풍자에 맞섰다. 이런 무수한 사소한 동기들은 일시적인 것으로, 날마다 약화되다가 세기가 끝나기 전에 사라져버린다. 유베날리스가 로마의 등짐장수에게 메살리나를 버렸던 시절, 페르세우스가 말단시종 하나를 존경받는 행정관이며, 근엄한 사람처럼 변장을 시켰던 시절에, 한편에는 법복귀족이, 다른 한편에는 행실이 바르지 않은 여자들이 자기가 쳐 죽일 끔찍한 타락남녀로 그려진 책을 보고 아무 말 없이 가만있었다고 생각하는가? 가만있었다고 믿는다면 크게 잘못 생각하는 것이다. 하지만 일시적인 상황은 잊힌다. 후세 사람들은 불명예로 가득한 미친 짓, 우스운 짓, 악한 짓, 악의 가득한 말밖에는 보지 않고, 법정의 판결처럼 이를 즐기는 것이다. 나는 악을 가벼이 나무라는 사람은 덕의 친구가 되기에는 부족하다고 본다. 악을 저지를 수 없는 사람은 그만큼 더 부당함에 분노한다. 정직한 사람이라면 누구나 악의, 비열, 시기심, 표리부동에 대해 의당 느껴야 할 단호하고 깊은 증오를 보지 못하게 만드는 것이야말로 비난받아 마땅한 결함이라 할 것이다.

참조기호가 원래 어떤 성격을 가졌더라도 지나치게 자주 사용할 수는 없으리라. 생략하는 것보다는 필요 이상 있는 편이 나을지도 모른다. 참조기호를 자주 사용할 때 얻게 되는 가장 중요한 장점과 즉각 나타나는 한 가지 결과는 '첫 번째로' 표제어의 완성에 있을 것이다. 중요한 한 항목은 다른 수많은 항목과 관계하므로 저자들 중 누군가가 그 항목을 참조하지 않기란 불가능할 것이다. 그 결과 그 항목은 잊힐 수 없게 된다. 그런 단어는 어떤 분야에서는 부차적일 뿐이지만 다른 분야에서는 중요한 단어가 된다. 하지만 사물의 차원이 있고 말의 차원이 있다. 사물의 차원에서는 한 가지 현상을 언급하고 그 현상을 다루는 개별 항목을 참조하게 된다. 말의 차원에서는 한 가지 특징을 언급하고 실체를 다루는 항목을 참조하게 된다. 앞의 것은 방식을, 뒤의 것은 체계를 다룬다. 어느 쪽이든 그것이 포함하는 내용이 아니라(서로 전혀 연결되지 않으므로), 그것이 포함되어야 한다고 추정되는 것에 적합한 대목을 참조하게 된다. 그래야 작업 중인 항목을 명확히 설명하고 완성하게 된다. 그래서 항상 문법에서 논리학<sup>di-</sup>alectique으로, 논리학에서 형이상학으로, 형이상학에서 신학으로, 신학에서 법률학으로, 법률학에서 역사로, 역사에서 지리학과 연대학으로, 연대학에서 천문학으로, 천문학에서 기하학으로, 기하학에서 대수학으로, 대수학에서 산술로 넘겨질 것이다. 마지막 결론에서 한 가지 주의할 점은 아무것도 빠뜨리지 않았다고 믿기 위해서는 동료가 해주는 좋은 평으로는 충분치 않다는 것이다. 한 항목을 빠뜨리려는 것이든 대상에 관련한 모든 것을 다루지 않으려는 것이든 악의가 아니더라도 수많은 이유가 있기 때문에 참조를 하는 데 있어서는 아무리 세심해도 지나치지 않는다.

'두 번째로는' 반복을 피해야 할 것이다. 모든 학문은 서로 겹치는 부분이 있기에 한 나무 둥치에서 나와 하나로 이어진 나뭇가지들이라고 할 수 있다. 한 책의 부분을 이루는 것이 급작스럽게 그 책의 주제를 벗어나고, 엄밀히 들어맞지 않고, 갑작스럽게 이탈하지 않기도 한다. 한편으로는 그것과 이웃한 영역을 침범하지 않을 수 없고, 다른 한편으로는 인접한 다른 영역에 영향이 미치기도 한다. 책 전체에는 반드시 필요하지만 주제를 벗어나 옆길로 새는 이야기가 얼마나 많은가? 서문, 서론, 머리말, 첫머리, 에피소드, 여담, 결론의 목적은 무엇인가? 어떤 책에서 다루고 있는 주제를 벗어나는 것을 솜씨 좋게 제외한다면 책의 분량은 거의 항상 사분의 일로 줄어들고 말리라. 백과사전의 연쇄l'enchaînement encyclopédique의 기능은 무엇인가? 경계를 엄격히 정하는 것이다. 그것으로 한 분야의 경계가 정확히 표시되므로, 한 항목에는 본질적인 것만 남게 된다. 한 가지 새로운 관념은 한 작가의 붓끝에서 여러 권의 책이 되어 나온다. 그 여러 권의 책을 백과사전 집필자는 단 몇 줄로 줄이는 것이다. 그때 기하학자들의 방법에 속한 더 압축되고 더 정확한 것을 자기도 모르는 사이에 따르게 된다. 일이 빠르게 진행된다. 한 페이지에는 항상 그 전 페이지와 그 뒤 페이지와는 다른 것이 제시된다. 백과사전에서는 명제, 사실, 경구, 현상, 체계가 필요할 때마다 인용을 한다. 그러나 기하학에서 하는 이상은 아니다. 기하학자는 정리<sup>定理</sup>에서 정리로, 문제에서 문제로 넘어가지만 백과사전 집필자는 항목에서 항목으로 넘어간다. 이런 방식으로 본성이 아주 다른 것처럼 보이는 이 두 종류의 작업이 동일한 한 가지 방법을 통해 대단히 압축되고, 긴밀하게 연결되고, 연속적으로 이어진 전체를 형성하게 된다. 내 말은 우리 사전에서 수학을 다룰 때 쓴 방법과 다른 분야에서 따랐던 방법이 아주 정확히 같다는 것이다. 이 관점에서 보면 대수학의 항목과 신학의 항목 사이에는 아무런 차이가 없다.

백과사전의 순서, 광범한 지식, 참조기호의 빈번한 사용을 통해 관계가 증가하고, 어디에서나 연관되어 있음을 볼 수 있고, 증명은 더 확실해지고, 표제어가 완성되고, 지식은 인접하면서 강화된다. 우리 체계가 연속성이 있는지 누락이 있는지, 약점은 무엇이고 강점은 무엇인지 알게 되고, 자신에게 영광이 되고 인류가 더없이 유용하게 쓸 수 있도록 중요하게 연구해야 하는 대상은 무엇인지 단번에 알게 된다. 우리 사전이 훌륭하다면 더 훌륭한 것이 얼마나 많이 생길 것인가!

그런데 편집자는 자기 앞에 모든 원고를 고스란히 갖고 있는 것이 아닌데 어떻게 참조기호를 일일이 확인하게 될까? 나는 이러한 조건이 아주 중요하다고 생각하기에, 원고를 스무 번 읽지도 않은 채 '백과사전' 첫 페이지가 인쇄에 들어가도록 하는 사람은 자기 역할이 얼마나 중요한지 모르는 사람이며, 그토록 고결한 사업을 이끌어갈 자격이 없는 사람임을 분명히 할 것이다. 그가 우리처럼 예측할 수 없는 여러 사건에 연루되면 느닷없이 미로 같은 상황에 빠져버렸고, 피해를 가능한 최소화하면서 성실하게 상황을 타개하지 않을 수 없다.

편집자가 부분 부분을 들어오는 대로 받는다면 전체가 높은 완성도를 갖도록 할 수 없을 것이다. 건축물의 일부에서 다양한 양식을 따로따로 하나씩밖에 볼 수 없어 전체적인 배치가 어떻게 이루어졌는지 판단하는 것보다 보편 사전의 전체가 어떻게 이루어졌는지 판단하는 것이 더 어려울 수도 있다. 편집자가 참조기호를 빠뜨린다는 것이 말이 되는가? 불필요하고, 우스꽝스럽고, 틀린 부분을 그냥 놓아둔다는 것이 말이 되는가? 저자는 증거를 제시한다. 적어도 그것이 저자가 목표한 계획이고, 그러면 반박도 제시된 것이다. 다른 저자가 인용하려 하는 항목이 전혀 존재하지 않거나 문제가 되는 분야와 아무런 관련도 없는 일도 있을 것이다. 다른 문제는 사전이 인쇄에 들어가 있는 도중에 저자가 자기 부분을 쓰기 때문에 원고의 일부가 빠지게 되는 것이다. 그 결과 저자가 한가해지기를 기다리고 그의 게으름을 받아주기 때문에 참조기호를 남발하게 되고, 결국 그 분야는 배치가 무너진다. 처음 몇 권에는 누락이 생기고 마지막 몇 권에는 지나치게 많아지고 하면서 자연스러운 순서가 완전히 망가질 것이다. 그러나 걱정해야 할 더 나쁜 점은 편집자가 한 문자에서 다른 문자로 참조항목들을 넘기면서 감당할 수 있는 이상으로 수가 엄청나게 많아져, 이를 잘못 해놓거나 심지어는 하나도 해놓지 않고, 다른 판에서는 빼놓을 수도 있다는 점이다. 참조 항목을 다른 판에 넣지 말아야 할까 하는 이 마지막 문제에 대해서는 사전이 큰 성공을 거두거나 전혀 성공을 못할 때는 그다지 망설일 일이 없을 테지만, 인쇄에 들어가야 작업을 시작하는 동료가 사망하거나 중병에 걸려 오래 앓는 일이 벌어진다면 얼마나 난처한 일이겠는가. 독자야 그런 일이 있었는지 알 수 없겠지만 우리는 경험을 통해 불행히도 그런 일을 경계해야 함을 알게 되었다.

원고가 전부 편집인의 수중에 들어왔다면 편집인은 한 부분을 취해서, 이에 속한 모든 분과를 따라갈 것이다. 그 부분에는 대상 전부가 포함되거나 불완전하거나 할 것이다. 불완전하다면 다른 부분들에서 그가 검토 중인 부분으로 넘겨지게 될 참조기호들(그가 검토 중인 부분에서 다른 부분들로 넘겨지게 될 참조기호들도 역시)을 보고, 이들 다른 부분에 들어가게 되는 것 혹은 그때 보충되어야 할 것을 지시해 줄 참조기호들을 보고 누락이 생겼는지 알기란 아주 어렵다. 어떤 단어가 연관이 전혀 없이 고립되어 있어서, 말로든 참조기호로든 다른 부분에 언급이 될 수 없다면 그 단어는 생략되어도 대수롭지 않은 것이라고 주저 없이 확신한다. 그런데 개별적이고 특수한 사물들 가운데에서도 이런 본성을 갖는 단어가 많이 있다고 생각하는가? 그런 사물이라면 학문에 있어서 전혀 주목할 만한 것이 아니고, 기술에 있어서도 유용하지도 않으며, 쓰임새도 전혀 없을 것이다. 마로니에 나무[87]는 열매는 많이 열리지만 쓸데가 없다. 그러나 마로니에 나무는 그 경우에 해당하지 않는다. 자연이나 지성에 존재하는 것들 중, 작업실에서 사용되고 다루는 것 중, 수많은 끈으로 인간 지식의 일반 체계에 연결되지 않는 것은 아무것도 없다. 이와는 반대로 중요한 사물이 누락되었는데, 그것이 누락되었음이 눈에 띄지도 않고 복원될 수도 없는 것이라면, 적어도 두 번째의 누락이 생길 것이고, 두 번째의 누락은 세 번째의 누락으로 이어지고, 이런 식으로 결국 완전히 고립되고, 연관을 갖지 않은 채 체계의 마지막 경계에 자리 잡은 존재에까지 나아갈 것이다. 이렇게 개념 혹은 존재들의 순서 전체가 삭제될 것인데, 이는 형이상학적으로 불가능한 일이다. 이들 존재 가운데 하나, 혹은 이들 개념 중 하나가 선[線] 위에 남아 있다면 그 선에서 올라가고 내려가면서 다른 존재[혹은 개념]를 복원하게 되고, 이런 식으로 계속해서 마침내 비어 있는 모든 공백이 채워지고, 연쇄가 완성되고, 백과사전의 순서는 연속성을 갖게 될 것이다.

우리는 진정한 '백과사전'이 어떤 방식으로 제작되는지 이런 식으로 세세히 따지면서 우리가 편찬하는 백과사전을 평가하고

87. 마로니에 나무(marronier d'Inde)는 콘스탄티노플에서 들여왔으며 정원의 오솔길에 심었다. "열매는 둥글고 가시가 있으며 탐스럽다. 두 세 부분으로 나뉘어져 하나 혹은 여러 개의 밤톨을 가지고 있다. 어떤 사람은 마로니에를 말의 밤나무라고 하는데 그것은 이 열매가 천식증이 있는 말에 효과가 있기 때문이다."(트레부 사전)

검토하기 위한 대단히 엄격한 규칙을 정립하고 있다. 그 규칙은 우리에게 좋도록 사용될 수도 있고 나쁘게 사용될 수도 있다. 그러나 그 규칙은 사전을 만든 저자들을 제외하고는 이제 아무도 그 사전을 비판할 수 없음을 입증할 것이다. 남은 문제는 우리를 반대하는 적들이 지금껏 그들의 무지를 입증하는 분명한 증거를 다 보여주고도 여전히 비굴한 짓을 할 수 있게 될지 아는 일이다. 그들이 우리를 공격하면서 손에 쥔 무기는 바로 우리가 그들 손에 들려주었을 바로 그것이다.

완성 원고를 여러 번 읽으면 사물의 보충, 단어의 보충, 참조기호의 보충이라는 세 가지 종류의 보충을 피할 수 있을 것이다. 알파벳 순서를 따를 때 명확할 때도 있고, 한 항목에서 지나가면서 언급만 될 얼마나 많은 용어들이 있겠는가? 불필요하게 찾지 않아도 될 대목에 얼마나 많은 지식이 명시되겠는가? 연관되지 않아 고립된 채이며, 매개어mot de réclame가 있어야 연결될 수 있을 지식은 또 얼마나 많겠는가. 항목에 있는 참조기호들은 [나중에 맞출 것을 예상하고 올린] 모서리 돌과 같다. 이 돌들은 긴 벽의 수직의 끝 면이나 궁륭穹窿의 볼록면面 위에 돌출되어 있으며, 고르지 않게 서로 떨어져 있다. 돌의 간격을 보면 다른 데에도 똑같은 간격이 있고 똑같은 모서리 돌이 있으리라 생각할 수 있다.

내 생각으로는 누락만큼 사전에 가장 큰 결함이 없으므로, 원고를 전부 갖는 것이 그만큼 더 필요하다는 점을 주장하는

것이다. 어떤 항목이 제대로 된 것이 아니더라도 아니한 것보다
는 훨씬 낫다. 찾는 단어가 없는 것만큼 독자에게 애석한 것이
없지 않은가. 놀라운 예를 하나 들겠다. 비난을 감수해야 하는
만큼 자유롭게 그 점에 대해 이야기해 보련다. 내가 번역한 책[88]을
산 신사가 있다. 경련痙攣 때문에 고생을 했던 사람이라 급히 「경
련crampe」 항목을 찾아 읽으려고 했다. 그 단어를 찾았는데 「경련
convulsion」을 보라는 참조기호가 있어서 그 단어를 찾았다. 그
항목은 「근육」을 참조하라고 하고, 「근육」은 「경련spasme」을 참
조하라고 하는데 여기에는 경련crampe에 대한 내용이 전혀 없다.
고백하지만 이것이 정말 기가 막힌 오류인 것이다. 『백과사전』도
이런 오류를 스무 번은 범했다고 확신한다. 하지만 우리는 좀
너그럽게 봐주십사 할 수 있다. 우리가 작업하는 사전은 우리가
선택한 것이 아니다. 우리는 일차 자료를 넘겨받았지 그것의
순서를 정한 적은 없다. 말하자면 누가 우리에게 혼란스러운
상태 그대로 툭 던져놓고 간 것이다. 성실성이 덜하거나 불굴의
의지가 덜한 사람이라면 누구라도 퇴짜를 놓았을 것이다. 우리가
얼마나 고생을 했는지 또 지금도 얼마나 고생을 하고 있는지에
대해서는 우리 동료들에게 물어보라. 최초 기획 단계의 완전성이

• •
88. 디드로가 1746-1748년 사이에 번역, 출간한 로버트 제임스의 『의학의
    보편 사전Dictionnaire universel de médecine, de chirurgie, de chimie, de
    botanique, d'anatomie, de pharmacie, d'histoire naturelle &c.』(1743-1745)을
    말한다.

저작에 발현되도록 우리가 얼마나 고생을 했고, 지금도 얼마나 고생을 하는지는 그 사람들이 아니면 모른다. 사전을 완성하면 표제어, 분야, 참조기호에 완전을 기하려는 목적으로 다시 한 번 읽으면서 앞으로 우리가 직면하게 될 비판을 방지는 못하더라도 적어도 해결은 해볼 생각이다.

방대한 사전을 편찬하는 데 사소한 것이란 아무것도 없다. 조금만 소홀해도 엄청난 결과가 뒤따른다. 한 가지 예를 수고본手稿本에서 찾을 수 있다. 인명, 기술용어, 서체書體, 숫자, 문자, 인용문, 참조기호들로 가득 차 있으니 세심한 데까지 정확성을 기하지 않으면 오류가 넘쳐나게 된다. 그래서 나는 백과사전 집필자들에게 쉽게 오류가 날 수 있는 단어는 대문자로 써줄 것을 당부한다. 이 방법으로 인쇄상의 오식을 십중팔구는 피할 수 있다. 그렇게 되면 항목이 정확해지고, 저자들의 불평도 사라지고, 독자도 혼란을 겪을 일이 없다. 우리가 갖기를 바라는 그런 완전한 원고를 갖지 못했을지라도 인쇄의 정확성과 우아함에 대해서만큼은 우리와 견줄 수 있는 저작이 없다. 세심하고 능숙한 식자인 쇄공들[을 고용한] 덕분에 혼란스럽고 불완전했던 원고를 바로잡을 수 있었다. 동료들을 비난할 생각은 전혀 없지만『백과사전』에 어떻게든 참여했던 수많은 이들 가운데 인쇄공 이상으로 자기 맡은 일을 완수한 이는 없다고 확신한다. 훌륭한 취향을 가진 사람들과 서적애호가들의 놀라움을 샀던 것이 바로 이런 점이었으며 앞으로도 늘 그러할 것이다. 앞으로 판이 계속될지라도 초판만은 못할 것이다.

우리가 맡은 그런 사업이 갖는 모든 장점을 우리는 느끼고 있다고 생각한다. 처음의 시도를 성공적으로 끝내기가 얼마나 어려운 일이었는지, 이 기획은 그게 누가 될지라도 한 사람의 재능으로는 얼마나 역부족인 것인지 느낄 수 있었던 계기가 너무도 많았다고 생각한다. 우리는 이 기획을 시작하기 오래전부터 지식의 일부는 갖고 있었고, 생각을 오래하면 들기 마련인 의구심도 갖고 있었다. 경험을 통해서도 그런 생각을 덜하게 되지는 않았다. 작업을 해나감에 따라 분야가 넓어지고, 표제어는 모호해지고, 실체들은 수많은 다른 이름으로 모이고, 기계와 조작법이 한도 없이 늘어나고, 뒤얽힌 미로의 길처럼 이리 돌고 저리 도는 숱한 우회로가 생겨 점점 더 복잡해진다는 것을 알게 되었다. 동일한 사물이 동일한 것이었음을 확신하기 위해, 그리고 정말 다른 것처럼 보였던 사물이 사실은 다른 것이 아니었음을 확신하기 위해 얼마나 고생을 해야 했는지 알았다. 알파벳 형식을 따랐기에 매번 휴식 기회가 생겼고, 작업이 다양성을 띠게되었다. 이런 관점에서 보면 분량이 긴 작업을 계속하는 데 큰 장점도 있었던 것 같지만 어려움도 있어서 매번 이를 극복해야 했다는 점도 알게 되었다. 알파벳 형식을 따르게 될 경우, 중요 항목의 경우 당연히 그 항목에서 찾기를 바랐던 것을 전부 집어넣어버리면 분량이 엄청나게 늘어날 위험이 있고, 참조기호를 사용해서 쓸데없는 부분을 잘라낸다거나, 제거하기가 불가능한 것은 아니었던 수많은 것을 배제해버렸다면 항목이 건조해지고 빈약해질 위험이 있음을 알게 되었다. 중도中度를 유지하는 일이 얼마나 어렵고 또 중요한 일인지 알게 되었다. 우리도 모르게 부정확하고 사실이 아닌 것이 얼마나 나왔는지, 사실인 것은 또 얼마나 누락되었는지 알게 되었다. 수집한 수많은 자료들에 그것에 적합한 형식을 도입하고, 부분마다 그것에 적합한 분량을 할당하고, 항목 하나하나를 적합한 길이로 줄이고, 좋지 않은 것은 제거하고, 잘 되지 못한 것은 보충하고, 작업을 기획 단계에 구상했던 목적을 완수하여 끝내는 작업은 수 세기가 걸리는 작업일 수밖에 없음을 알게 되었다. 그러나 이런 모든 어려움들 중에서 가장 어려운 것은 아무리 미완성informe일지라도 백과사전을 한 번 편찬하는 것이며, 그 어려움을 극복했다는 영예를 우리에게 그 누구도 빼앗지 못하리라는 것을 알게 되었다. 우리는 『백과사전』이 철학의 세기의 기획일 수밖에 없고, 바로 그 세기가 도래했고, 그 작업을 완수하게 될 사람들의 이름은 불멸하게 되고, 아마 우리들의 이름이 당당히 그 명성을 얻게 되리라는 것을 알게 되었다. 우리가 죽는대도 누군가는 우리를 대신하여 그 일에 착수하리라는 그토록 달콤하고 위로가 되었던 생각을 하면서, 또 교육과 행복이 존재조차 하기 전부터 우리가 사랑했고, 높이 평가했고, 목숨 바쳐 헌신했던 그런 것을 갖추게 될 사람들이라면 우리에게 하게 될 그런 달콤한 속삭임을, 우리와 함께 살아가는 사람들의 입을 통해 들으면서 우리는 활기를 얻었다. 우리 자신의 가장 훌륭한 부분을 죽도록 시기하고, 정말 우리를 달래줄 수 있을 우리 존재의 유일한 순간들을 무無로 만들어버리고 마는 경쟁의 씨앗이 우리 안에 자라고 있음을 느꼈다. 사람은 자기와 함께 살아가는 사람들에게서 자신을 보고, 자기를 숭고한 자질과 수치스러운 약점이 이상하게 결합된, 있는 그대로의 모습으로 보기 마련이다. 그러나 이 모든 결함들도 언젠가는 죽고 말 육신의 껍데기를 따라 무덤에 들어가 그것과 더불어 사라진다. 육신을 덮는 흙이 결함들도 덮는다. 스스로 올려 세웠거나 대중이 숭배와 감사의 의미를 담아 세운 기념비에는 영원한 자질만이 남는다. 자기가 세운 공로를 의식하게 되면 그러한 영예를 받게 될 즐거움을 미리 느끼게 된다. 그 어떤 즐거움도 그것만큼 순수하고, 강렬하고, 실질적일 수 없으며, 그 즐거움에는 흔히들 자기주장의 근거로 삼는 직함을 제외하고는 상상적인 것이 전혀 있을 수 없다. 우리의 기념비는 바로 여기 우리의 백과사전에 있으며, 후세 사람이 이를 평가하게 되리라.

나는 '백과사전'을 기획할 수 있는 세기는 오직 철학의 세기뿐이었다고 말했다. 백과사전은 취향이 유치했던 시대보다 더 과감한 정신을 어디에서나 요구하기 때문에 그렇게 말했던 것이다. 모든 것을 빠짐없이 검토해야 하고, 어떤 예외도 두지 않고 가차없이 모든 것을 휘저어야 한다. 우리에게 분명해지기 시작하는 것처럼, 문학 장르들이나, 법률의 편찬이나, 도시의 최초의 형성이나 사정이 거의 같아서, 이 세 가지는 어떤 기이한 우연, 혼치않은 조건, 간혹 천재의 발현으로 생겨났던 것임을, [이 세 가지의] 최초의 발명자들 뒤에 온 사람들은 대부분 그들의 노예나 다름없을 뿐임을, 1단계로 봐야 했던 산물을 맹목적으로 마지막 단계로 보게 되면 기술은 최고로 완전한 단계로 앞당겨지는 것이 아니라 다른 이들을 비굴한 모방자의 조건에 국한시켜 기술 발전을 늦추기밖에 못했던 것임을, 어떤 특별한 성격으로 만들어진 것에 이름이 부여되자마자, 그 초안을 엄격히 본떠 모든 것을 제작해야 했음을, 통상 받아들이는 속박에 진력이 나서 감히 그 구속을 끊고, 흔히 가는 길을 벗어나고, 주어진 말과 정해진 법칙으로는 정확히 적용이 되지 않는 무언가를 만들어냈던 과감하고 독창적인 천재를 가진 이가 간혹 나타나기는 했더라도 그는 곧 망각에 빠져 아주 오랫동안 잊혔던 것임을 감히 보려해야 한다. 이런 모든 낡아빠진 유치한 생각들을 짓밟고, 이성이 세울 리 없는 장애물을 모두 무너뜨려야 하고, 학문과 기술에 그것에 가장 소중한 자유를 돌려주어야 하고, 고대의 찬미자들에게는 "릴로의 『런던의 상인』[89]이 숭고한 아름다움으로 빛난다는 점에 동의한다면 그 연극의 장르는 당신 좋을 대로 부르라'고 말해야 한다.

• •
89. 『런던의 상인*The London Merchant, or The History of George Barnwell*』. 영국 극작가 릴로(George Lillo, 1693-1739)의 부르주아 비극(1731). 뒤에 디드로가 "그 연극의 장르는 당신 좋을 대로 부르라"고 한 말은 언급된 릴로의 극이 전통주의자들의 구분(비극과 희극, 혹은 비희극)에 들어맞지 않는 새로운 양식을 제시했음을 강조하기 때문이다.

규칙을 이제는 작가에서가 아니라 자연에서 찾고, 수많은 자의적인 시학의 진실과 거짓을 느끼게 된 합리적인 시대가 필요했다. 여기서 나는 '시학'이라는 말을 가장 일반적인 의미로, 어떤 장르가 되었든 작업을 할 때 성공하기 위해서 반드시 따라야 하는 주어진 규칙들의 체계라고 쓴 것이다.

그러나 그 시대를 위해서는 아주 오랜 시간을 기다려야 했기에, 나는 비범한 사람이 아직 나타난 적이 없던 민족이 행운인 것은 아닐까 가끔 생각했다. 태어나고 있는 예술은 바로 그런 사람의 영향으로 너무도 위대하고 신속한 최초의 진보를 이루고, 또 그로 인해 눈에 띄지 않는 자연스러운 진보의 운동이 중단되는 일도 있기 때문이다. 그러한 비범한 사람의 작품은 틀림없이 괴물 같은 결합물일 테다. 천재와 좋은 취향이야말로 아주 다른 두 개의 자질이니 말이다. 자연은 일순간 천재를 낳지만 좋은 취향은 여러 시대에 걸친 산물이다. 그 괴물들이 민족의 모델이 되어 한 민족의 취향을 결정할 것이다. 분별력을 가진 사람들이 뒤를 잇고, 그들에게 유리한 예방책을 찾아내어 유순히 따를 것이다. 미의 개념은 모호해질 것이다. 수상쩍은 성격의 추장이 엄청난 봉사를 받고 악행도 적절히 섞으면서 스스로 걸출한 인물이 된다. 그를 과도하게 숭앙하는 야만인들에게 선의 개념이 모호해지는 것도 이와 같다. 도덕의 영역에서 인간이 모델로 따라야 하는 것이 신뿐이라면, 기술의 영역에서는 자연뿐이다. 학문과 기술이 눈에 띄지 않게 단계적으로 발전한다면 이 사람이나 저 사람이나 다를 바가 없어서 확연한 영향을 주지도 못하고, 한 장르를 적용해 세워보지도 못하고, 국가에 취향을 마련하지도 못할 테니, 결과적으로 자연과 이성은 제 권리를 그대로 간직할 것이다. 자연과 이성은 그 권리를 모두 잃어버렸다가, 계속해서 되찾고 있다. 그 순간을 이해하고 깨닫는 것이 우리에게 얼마나 중요했는지 알게 될 것이다.

시간은 흘러만 가지만 책의 수는 끊임없이 증가하고, 세상에서 배우기 어려운 만큼 서가에서 배우기도 어려워지고, 수많은 책들 속에서 길을 잃는 것만큼 자연에 존속하는 진리를 찾는 것이 빠르게 될 순간을 예상하게 된다. 그러므로 절박함을 느끼지 않기에 시도를 게을리 할 수도 있을 작업에 부득이 몰두해야 할 것이다.

인쇄술이 아직 등장하지 않았던 시대에 문학의 모습이 어떠했는지 상상해본다면 시를 짓는 극소수의 천재와 이를 베껴 쓰던 셀 수 없이 많은 필경사가 있는 민족을 보게 될 것이다. 다가올 미래를 예상해보면서, 쉼 없이 인쇄가 이루어져 엄청난 규모의 건물들을 책으로 가득 채우게 될 시대의 문학의 모습이 어떠할까 상상해본다면 앞으로는 사람이 두 계층으로 나뉘리라 생각하게 될 것이다. 한 계층은 거의 책을 읽지 않고 새로운 연구나 새롭다고 생각하는 연구에 몰두할 것이다(모든 종류의 언어로 출판된 수많은 책에 들어 있는 내용의 일부를 아직 모른다면 백배, 천배 더 수가 증가한 다른 책에 들어 있는 내용은 훨씬 더 모를 것이기 때문이다). 다른 계층은 아무것도 생산할 수 없는 사람들로, 밤이고 낮이고 그 책을 열심히 읽고, 어떤 것이 모으고 보존할 가치가 있는지 판단할 것이다. 이 예언이 이루어지기 시작하지 않았는가? 또 우리 문학인들 다수가 벌써 엄청난 분량의 책들을 적은 분량으로 줄이는 일을 하고 있지 않던가? 그 적은 분량의 책에서도 역시 군더더기가 많이 남아 있다. 이제 원리에 맞게 요약<sup>analyse</sup>이 잘 되었고, 똑똑한 사람들이 정리해서 몇 권 분량으로 알파벳 순서에 따라 배치했다고 가정해보자. '백과사전'의 자료가 벌써 생긴 것이다.

그러므로 오늘날 우리는 문인들의 이익을 위해, 인류의 이득을 위해 사전 작업을 시작했던 것이다. 우리가 하지 않았다면 우리의 후손이 하지 않을 수 없겠지만 상황은 훨씬 더 좋지 않았을 것이다. 책의 수가 더 많아져 대단히 고생스러운 작업이 되었을 테니 말이다.

백과사전의 주제를 좀 더 검토하기 전에 이미 우리의 서가를 가득 채우고 점점 중요성을 더해가고 한 세기나 두 세기 후에는 일가를 이룰 저자들을 잠시 살펴보도록 허락해주시기 바란다. 인간 지식의 보편 사전을 위해 그들이 글로 채운 수많은 원고에서 한 줄도 발췌를 하지 않는다면 나는 그것이 수많은 책을 쓴 작가를 모욕하는 일이라고 생각한다. 그 작가들이 천재만이 가질 수 있는 화려한 색채로 두드러져 보이지 않는다면 그들의 미래는 어떻게 될 것인가.

그러나 그들과 다른 수많은 사람들의 운명이 어찌될지 생각해보는 일은 우리 능력을 벗어난다. 그 생각을 할 때마다 우리 자신을 돌아보게 되고 우리를 기다리는 운명을 고려하게 되는 것도 당연한 일이다. 나는 우리의 작업을 아무런 사심 없이 검토하고 있다. 아마 숱한 오류를 범했을 것임을 알고 있다. 우리 백과사전은 진정한 '백과사전'에 삼분의 이나 들어갈까 말까 하다는 점을 고백하지 않을 수 없다. 하지만 이것도 많은 것이다. 처음으로 비슷한 사전의 초석을 놓을 때 체임버스, 알스테드[90] 또는 어떤 다른 이와 같이 누가 되었을지라도 형편없는 저자를 기반으로 삼지 않으면 안 되었음에 동의한다면 말이다. 사전의 모든 부분을 새로 작성하라고 했다면 우리 동료 중에 그 일을 하겠다고 결심한 사람은 아무도 없을 것이다. 다들 질겁했을 것이고, 『백과사전』은 만들어지지 못했을 것이다. 하지만 체임버스 사전의 번역 뭉치를 사람들에게 보여주고 검토, 수정, 증보만 하면 된다고 했으니, 흔히들 두려워하는 창조의 작업은 사라지고, 정말 허무맹랑하게 생각들을 하고 참여했던 것이다. 일관성이라고는 전혀 없는 그 원고들은 너무도 불완전하고, 구성이 형편없고, 번역도 엉망이고, 누락된 것이 너무 많고 오류투성이에 부정

..
90. 요한 하인리히 알스테드(Johann Heinrich Alsted, 1588-1638). 최초의 백과사전 중 하나인 *Encyclopedia*의 저자이다. 이 백과사전은 1630년에 7권 분량으로 헤르보른(Herborn)에서 나왔다.(M)

확하기가 이를 데 없고, 우리 동료들 생각과도 모순되었기에 다들 이를 받아들이지 않았으니 말이다. 그들 모두 용기백배했기 때문인가? 그 원고에서 끄집어낼 수 있었던 유일한 장점은 부분의 표제어가 한눈에 들어온다는 데 있었다. 하지만 여러 책들의 일람표나 언어 사전에서도 그만큼 완전한 표제어는 찾을 수 있었다.

그 별 볼 일 없는 이득 때문에 고생을 얼마나 했던가. 형편없는 것을 번역하느라 시간이 얼마나 들어갔던가. 수고는 수고대로 하는데 얻는 것은 끊임없는 표절뿐이었다. 간단한 표제어 목록만 있으면 피할 수 있었을 오류와 비난은 또 얼마나 많았는가. 그런데 표제어 목록이 있다고 동료들이 결심을 하겠는가. 그 부분도 역시 작업을 해나가면서야 완전에 가까워질 수 있었다. 한 부분씩 작업을 해나가면서 표제어가 늘어나고, 정의해야 하는 용어들이 무더기로 나타나고, 여러 책임자들의 지도하에 참조기호로 넘겨야 할 관념들이 엄청나게 등장한다. 우리가 하지 않은 것은 적어도 참조기호를 통해 지적되었고, 이것이 다른 참조기호와 공유되는 식이다. 한마디로 말해서 각자 제공하고 서로가 서로를 필요로 하는 것, 그것이 바로 모든 단어들이 유래하는 원천이다.

이로부터 다음을 알 수 있다. 1. 초판에서 아주 많은 수의 동료를 고용할 수 없었지만, 우리의 작업이 완전히 쓸모없는 것이 아니라면 적은 수라도 잘 뽑기만 하면 두 번째 판을 만드는데 충분할 것이다. 그들이 여러 아래 직급의 동료를 임명해야 할 것이다. 그들은 아래 직급 동료로부터 도움을 받고, 이것이 도움을 준 사람에게 영예가 된다. 그런데 이 경우 그들은 하위 직급 동료의 작업을 반드시 수용해야 할 것이다. 그래야 그들이 마지막 손질을 직접 하지 않을 수 없을 것이고, 그들의 명예가 걸린 일이고, 소홀했다거나 능력이 부족했다는 비난을 그들이 직접 듣게 된다. 자기 이름을 자기가 쓴 항목 하나의 말미에 넣지 말라고 요구하는 사람은 자기가 그 항목을 제대로 못 썼거나 그것이 자기 이름에 걸맞지 않은 것임을 고백하는 셈이다. 내 생각에 배치를 새로이 하면 해부학, 의학, 외과학, 의학 분야와 약학의 일부를 한 사람이 맡고, 화학의 다른 분야, 약학의 나머지 부분과 야금술, 염색, 금은 세공의 일부, 주물鑄物의 일부, 배관, 모든 종류의 안료 제조, 금속 제조의 일부 등 기술 분야에서 화학에 속한 것의 일부를 다른 사람이 맡는 일이 불가능하지 않을 것이다. 철을 다루는 기술을 제대로 배운 사람 혼자, 못, 칼, 열쇠, 날刀붙이 제조를 포괄적으로 다룰 것이다. 보석 제조 종사자는 보석세공, 다이아몬드, 보석연마, 보석세공인, 보석고정인을 맡을 것이다. 언제나 나는 맡은 분야에 대해 훌륭한 글을 쓸 수 있는 사람을 선호한다. 그 분야에 대해 지금 책을 준비하는 사람이라면 그가 내 친구였고, 성실한 성격의 사람임을 내가 잘 알고, 나에게 엄청난 모욕을 받지 않은 한 자기 작업 때문에 우리 일을 희생하는 음흉한 계획을 가졌으리라 내가 추호도 의심할 수 없는 경우에만 동료로 받아들일 것이다.

2. 『백과사전』 초판은 미완성에 불완전하기 짝이 없는 짜깁기일 수 있다.

그러나 이렇게들 말하리라. "당신네들은 이런 오류가 있는데도 그 어떤 대단한 저작도 가져본 적이 없는 성공을 어떻게 거둔 것이오?" 이 질문에 대한 내 답변은 다음과 같다. 우리의 『백과사전』은 다른 모든 저작보다 우월하다. 분량을 가지고 그런 말을 하는 것이 아니라, 한 협회가 만들었든, 한 사람이 만들었든 수많은 새로운 것이 실려 있어서, [그 점을] 불필요하게 다른 데서 찾을 필요가 없다는 장점이 있기 때문이다. 작업에 참여한 사람들을 잘 뽑았기 때문에 자연스럽게 가능했던 결과이다.

기계를 이만큼 잘 모아놨고, 이만큼 대단한 작품은 전례가 없고 앞으로도 오랫동안 없을 것이다. 도판은 천여 장이나 된다.[91] 판각 작업만큼은 아무것도 아끼지 않겠다는 결심을 세웠다. 도판에 들어간 셀 수도 없는 그림이 있지만 사회에 현재 남아 있고 사용되고 있는 기계가 아닌 것은 받아들이지 않도록 주의했다. 우리의 도판집을 라멜리가 그렇게 자랑했던 도록이며, 로이폴트의 『기계들의 극장』[92]이며, 과학 아카데미의 인가를 받은 도판집

· ·

91. 디드로는 『취지』에서 600여 장의 도판이 들어가리라고 예상했다. 최종적으로 백과사전에는 2,885장의 도판이 들어갔다.(V)

92. 아고스티노 라멜리(Agostino Ramelli, 1531-1590). 이탈리아의 기사(技士)로 『다양하고 인공적인 기계들Diverse e Artificiose Machine』(1588)의 저자. 야콥 로이폴트(Jakob Leupold, 1674-1727) 스위스의 기사로 『기계들

『기계들』과 비교해보라. 이 도판집을 다 묶어도 우리가 대담하게 기획하고 기쁘게 작업했던 도판집에 들어갈 가치가 있는 도판이 스무 개나 될지 판단해보라. 불필요하고 낡아버렸고 실제 존재하지 않는 것은 아무것도 싣지 않았다. 전부 작동되고 존재하는 것들이다. 그러나 그런 장점과는 별개로, 초판과 다음에 찍어낼 판 사이에 어떤 차이가 있을 수 있고 또 있게 될지라도, 시작을 했다는 것이 중요한 것이 아니던가? 수많은 어려움들이 머리에 떠오르지만 그중 그 많은 수의 동료를 한데 모으는 일의 어려움에 비할 것이 없다. 서로 만나본 적도 없는 사람들이 공동 작업을 하는 데 우정으로 일치 협력했다. 문인들은 동포들과 그들과 같은 문인을 위해 어떤 다른 생각을 했으면 결코 이룰 수 없었던 것을 만들어냈다. 바로 이러한 동기로 우리는 처음에 함께 작업했던 동료를 얻었고, 같은 이유로 지금도 매일같이 우리와 협력하고 있는 사람들을 얻었다. 그들 모두는 경쟁하고, 존경하고, 협력한다. 누구라도 이를 상상하기 어려울 것이다. 약속한 도움을 주는 것으로 그치는 것이 아니라 서로 희생도 아끼지 않는다. 이는 훨씬 더 어려운 일이 아닌가. 그 결과 외부인사가 쓴 항목도 참 많지만 자기 분야의 학문을 맡은 사람 중 그 누구도 그런 일에 개의치 않았다. 개별 이해는 전혀 문제되지 않고, 우리 중 누구도 개인적으로 하찮은 질투를 전혀 하지 않았고, 사전을

••
  의 극장Théâtre des machines』(1723-1727)의 저자.

완전한 것으로 만들고 인류에게 유용해야 한다고 생각하는 것으로 보편 감정이 생겨나 우리를 자극했기 때문이다.

우리는 두 번째 판을 기획하면서 드물고도 값진 이득을 누렸는데 이를 소홀히 해서는 안 될 것이다. 대단한 명망을 가진 문인이며 가장 큰 영향력을 가진 예술가들이 해당 분야의 글 몇 편을 기꺼이 보내주셨다. 볼테르 씨는 「웅변」, 「우아」, 「정신」 등의 항목을, 몽테스키외 씨는 돌아가셔서 완성을 못했지만 「취향」 항목을 써주셨다. 드 라 투르 씨는 회화론을 써주시기로 약속하셨으며, 코생 씨는 바쁜 일을 마치고 시간이 나면 「판화」 항목을 써주실 것이다.[93]

주요한 문인 사회의 장소에서 교분을 쌓는 일이 불필요한 것은 아닐 것이다. 그 점에 대해 성공을 거두었다고 확신한다. 아무도 무시하지 않고, 스스로 유용한 사람이 되고자 하는 사심 없는 사람이나 되어야 마땅히 받을 수 있는 그만한 존경심을 모두에게 가질 때 용례, 관습, 생산, 노동, 기계 등에 대해 공부할 수 있을 것이다.

엄청난 『독일 백과사전』[94], 런던과 다른 나라의 기술과 직업에

<hr>

93. 그러나 라 투르도 코생도 약속을 지키지 않았다. 「판화」 항목은 바틀레가, 「회화」 항목은 드 조쿠르가 썼다.

94. 요한 하인리히 체틀러(Johann Heinrich Zedler) 출판사에서 나온 64권으로 된 『학문과 기술의 보편 대사전』(1731-1754)으로, 원제는 *Grosses vollständiges Universal-Lexicon aller Wissenschafften und Künst*이다.(M)

대한 규정집[95], 『직업조합*The Mysteries*』이라는 영어로 된 책, 피에
몬테의 매뉴팩처에 대한 규정들, 세관稅關 장부, 영주와 부르주아
저택의 재산 목록, 예술을 일반적이고 개별적으로 다룬 모든
논고, 교역 규정집, 공동체 정관定款, 아카데미에서 펴낸 논집,
무엇보다 서문과 첫 몇 권이 막 출판된 『아카데미 총서』를 손에
넣지 못한 것은 분명 실수이며, 이 점에 대해서는 변명의 여지가
없다. 지식을 길어 올리고자 했던 원천, 지식의 범위, 관념의
풍부함, 이 엄청난 사업을 추진하는 사람의 엄정한 판단력과
취향으로 판단을 해본다면 이 사전은 틀림없이 훌륭한 것이다.
언젠가 우리의 뒤를 이어 『백과사전』에 참여하고 후속 판본을
담당하게 될 사람들에게 생길 수 있는 가장 큰 행복은 아카데미
프랑세즈 사전이 내가 구상하고 저 유명한 협회에서 가장 훌륭한
정신을 가진 사람들이 구상했던 그대로 출판되고, 『자연사』가
완간되고, 그 다음 『아카데미의 총서』를 끝내게 되는 일이다.
그렇게 되면 일이 얼마나 절약될까!

중요하게 갖춰야 할 책 중에 대형 도서관의 도서목록이 있다.
바로 그곳이 지식을 길어 올려야 하는 원천을 배우는 곳이다.
편집자는 도서관 사서와 교류할 수 있도록 해야 할 것이다. 좋은

· ·
95. 로버트 캠프벨(Robert Campbell)의 제작한 *The London Tradesman, Being
a Compendious View of All the Trades, Professions, Arts, Both Liberal &
Mechanic, Now Practised in the Cities of London & Westmonster*를 말한
다.(M)

책을 참고해야 한다고 해도 나쁜 책을 훑어보는 일이 아주 쓸모없는 것은 아니다. 좋은 책을 읽으면 훌륭한 항목이 하나나 여러 개가 나온다. 나쁜 책을 읽으면 더 잘 할 수 있게 된다. 나쁜 책에는 당신이 할 일이 많고, 좋은 책은 일을 줄여준다. 게다가 참고서지에 대한 지식이 많지 않다면 수고도, 시간도, 비용도 엄청나게 들여서, 다른 이들이 훌륭하게 해놓은 것을 형편없이 만들 위험이 생긴다. 이미 알려진 것인데 그걸 발견하기 위해서 고생을 하는 것이다. 기술 분야를 제외한다면 한 사전은 이미 출판된 사전과 관계를 가질 뿐이고, 그 결과 각자 자기 부분에서 나온 위대한 책을 알고 있어야 하고 편집자는 가장 완전하고 가장 확장된 도서 목록을 갖춰야 한다는 점을 지적하도록 하자.

원천에서 정확히 인용하는 일이 대단히 유용할 것이다. 그러니 인용함에 있어 법칙을 부여해야 할 것이다. 어떤 학문 혹은 기술을 개별적으로 연구하는 사람들에게 훌륭한 저자, 가장 좋은 판본, 따라야 할 독서의 순서에 대한 지식을 알려주면 큰 도움이 될 것이다. 『백과사전』은 때때로 그 점을 잘 해냈고, 틀림없이 이를 소홀히 하는 일이 없을 것이다.

시간이 흘러도 명성이 한결같은 모든 저작을 섬세하고 성실하게 요약 분석해야 한다. 나는 '시간'이라고 했는데 '백과사전'과 일상 소식을 모은 신문은 엄청나게 다르기 때문이다. '백과사전'은 장소, 장르, 시대를 가리지 않고, 개인의 판단에 좌우되지 않고 인간의 발명품을 빠르고 사심 없이 보여준다. 반대로 신문은 저자와 작품의 일시적인 이야기에 불과하다. 신문은 잘된 것 못된 것 구분 없이 실어준다. 다시 말하면 관심을 끌 만한 한 면을 쓰기 위해 그 해의 마지막 호가 나오기도 전에 잊히고 말 무수한 책을 내내 다루곤 한다. 어떤 책이 출간되고 그 책을 다루거나 다루지 못할 서평이 나오는 시간 간격을 일 년으로 한다면 이런 정기간행물은 얼마나 얇아지겠는가. 신문에서 그렇게 떠들어내었던 그런 저작은 거명조차 되지 않을 것이다. 하지만 그 책이 잊힌다면 그 요약은 뭐가 되겠는가. 보편적이고 체계적인 사전은 인류의 항구적이고 일반적인 교육에 목적을 두지만, 정기간행물은 몇몇 호사가의 호기심을 일시적으로 만족시키는 데 목적을 둔다. 문인들은 그런 것을 읽지 않다시피 한다.

특별히 책을 읽고 저자의 체계, 독창적인 생각, 관찰, 경험, 시각, 금언, 사실을 발췌해야 한다.

하지만 정말 적은 수이기는 하지만 아주 중요하고, 아주 깊은 사유를 담고 있고, 아주 정확한 저작이 있기에 '백과사전'은 이를 전부 쓸어 담아야 한다. 지나치게 장황한 감이 있지만 존 로크의 『지성론*Essai sur l'entendement humain*』이라든지, 지나치게 압축된 감이 있지만 뒤클로의 『풍속론*Considérations sur les mœurs*』이라든지, 초보자를 위한 것은 아니지만 샤를 르 모니에의 『천문학 강의*Institutons astronomiques*』 같은 보편적인 주제를 논리정연하고 심오하게 다룬 작품들이 그렇다.

관찰, 사실, 경험 등을 적절한 곳에 배치해야 한다.

한 작품을 솜씨 좋게 자르고, 이를 조심스럽게 배치하고, 구도를 제시하고, 요약 분석할 줄을 알아야 하며, 그것으로 하나의 항목을 만들어야 한다. 그러면 항목의 참조기호들은 그 대상의 나머지를 지시하게 될 것이다. 이음새를 부수지 말고 느슨하게 풀어주어야 한다. 부분들을 파괴하지 말고 솜씨 좋게 분해하여 보존해야 한다. 기술자들은 이를 가리켜 '안표repères'라고 한다.

전혀 어울리지 않는 부조리한 사항을 언급하는 것이 중요할 때도 있지만, 이런 것은 인간 정신이 거쳐 온 역사를 언급할 때만 지나가면서 가볍게 언급해야 한다. 인간 정신의 역사는 가장 합리적인 사건보다 어떤 이상한 기벽奇癖을 다룰 때 더 잘 드러나기 때문이다. 그런 기벽이 모럴리스트의 연구대상이라면 기형의 괴물을 해부하는 일은 자연사가自然史家의 연구대상이다. 그에게는 괴물을 해부하는 것이 똑같이 닮은 백 명을 연구하는 것보다 더 도움이 된다. 연설문 전체보다 더 강력하게 더 완전하게 그림을 그리듯 보여주는 말들도 있다. 나쁜 짓을 한 적이 전혀 없기에 누구도 비난할 수 없는 사람이 인간본성이 얼마나 악한지 말했다. 누군가 그에게 물었다. "그런데 당신은 그 끔찍한 사람을 어디서 봤단 말이오?" 그는 이렇게 말했다. "내 안에서 봤습니다." 그 사람이 바로 악한 일이라고는 해본 적이 없는 악인이니, 그 사람을 즉각 사형하라! 다른 이는 오랜 친구에 대해 이렇게 말했다. "모某 씨는 정말 정직한 사람입니다. 가난은 하죠 하지만 그래도 전 그를 정말이지 존경합니다. 사십년 지기죠.

그런데 제게 돈 한 푼 달라고 한 적이 없습니다." 아! 몰리에르여, 당신은 그런 모습을 안 그리고 도대체 어디에 있었는가. 그에 비하면 당신의 수전노는 그 사람보다 더 진실하지도, 더 활력이 넘치는 것도 아니리라.

적어도 인간을 덜 무지하게 만드는 것만큼 더 훌륭하게 만드는 일이 중요하기 때문에 나는 덕성이 나타난 감동적인 면면을 빠짐없이 수집하는 일을 성가시다고 생각하지 않으리라. 그런 모습들은 정확히 기록되어야 할 것이다. 그런 모습 하나하나를 항목에 배치해서 [항목을] 생생하게 만들어야 할 것이다. 왜 인간의 사상의 역사는 그토록 신경 써서 보존하면서 인간의 행동의 역사는 소홀히 하는 것일까? 후자야말로 더없이 유용하지 않던가? 그것이야말로 인류를 영예롭게 만들어주지 않던가? 추악한 행동을 기억하게끔 하려는 것이 아니다. 그런 일이 없었기를 바라고 싶다. 사람에게는 나쁜 모범이 필요 없고, 인간의 본성을 더 헐뜯어 볼 필요도 없다. 불명예스러운 행동을 언급해야 하는 경우는 덕을 실천할 때 다반사로 그러하듯이 불행히도 생명과 재산의 상실을 가져오는 행동의 경우가 아니라, 그런 행동으로 인해 악인이 자기가 저지른 죄악에 대해 엄청난 대가를 치르면서 불행해지고 경멸을 받게 될 경우에 국한해야 할 것이다. 무엇보다 그런 면면을 수집해야 할 것인데, 정직한 성격과 함께 위대한 통찰력 혹은 영웅의 확고부동한 성격을 가진 사람의 면면이 그러할 것이다. 펠리송 씨[96]의 모습은 분명 영원히 기억될 것이다.

그는 자기 선생과 은인을 고발했다. 사람들이 그를 바스티유 감옥에 데려가 엄청난 액수의 공금횡령 혐의를 받게 된 피고소인과 대질을 시켰다. 피고소인이 증거를 요구하자 펠리송은 이렇게 말한다. "증거라구요? 이거 보시오! 나리. 증거는 당신 서류를 찾아보면 나옵니다. 그런데 당신은 그 서류를 다 태워버렸다는 것을 알고 있어요." 사실이 그랬다. 펠리송이 그걸 다 태워버렸던 것이다. 그런데 수감자에게 그 점을 알려주어야 했다. 펠리송은 모두 속였으니 정말 확실했다고 할 수 있는 한 가지 방편을 주저 없이 이용했다. 하지만 그것 때문에 감옥에 갈 수 있고 아마 사형을 당할 수도 있었다. 그는 잊힐 수 있겠지만(실제로 그렇게 되었던 것처럼) 그의 방편은 펠리송의 이름을 영원히 불명예스럽게 남게 했고, 그 수치스러운 불명예가 펠리송이 높은 자리를 차지하고 있었던 문인 공화국에 불똥이 되어 튈 수 있었다. 랭스의 고비노 씨는 사십 년을 지독하게 구두쇠노릇을 했다고 주변 사람들의 비난을 듣고도 참아야 했는데, 사실은 정말 유용한 일에 쓰려고 그 엄청난 돈을 모은 것이었다. 그 사람을 사도의

••
96. 폴 펠리송(Paul Pellisson, 1624-1693). 루이 14세 시대 재정 감독관이었던 니콜라 푸케(Nicolas Fouquet)의 비서로, 1661년 푸케가 왕의 진노를 사게 되었을 때 바스티유에 투옥되었다. 그는 푸케를 비난하지 않았고 1666년까지 감옥에 있었다. 디드로가 여기서 언급하고 있는 일화는 펠리송의 충성심을 보여주는 것으로, 펠리송이 자기 스승을 반대하지 않으면 안 될 처지에 놓였을 때 고의로 증명하기가 불가능한 거짓 고소를 꾸며 냈다는 이야기이다.(M)

덕목을 갖추고, 위엄 있고, 좋은 가문 출신에, 귀족의 검소한 품성도 갖추었고, 불굴의 덕성도 있어서 존경받는 어떤 고위 성직자[97]와 연결해보자. 엄청난 재앙이 닥쳤을 때 그 성직자는 굉장히 많은 돈과 곡식을 풀어 무일푼이 되어버린 자기 신도들에게 무상으로 나누어주었다. 그 다음에 그는 모두가 신음하는 가운데 기쁨의 바다에서 노닐었던 혈통 좋은 사람들의 압제에 맞서 빈곤을 숨겼던 사람들, 부끄러워서 애원하지 못했던 사람들, 더 불행한 상태에 있었던 사람들을 도와줄 생각을 했다. 그리고 그는 곡식을 광장으로 옮겨 예전 가격보다 훨씬 낮게 나누어주었다. 당파심이 강한 사람은 자기 당파가 아닌 사람이 아무리 덕성스러운 행실을 하더라도 그 행실을 증오하기 마련이므로 그의 자비를 독점으로 보았다. 음흉하기 이를 데 없는 망나니 하나는 아주 오랫동안 자기 당파의 주간지에 가혹한 중상을 해댔다. 그런데 재앙이 또 닥쳤다. 저 드문 성직자는 한결같은 열의로 계속 일했고, 결국 한 정직한 사람이 목소리를 높여 진실을 말하고, 덕을 찬양하고, 존경심에 마음이 움직여 이렇게 외쳤다. "대단한 용기가 아닌가! 얼마나 영웅적인 인내심이던가! 악의를 갖고는 그런 노력을 기울일 수 없다는 사실은 인류에게 얼마만한 위안이 되는가!" 바로 이런 행실을 수집해야 한다. 이런 것을

• •
97. 1734년에서 1770년까지 디드로의 고향 랑그르의 주교였던 질베르 몽모랭 드 생테렘(Gilbert Montmorin de Saint-Hérem)을 말한다.(V)

읽게 되면 얼마나 마음이 따뜻해지는 것이 느껴지는가! 저 위대하고 아름다운 수많은 행실을 포함하는 모음집이 발간되었다면 나도 죽기 전에 거기 한 줄이라도 들어가야겠다고 결심하지 않을 사람이 어디에 있겠는가. 이보다 더 큰 감동을 주는 책이 있을 것 같은가? 태어날 때부터 마음이 정직하고 민감한 사람이라면 눈물 없이는 책장을 넘기지 못하리라 나는 생각한다.

특별히 아첨을 경계해야 할 것이다. 찬사를 더는 들을 수 없는 싸늘하게 식어버린 유해遺骸에 해보았자 무슨 소용이겠는가. 찬사를 아끼는 공평무사함보다 그 찬사를 거절하는 겸손이 더 앞서지 않을까? 찬사는 덕을 행할 용기를 불어넣는 것이다. 그것은 당신이 덕이 높은 사람과 체결하는 공공의 협약이다. 덕이 높은 이의 아름다운 행실이 기둥에 새겨졌다면 이 웅장한 기념물은 항상 주목을 끌지 않을까? 그것은 인간의 허약함이 기댈 수 있는 가장 강한 버팀목 중 하나가 아닐까? 사람은 스스로 자기 조각상을 부술 결심을 해야 하리라. 정직한 사람에 대한 찬사는 다른 정직한 사람에게 가장 가치 있고 가장 아름다운 보상이다. 정직한 사람의 의식意識에 대한 찬사가 제일이고, 선을 행하는 사람에 대한 찬사는 그 다음으로 가장 아름다운 찬사이다. 오! 루소여, 내 사랑하는 의연한 친구여! 내 어찌 너를 찬양하지 않을 수 있으랴. 너로 하여 진리에 대한 취향과 덕에 대한 사랑이 자라남을 느꼈던 것이니! 죽은 자를 위한 추도사들은 그리 많은데 살아 있는 자에 대한 찬가는 왜 없다시피 한 것인가? 로마 황제 트라이

아누스가 자기를 찬미하는 자를 주저 없이 반박할 수 있었다고 생각하는가? 그렇게 생각하는 사람은 모든 이의 존경심이 어떤 권위를 갖는지를 모르는 것이다. 좋은 행동을 한 뒤 그 행동을 널리 퍼뜨리기 위한 가장 따끔한 바늘은 첫 번째 행동의 명성이다. 사람은 이 명성으로 인해 자신으로서는 거부하기 어려운 공공의 성격을 갖게 된다. 이 순수한 비밀이 덕의 교육에 가장 중요한 점 중 하나가 아닐 것인가? 당신의 아들에게 덕을 실천할 기회를 마련해주라. 아들의 올바른 행동을 가훈으로 삼으라. 아들에게 들으면 떠오르는 이름을 붙여주라. 아들에게 동기를 부여하라. 그런데도 아들이 한번이라도 하지 말아야 할 일을 한다면 아들의 마음 깊은 곳이 악한 것이라고, 아들이 태어나기를 악하게 태어났다고, 어떻게 해봐야 아들은 악한 사람이 될 뿐이라고 나는 감히 확신한다. 차이가 있다면 무모하게 악의 구렁텅이로 뛰어들던지, 예전에는 정직하다고 이름이 났지만 앞으로는 이와는 아주 대조적으로 오명을 얻게 되면서 점차 악을 향해 조금씩 나아가게 되든지 하는 것이다. 그러나 그런 변화는 뚜렷하게 드러나지 않는 것이 아니어서, 사려 깊은 부모라면 아들의 성품이 계속해서 타락해가고 있음을 깨닫지 않을 수 없을 것이다.

찬사를 마음에 들어 하는 것보다 수백 배 더 풍자는 증오한다. 글의 장르가 뭐가 됐든 인신공격은 끔찍한 것이다. 악의를 키우고자 할 때 대다수 사람의 관심을 사로잡는 것이 확실한 방법이다. 사전에 풍자의 어조가 들어가는 것만큼 나쁜 것이 없다. 상상할 수 있는 가장 어리석고 난처한 사전은 풍자적 사전일 것이다. 우리 사전에 없는 단 한 가지가 바로 이것이다. 방대한 규모의 책에는 가벼운 임기응변, 알 듯 모를 듯한 암시, 미묘한 장식을 반드시 배제해야 한다. 이런 것들은 시시한 이야기에나 좋을 것이다. 설명해야 할 특징들이 흐릿해지거나 금세 이해할 수 없게 되어버리기 때문이다. 서로 다른 구성부분이 서로 설명되도록 되어 있는 저작에 주석이 필요한 것만큼 우스꽝스러운 것이 없을 것이다. 이런 가벼움은 조금씩 꺼지는 거품에 불과하다. 날아가기 쉬운 부분들은 곧 사라져버렸고, 재미없는 바탕밖에 남지 않았다. 자극적인 대화의 재기 넘치는 말들의 운명이 그런 것이다. 듣기에는 좋지만 금세 사라지는 그런 말은 환경, 장소, 사람, 그날의 사건에 따른 관계, 곧장 사라져버리는 관계에서 비롯된다. 눈부신 화려함이 주된 장점이 아니기에 전혀 눈에 띄지 않는 표현법*les traits*은 대단히 실질적이고, 위대한 의미와 연결된 단순성의 성격을 내부에 갖는다. 그 표현법이야말로 세찬 빛을 견딜 수 있는 유일한 것이리라. 다른 것이 얼마나 경박한지 느끼려면 그것을 써보기만 하면 된다. 대화를 바탕으로 해서 문집을 만들 수 있다는 작가가 있다면 내게 한번 데려오라. 십중 팔구 그자는 버려야 할 것은 다 모으고, 모아야 할 것은 다 버렸을 것이라고 나는 확신한다. 그런 작가가 자주 어울렸던 사람들과 저지른 똑같은 잘못을 우리가 견해를 묻게 될 작가들과 저지르지 않도록 주의하자. 위대한 책이나 위대한 건축물이나 마찬가지이다. 장식이 있지만 드물고 위대한 장식뿐이다. 위대한 장식은 아끼고 아껴서, 분별력 있게 넣어야 한다. 그렇지 않으면 장식은 관계를 복잡하게 하여 단순성을 해치고, 부분을 계속 나누면서 위대함을 무너뜨리고, 주의를 분산시키면서 흥미를 망칠 것이다. 주의를 산만하게 하고 분산시키는 그런 잘못을 저지르지 않는다면 주요 부분에 주의를 완전히 집중할 수 있을 것이다.

내가 풍자를 배제한다면 그것이 초상화와도 다르고, 깊은 성찰과도 다른 까닭이다. 덕과 덕은 모두 이어져 있고, 악과 악은 말하자면 서로 손을 잡고 있다. 다른 덕이나 악을 동반하지 않는 덕도 없고 악도 없다. 일종의 필연적인 결합인 것이다. 어떤 성격을 상상한다는 것은 좋든 나쁘든 주어진 우세한 정념에 따라 그 정념에 동반되는 부수적인 정념, 그 정념이 제시하는 감정, 말, 행동, 정신과 도덕의 모든 체계에 수용되는 색조 혹은 에너지의 종류를 찾는 것이다. 이로부터 덕과 악의 상호 영향과 관계를 따라 구상된 이상적인 그림은 결코 공상적인 것이 될 수 없음을, 그 그림이 연극 공연과 풍속을 다룬 모든 작품에 개연성을 제공한다는 점을, 사회에서는 항상 그 그림들과 유사한 행[*], 불행을 갖게 될 개인들을 만나게 된다는 점을 알게 된다. 이런 식으로 아주 오랜 시간이 흐른 뒤 끔찍한 모습이거나 존경스러운 모습의 조각상이 세워지게 되며, 후세 사람들은 그 조각상의 발치에 끊임없이 다른 이름을 새겨 넣는다. 플라톤의 이름이 새겨졌던 곳에 몽테스키외의 이름을, 아르테미스 신전을 불태웠던 헤로스트라토스나 수사학자 조일로스의 이름이 있었던 곳에 데퐁텐의 이름을 새겨 넣는다. 가슴 아픈 일이지만 차이가 있다면 헤로스트라토스나 조일로스의 이름을 대신할 점점 더 불명예스러워질 이름은 틀림없이 부족하지 않을 테지만, 여러 세기가 지난 뒤 몽테스키외의 뒤를 이어, 플라톤 다음의 세 번째, 네 번째 자리를 차지할 점점 더 유명해지게 될 몇몇 이름이 생기리라 감히 기대하지는 못한다. 우리의 사전에 저 수많은 조각상을 세울 수는 없다. 광장과 공원에 청동 조각상들이 세워져, 예전에 좌대 위 조각상에서 우리와 우리의 아이들이 광신주의가 섬겼던 신들의 난봉질을 보았다면, 이제 우리는 새로운 조각상을 보고 덕을 실천하겠다는 마음을 갖게 된다.

'백과사전'의 분야를 일반적으로 다루었으니 이제는 백과사전의 부분을 하나씩 개별적으로 검토해야 한다고 생각하실 것이다. 그러나 동료들의 작업과 우리의 작업을 평가할 수 있는 사람은 우리가 아니라 바로 독자들이다.

신학을 제외했으면 좋았을 것이라고 생각하시는 분에게는 신학도 하나의 학문이고, 그것도 대단히 범위가 넓고 호기심을 자극하는 학문이고, 신화학보다 더 흥미롭게 만들 수도 있으리라고 대답할 것이다. 신화학을 배제했다면 무척 유감스럽지 않았겠는가.

지리학을 배제하자는 분에게는 별의 이름, 경도, 위도는 사전에 실어야 한다면서 도시의 이름, 경도, 위도는 싣지 말라고 할 수 없다고 말씀드린다.

지리학이 좀 더 재미있었으면 좋겠다는 분에게는 도시의 지리학적 지식은 과학적이어야 하므로 그 지식만 있으면 고대 시대의 훌륭한 지도를 만들 수 있고, 그 지식을 후세 사람들에게 넘겨준다면 그들이 우리 시대의 훌륭한 지도를 만들 수 있는 지식 전달에 그칠 필요가 있었고, 나머지는 전적으로 역사에 관련된 것이므로 우리가 다루는 대상을 벗어난다고 말씀드린다.

요리나 유행과 같은 어떤 역사적 사실을 다룬 것을 보고 반감을 갖는 분에게는 이런 주제로 얼마나 박식한 저작이 나왔는지 모르셨고, 우리 후손들은 이 분야의 항목 중 가장 간략한 것만 읽어도 엄청난 분량의 논문을 굳이 읽지 않아도 되고, 연구에 필요한 시간을 절감할 수 있을 것이고, 지난 세기의 학자들보다 대단히 더 신중할 미래의 학자들은 '주름장식falbala'이나 '방울술pompon'이 무엇인지 설명하기 위해 몇 페이지를 쓰는 일에 소홀하지 않을 것이라고 추측할 수 있고, 우리의 유행에 대한 글은 오늘날 경박한 것으로 다뤄지지만 이천 년 뒤에는 프랑스 의복에 대한 깊이 있고 박식한 저작으로 간주되어 문학하는 사람과 화가, 조각가에게 대단히 유용하게 쓰일 것이고, 프랑스 요리는 두말할 필요 없이 화학의 중요한 한 분과를 차지하고 있음에 틀림없다고 말씀드린다.

우리 사전에서 식물학이 불완전한 상태에 있고 별반 유용하지도 않다고 불평하시는 분에게 이런 비난은 근거가 없고, 2절판 책을 편찬하지 않는 이상 식물의 속屬 이상으로 넓히기가 불가능했고, 일상적으로 알려진 식물은 전부 싣고 기술했고, 화학 분석을 해서 약이 되는지 먹을 수 있는지 특징을 제시했고, 과학적이고, 그다지 많은 분량을 차지하지도 않았을 것으로서 추가할 수 있었을 단 한 가지가 있다면 해당 속을 다룬 항목에 종種과 변종變種이 얼마나 있는지 지적하는 것이었고, 나무에 관한 부분은 대단히 중요하기 때문에 『백과사전』의 3권에서 시작해서 이 부분에 요구할 수 있는 분량을 모두 충족했다고 말씀드린다.

기술 분야에 만족하지 못하는 분과 만족하는 분에게 양쪽 모두 옳다고 말씀드린다. 이 무한한 분야에서 더 나쁘게 할 수 없는 것이 있고, 아마 더 잘 하기가 어려운 것이 있기 때문이다.

그러나 기술이 우리 작업의 주요 목적이었기 때문에, 내가 빠졌던 결함과 이를 수정하기 위해 취해야 할 주의사항을 자유롭게 설명해보겠다.

기술 분야를 맡게 될 사람은 그가 자연사, 그리고 무엇보다 광물학을 깊이 공부하지 않았고, 훌륭한 기계공이 아니고, 이론 물리학과 실험 물리학에 대단히 능통하지 못하고, 화학 강의를 여러 개 듣지 않았다면 다른 사람에게나, 자신에게나 만족스러운 방식으로 작업을 완수할 수 없을 것이다.

자연사가는 기술인들이 사용하고 그들이 공히 비밀로 숨기는 물질이 무엇인지 대번에 알아차릴 것이다.

화학자는 그 물질의 속성을 알게 될 것이다. 수많은 조작의 비율을 알게 될 것이다. 화학자는 비밀을 드러낼 것이다. 기술인은 그를 속이지 못할 것이다. 화학자는 즉시 기술인의 거짓말이 이치에 맞지 않음을 분간해낼 것이다. 어떻게 조작하는 것인지 이해할 것이다. 즉 마술은 그에게 통하지 않을 것이다. 아무렇게나 움직여도 되는 것과 반드시 주의를 기울여야 하는 것을 어렵지 않게 구분할 것이다. 화학자가 기술 분야에 대해 쓰게 될 글은 분명하고 명확하고 확실할 것이다. 그의 머릿속에는 우리가 갖고 있는 기술을 완전하게 만들고, 잃어버린 기술을 되찾고, 새로운 기술을 발명하는 방법에 대한 가설이 무더기로 떠오를 것이다.

자연학<sup>la physique</sup>으로 노동자들이 평생 놀라워만 했던 무한히 많은 현상이 설명될 것이다.

역학<sup>力學, la mécanique</sup>과 기하학을 사용하면 힘을 있는 그대로 실제적으로 계산할 수 있을 것이다. 수학 가설의 엄격함을 완화하려면 경험을 얻기만 하면 될 것이다. 수학적 엄격함이라는 특징은 무엇보다 섬세한 기계를 만들 때 위대한 기술자와 평범한 노동자를 구분해준다. 평범한 노동자는 그 특징을 획득하지 못했다면 그 완화라는 것이 정확히 무엇인지 알 수 없을 것이고, 잘못된 개념을 사용했다면 결코 고칠 수 없을 것이다.

그는 이런 것을 알고 있기 때문에 작업을 할 때 기술과 자연의 물질을 관련지으면서 어떤 순서를 도입하는 것으로 시작할 것이다. 이는 항상 가능하다. 기술의 역사는 '사용된 자연의 역사'일 뿐이기 때문이다. 「백과사전의 계통수」를 보라.

다음으로 그는 기술자 한 사람 한 사람을 위해 채워 넣어야할 초안을 작성하고, 기술자들 스스로, 사용하는 재료, 재료를 가져오는 곳, 재료 구입비용, 도구, 다양한 작업, 모든 조작법을 다루도록 할 것이다.

그는 자신의 초안과 기술자들의 보고서를 비교하고, 그들과 토론하고, 그들이 빠뜨린 것을 구두로 보충하고 그들이 잘못 설명한 것을 밝혀낼 것이다.

보고서가 형편없는 상태일지라도 성실하게 작성된 것이라면, 가장 똑똑한 사람이라고 해도 알아차리지 못하고 의심하지 않고 요구할 수 없을 무수한 것이 항상 들어있을 것이다. 사실 그는 다른 것들을 바랄 테지만, 기술인들이 누구에게도 드러내지 않는 것이 바로 그런 것들이다. 내 경험상, 끊임없이 한 가지 대상에 몰두하는 사람은 자기가 비밀로 하지 않았던 것을 모든 사람이 알고 있고, 자기가 비밀로 했던 것은 아무도 모른다고 믿는 경향이 있었고, 그래서 그들은 자기에게 질문을 하는 사람을 항상 대단한 천재가 아니면 바보라고 여기고 싶어 한다.

그는 기술인들이 작업을 할 동안 우리가 그에게 넘기게 되고, 우리 사전에 실릴 항목의 교정을 맡을 것이다. 우리가 공을 많이 들인 것은 사실이지만 크나큰 실수가 있었고(「벽돌」 항목을 보라) 전혀 상식적인 데가 없는 항목이 있음(「타일의 표백」 항목을 보라)을 금세 알아차릴 것이다. 그러나 그는 경험을 통해 잘된 일에 대해서는 우리에게 감사하고, 잘못된 일에 대해서는 용서하는 법을 배울 것이다. 무엇보다 얼마 동안 돈을 좀 들고 작업실을 두루 살피고, 우스꽝스럽기 짝이 없는 거짓말에도 비싼 비용을 척척 지불하면 기술인이라는 사람들이 특히 파리에서 어떤 사람들인지 알게 될 것이다. 파리에서 기술인들은 세금을 물릴까봐 항상 경계심을 늦추지 않고, 호기심을 갖고 질문하는 사람이면 누구나 징세청부인이 보낸 사람이 아닌가, 상점을 열려고 하는 사람이 아닌가 생각한다. 나는 수집할 수 있는 모든 기술의 지식을 지방에 내려가서 찾는다면 이런 불편을 피할 수 있지 않을까 한다. 지방에서는 서로 잘 알고, 의심을 전혀 하지 않는 사람과 이야기할 수 있기 때문이다. 돈이 훨씬 덜 들고 시간도 절약된다. 이런 점 때문에 분명히 더 적은 비용으로 더 쉽게 조사할 수 있고 조사도 더 확실해지지 않을까 한다.

한 기술의 기원을 지적해야 하며, 기술의 진보가 알려졌다면 그 과정을 단계적으로 따라가거나, 실제 역사를 가설과 가설적인 역사로 대체해야 한다. 여기서 소설은 종종 진실보다 교육적일 수 있음을 확신할 수 있다.

하지만 한 기술의 기원과 진보와 한 학문의 기원과 진보는 동일한 것이 아니다. 학자들은 토의하고, 글을 쓰고, 그들이 발견한 것을 강조하고, 토론하고, 맞선다. 논쟁은 사실을 드러내고 정확한 시기를 확인한다. 이와는 반대로 기술인들은 무명인 채로, 비천하게, 고립되어 살아간다. 그들은 이득이 되는 일이면 무엇이든 하지만 영광이 되는 일은 거의 아무것도 하지 않는다. 여러 세기 한 가족만 알고 있었던 발명들이 있다. 그것은 아버지로부터 아들로 전해져 완전해지거나 쇠락한다. 그 발견을 언제, 누구에게 전해야 하는지 정확히 모르기 때문이다. 한 기술이 완전성을 향해 눈에 띄지 않는 발걸음을 통해 나아가면서 시기가 불분명해진다. 한 사람은 삼麻을 모으고 다른 사람은 이를 물에 담그고, 또 다른 사람은 대마 껍질을 벗긴다. 첫 번째가 거친 밧줄이고 두 번째가 실이고 마지막이 천布이다. 그러나 매 단계로 넘어가기 위해 한 세기가 필요했다. 어떤 생산물이 자연 상태에서 가장 완전하게 사용될 때까지 겪게 될 진보는 정말 잊기 어려울 것이다. 한 민족이 갑자기 새로운 천으로 옷을 해 입게 되는데, 그걸 누구에게 전해 받았는지 묻지 않을 수가 있기나 한 걸까? 그러나 그런 일은 전혀 일어나지 않으며 일어나더라도 아주 드문 경우이다.

흔히 최초의 시도는 우연히 일어난다. 그런 시도는 소득이 적고 알려지지 않은 채이다. 다른 이가 이를 취한다. 최초로 성공을 거두지만 아무도 언급하지 않는다. 세 번째 사람이 두 번째 사람이 갔던 길을 걷게 된다. 네 번째 사람이 세 번째 사람의 길을 걷게 되고 이런 식으로 계속된다. 그렇게 만들어진 것이 알려지게 되는 유일한 것이다. 작업실에서 어떤 생각이 떠오르자마자 그곳에서 나와 널리 퍼지게 되는 일도 가능하다. 동시에 여러 곳에서 작업이 이루어진다. 한 사람 한 사람이 자기 방식으로 작업하기 때문이다. 똑같은 발명의 권리를 다수가 동시에 주장하므로 본질적으로 그 누구의 것도 아니거나 그것으로 부자가 된 사람의 것이 된다. 외국 발명품을 취한 경우 국가적 시기심 때문에 발명자가 누구인지 아무도 언급하지 않게 되고, 따라서 아무도 그 이름을 모르게 된다.

정부가 매뉴팩처 산업의 참여를 허가하고, 작업이 이루어지는 것을 직접 보고, 노동자들에게 묻고, 도구, 기계, 작업공간을 그림으로 그려야 할 것이다.

기술인들로서는 이해가 불가능한 상황이 있어서, 가장 단축된 방법은 스스로 도제徒弟 생활을 시작하거나 신뢰할 만한 사람에게 맡기는 것이리라.

이런 방식으로는 알 수 없는 비밀은 없다시피 하다. 어떤 예외도 없이 모든 비밀이 드러나도록 해야 할 것이다.

나는 모든 사람이 그렇게 생각하지 않는다는 것을 안다. 옹졸한 생각을 가진 사람들, 너그럽지 못하고, 인류의 운명에 무관심하고, 자신의 작은 사회에 꽁꽁 묶여 있어서 자기에게 이득이 되지 않는 것은 아무것도 생각하지 않는 사람들이 있다. 그 사람들은 자기가 훌륭한 시민이라는 소리를 듣기를 바란다. 나도 같은 생각이다. 내가 그들을 '나쁜 놈들'이라고 부르도록 허락해 준다면 말이다. 그들 얘기를 들어보면 제대로 만들어진 '백과사전'이며, 기술의 보편사普遍史며 하는 것은 군주의 도서관에 정성껏 모셔져, 군주가 아닌 사람에게는 접근이 불가능한 엄청난 분량의 원고일 뿐이라고 한다. 그건 국가의 책이지 민중의 책은 아니다. 그들은 이렇게 말하는 것이다. 국가의 지식, 국가의 비밀스러운 합의, 국가의 발명품, 국가의 산업, 국가의 천연자원, 국가적 비밀, 국가의 기술, 국가의 지혜를 드러내봤자 무슨 소용이 있느냐! 바로 그런 것이 한 국가를 경쟁국과 인접국보다 우월하게 해주는 것이 아닌가? 그리고 다른 외국 국가를 더 확실히 지배하기 위해서는 그 국가를 개화하는 대신 그곳에 무지를 확산하고 지구의 나머지를 야만 상태에 빠뜨릴 수 있어야 하지 않겠느냐는 말을 그들은 추가할 것이다. 그들은 자기들이 지구의 단 한 점만을 점유해서 그곳에서 잠시 살아갈 뿐이고, 다가올 세기와 전 인류의 행복을 바로 그 이유, 바로 그 순간을 위해 희생시키고 있다는 점에 주의를 기울이지 않는다. 그들은 제국의 평균 수명이 이천 년이 안 되고, 아마 더 적은 시간이 지나면 '프랑스 사람'이라는 이름, 역사에 길이 남을 그 이름을 지구에서 찾아봤자 소용이 없으리라는 점을 누구보다 잘 알고 있다. 그런 생각도 그들의 안목을 전혀 넓혀주지 못한다. 그들은 '인류'라는 말을 의미 없는 빈말이라고 생각하는 것 같다. 그 사람들이 좀 합리적으로 생각해보았다면! 하지만 다른 순간 그들은 이집트의 신전에 들어갈 수 없다는 데 분통을 터뜨리고, 고대인의 지식을 잃어버렸다고 애통해하고, 무수히 많은 중요한 일에 대해 말하지 않았거나 잘못 말했던 저자들의 무관심과 침묵을 비난할 것이다. 그들은 자기들이 오늘날의 사람들에게 저지르고 있는 범죄를 옛날 사람이 저질렀다고 하고 있으며, 자기들에게는 관대하게

허용하는 일을 타인들이 했다고 비난하고 있다는 점을 알아차리
지 못할 것이다.

이들 '선량한 시민들'은 우리의 가장 위험한 적이다. 일반적으
로 비판이 훌륭하다면 응수하는 일 없이 좋은 점을 챙기고, 비판
이 잘못된 것이라면 무시해야 한다. 이는 우리에게 악착같이
반대하는 글을 써대려고 하는 모든 사람들에게 아주 좋은 관점이
아닌가? 십 년 후에도 『백과사전』이 현재의 명성을 유지한다면
그들의 글은 더는 문제가 되지 않을 것이고, 그 명성이 잊힌다면
그들의 글은 훨씬 더 문제가 되지 않을 것이기 때문이다.

나는 누군가 퐁트넬 씨에게 그의 집에는 그를 비판했던 서적이
한 권도 없을 것이라고 하는 말을 들었다. 그중 한 권이라도 읽어본
사람이 있던가? 몽테스키외의 『법의 정신L'Esprit des lois』과 뷔퐁의
『자연사Histoire naturelle』는 출간된 지 얼마 되지 않았지만 그 책에
대한 비판들은 벌써 완전히 잊혔다. 『백과사전』의 검열관을 자처
했던 사람들 가운데 훌륭한 항목 하나를 써 사전을 풍부하게
만드는 데 필요한 재능을 가진 사람이 한 명도 없음을 우리는
벌써 지적한 바 있다. 『백과사전』 대부분이 그들에게 공부하라고
쓴 책이라고 덧붙인다 해도 나는 그것이 과장이라고 생각하지
않는다. 철학의 정신이야말로 『백과사전』을 만든 정신이다. 우리
를 평가하는 사람들 대부분은 이런 관점에서 그들의 세기의 수준
에 다다르기에는 어림도 없다. 나는 그들의 저작에 이의를 제기
한다. 바로 그 때문에 그들의 저작은 오래가지 못할 것이지만,

주저 없이 추정해보건대 우리의 사전은 몇 년 뒤 지금보다 더 많이 읽히고 더 높이 평가받게 될 것이다. 동일한 운명을 가졌고 또 가지게 될 다른 저자의 이름을 거론하는 것은 우리에게 어려운 일이 아니다. 어떤 저자들은 (우리가 앞에서 언급했듯이) 다수를 위해 책을 썼고, 당대의 생각을 따랐고, 일반 독자의 수준에 맞추었기 때문에 최고의 반열에 올랐지만 인간의 정신이 진보함에 따라 명성을 잃고 결국 완전히 잊혔다. 반대로 어떤 저자들은 그들이 태어난 시대의 기준으로서는 너무도 높은 정신을 가지고 있었던 터라 [그들의 책을] 아무도 읽지 않았고, 아무도 이해하지 못했고, 아무도 좋게 보지 않았고, 결국 오랫동안 망각에 빠져버렸다. 그러나 그들이 앞서갔던 그 시대가 흘러가고, 그들이 속했던 다른 시대가, 그 시대가 오기도 전에 그들에게 이르러, 그들의 가치를 정당하게 평가하는 순간이 온다.

나는 우리의 시민들이 프랜시스 베이컨의 저작을 읽고 높이 평가할 수 있게 했다고 생각한다. 예전보다 최근 오륙 년 사이에 사람들은 저 심오한 저자의 책을 더 많이 읽었다. 그러나 베이컨의 저작의 중요성을 느끼기에는 아직 멀었다. 정신이 충분히 진보하지 못했기 때문이다. 베이컨의 사유의 높이까지 오를 수 있는 사람은 정말 없다시피 하다. 아마 앞으로도 그 숫자는 크게 늘지 않을 것이다. 혹시나 그의 저작 『신기관*Novum Organum*』, 『단상과 시각*Cogitata et visa*』, 『학문의 진보에 관하여*De augmentis scientiarum*』가 어떤 시대가 되면 쉽고 평범하게 읽을 수 있을 만큼 인간 정신의 평균 수준이 높아질지 누가 알겠는가? 이 의혹은 시간이 흘러봐야 풀릴 것이다.

그런데 백과사전의 정신과 주제에 대해 이렇게 생각해보면 자연스럽게 이런 종류의 저작에 적합한 문체에 대해 말할 수 있게 된다.

백과사전은 어조가 간결해서는 안 된다. 간결해지면 독자 대중은 필요 이상으로 추측하게 된다. 내가 바라는 것은 기초를 어느 정도 알고 있다면 잊어버릴 수 있는 것만 생각하게끔 해주는 것이다. 다양성의 효과는 불가피한 것이기도 하지만 여기서는 나쁘지 않아 보인다. 노동자 한 사람 한 사람, 학문 하나 하나, 기술 하나 하나, 항목 하나 하나, 주제 하나 하나가 모두 자기 언어가 있고 자기 문체가 있다. 그걸 간직하는 데 무슨 어려움이 있겠는가? 편집인이 여기저기 손을 보아야 했다면 책은 한없이 늦어질 것이고 그렇다고 더 나아지지도 않을 것이다. 편집인이 아무리 공부를 많이 한 사람이더라도 언어의 오류를 고칠 생각을 하다가 사물의 오류를 범하게 될 위험이 종종 있다.

나는 '백과사전'의 문체의 일반적인 성격을 다음의 단 두 마디로 정리해볼 것이다. '공통된 것은 개별 방식으로, 개별적인 것은 공통 방식으로*communia, proprie; propria, communiter*.' 이 규칙을 준수할 때 공통된 것은 항상 섬세할 것이고, 개별적인 것은 항상 명확할 것이다.

학문과 예술의 보편 사전을 산, 들, 바위, 물, 숲, 동물 등 풍경을 다양하게 만드는 모든 대상으로 간주해야 한다. 하늘의 빛은 이들 모두를 비추지만 이들 대상은 그 빛을 다양하게 받는다. 어떤 것은 본성상 또 빛에 노출이 되면 풍경의 전면으로 나아간다. 중간에 놓인 수많은 면 위에 배치되는 것이 있고, 원경에서 시야를 벗어나는 것이 있다. 이 모든 것은 상호작용을 통해 두드러지게 된다.

규모가 작은 작품에서는 아무리 사소하다고 해도 꾸민 태가 나타나는 것을 받아들일 수 없는데 규모가 큰 작품에서 이 결함이 두드러지면 문인은 이를 어떻게 판단할 것인가? 확신컨대 주제가 훌륭하다 해도 문체가 갖는 결함이 상쇄되는 것은 아니며, 결과적으로 그 작품은 아무도 읽지 않을 것이다. 자연이 낳을 수 있는 가장 훌륭한 두 사람이 있으니 한 명은 철학자이고 다른 한 명은 시인이다. 이 비범한 두 사람이 내게는 모순되어 보이는 천재와 재기$^{才氣}$라는 두 재능을 정말 흔치 않은 정도로까지 타고 나지 않았더라도 그들이 함께 만들어내는 작품들은 더 완전하고 더 높은 평가를 받았을 것이다. 가장 찬란한 표현과 가장 기발한 비교 앞에서 가장 숭고한 관념은 언제나 빛이 바랜다. 자연이 이들에게 천재를 주고 재기$^{才氣}$는 거두었다면 그들을 더 우호적으로 대했던 것이리라. 견고하고 진실한 감식안, 어떤 종류라도 관계없는 숭고, 비장함, 두려움, 연민, 공포의 훌륭한 효과, 고귀하고 격조 높은 감정, 위대한 생각은 대조적인 표현과 풍자적$^{\text{épi-}}$$_{\text{grammatique}}$인 어조로는 표현할 수 없다.

그러나 다양한 문체를 허용하는 작품이 있다면 그것은 『백과사전』이다. 그런데 내가 가장 무관한 대상들도 항상 비밀스럽게 인간과 관련되어 있고, 도덕적 표현을 얻게 되고, 절제, 위엄, 감수성, 고양된 마음을 불어넣을 수 있기를 바랐기 때문에, 한마디로 말해, 정직과 재치를 구분하기를 바란 것처럼, 어조는 이러한 목적을 따르고, 가장 화려하고 가장 밝은 색채를 써도 격이 떨어지지 않는 곳에서도 역시 준엄함을 얻을 수 있기를 바란다. 교훈을 주고 감동을 주어야 할 때 웃기고 환심을 사고자 하는 것은 목적을 벗어나는 일이다.

소리 내어 명확히 읽을 수 있도록 하는 것은 어느 작품에나 요구되는 일이다. 규모가 큰 책들, 특히 사전에 왜 이 점에 대해 부당한 면죄부를 주는지 이해할 수 없다. 2절판 책은 서투르게, 건성으로, 재기도, 감식안도, 섬세함도 없이 써도 좋다는 것인지 모르겠다. 긴 호흡으로 쓴 책은 그런 특징을 가질 수 없다고 생각하는 것일까? 아니면 긴 호흡으로 쓴 대부분의 책은 지금까지 통상 이런 결점을 갖고 있었기 때문에 이 결함을 그 형식의 전유물로 보는 것이 아닐까?

그러나 면밀히 살펴보면 문체를 두드러지게 만들기 쉬운 책이 있다면 그것은 바로 사전임을 알게 될 것이다. 전체는 항목으로 분리되고, 분량이 가장 큰 부분들이라 해도 연설문에 비해서는 짧기에 그렇다.

그러나 여기에 문제가 있다. 탁월하게 글을 쓰는 사람이 그토록 고된 일을 오랫동안 계속하고자 하고, 계속할 수 있기란 정말 쉽지 않다. 더욱이 성공으로 얻게 되는 영광이 사람 수대로 나뉘고, 한 사람의 작업이 여러 사람들의 작업과 하나가 되는 협회의 작품에서는, 동료를 경쟁자로 보게 되고, 자기 일을 타인의 것과 비교하고, 남보다 못하다면 수치스럽게 생각하고, 남보다 낫다면 노력을 덜 하고, 자기 능력의 일부만 기울이고, 자기가 소홀히 해도 방대한 저작에서 가려지기를 바라게 된다.

동료의 수가 많아질수록 한 사람 한 사람의 관심이 이런 식으로 약화되고, 한 사람의 일은 동료가 더 많아질수록 그만큼 덜 뚜렷해지므로, 책이란 것은 통상 더 많은 손이 들어갈수록 그만큼 더 빈약해지기 마련이다.

그러나 시간이 흐르면 베일이 벗겨진다. 각자는 자기 공적에 따라 평가받는다. 일을 태만하게 한 사람과 일을 성실하게 한 사람, 혹은 자기 의무를 다한 사람이 구분된다. 누군가가 해낸 일을 보면 모두에게 무엇을 요구했던 것인지 알 수 있다. 독자는 만족스럽지 못하게 일한 사람을 거명하게 되고, 그 사람들이 본 사업의 중요성과 그들에게 영예가 되었던 선택에 부응하지 못했다는 점을 유감스러워 할 것이다.

위에서 나는 이런 종류의 비난을 뒤집어쓸 사람은 오직 나뿐이기 때문에, 일반적으로든 개별적으로든 우리의 작업이 어떤 비판을 받을지라도 본 사전을 만들기 위해 협력한 문인과 기술인 협회보다 더 인원이 많고 더 조직이 잘된 두 번째 협회를 만드는 일이 대단히 어려우리라는 점이 확실하기 때문에 그만큼 더 자유롭게 내 입장을 밝혔다. 저자와 편집인으로서 나보다 더 훌륭한 사람을 찾는 일은 쉬운 일이겠지만, 역시 저자와 편집인이라는 두 가지 점에서 십중팔구 달랑베르 씨보다 못한 사람을 만나는 일은 훨씬 더 쉬운 일이라는 점에는 동의해야 할 것이다. 이런 식의 인명록, 즉 그 목록에 들어 있는 사람들이 서로가 서로의 결함을 상쇄해 나가게 될 인명록이 내게 얼마나 큰 득이 될는지! 이 점에 더해 선택을 받지 않은 사람들도 있으며, 이런 난점은 모든 판에 해당하리라는 점을 추가하자. 한 사람에게 보수를 얼마를 제시하더라도 그는 부탁받은 시간을 지키지 않을 것이다. 기술인은 작업실에서 밤을 새우고, 공인公人은 자기 업무에 매여 있을 것이다. 공인은 불행히도 너무 바쁘고 각료homme de cabinet는 불행히도 아는 것이 충분하지 않다. 있는 힘껏 이 곤경을 벗어나야 한다.

하지만 사전을 제대로 쓰는 것이 쉬운 일이라면, 사전보다 더 제대로 쓰지 않으면 안 되는 책은 거의 없다시피 하다. 어떤 길이 길수록 그 길은 더 쾌적해야 할 것이다. 게다가 우리가 이 점에 있어서 성공을 거두지 못한 것이 아니라고 믿는 이유가 있다. 『백과사전』을 처음부터 끝까지 통독했던 사람들이 있다. 나날이 예전의 특권을 조금씩 상실해가고 있는 벨의 사전을 예외로 한다면 현재 그 특권을 누리고 있고, 또 누릴 수 있는 사전은 우리의 사전뿐이다시피 하다. 우리는 우리의 사전이 그 특권을 유지하지 않게 되기를 바란다. 우리의 책이 오래 살아남는 것보다 정신의 진보를 더 원하기 때문이다. 또 우리 덕분에 지식이 대중화되어 대부분의 사람들이 지식을 중시하고 가르치기 위해 『백과사전』보다 더 강력한 책이 필요하게 되었다면, 우리는 희망했던 것보다 훨씬 더 성공한 것이기 때문이다.

문체가 문제가 된다면 우리는 모범과 규범을 동시에 내놓았던 페트로니우스를 모방했어야 할 것이다. 그는 아름다운 연설문의 특징을 세세히 제시해야 했을 때 이렇게 말했다. "이렇게 말할 수 있다면 위대하고 순수한 웅변은 화장도 과장도 허용하지 않으며 자연적인 아름다움으로 솟아 있는 것이다."[98] 묘사한다는 것은 사물 그 자체인 것이다.

특히 모호함을 피해야 하고, 한 줄 한 줄 쓸 때마다 사전은 모든 사람을 위해 만들어진 것이고, 말을 반복하면 얇은 책에서는 평판이 떨어지지만 규모가 큰 책에서는 그것이 단순성의 성격을 띠게 되어 불쾌하게 보이지 않으리라는 점을 기억해야 한다.

표현에 결코 모호한 것이 없어야 한다. 흔히 통용되는 용어들이 분명하고, 확정되고, 고정된 관념을 전해주지 않을 때 철학책에서는 이 용어를 사용하는 것이 좋지 않을 것이다. 그런데 그런

● ●
98. 페트로니우스, 『사티리콘Satiricon』, 2장 6절. "Grandis et, ut ita dicam, pudica oratio neque maculosa est neque turgida, sed naturali pulchritudine exsurgit."(원문에 라틴어로 되어 있다.)

용어들이 있고 또 수가 대단히 많다. 끊임없이 변하는 인간의 편견과 관습에 따라서가 아니라, 불변하는 본성에 따라 용어의 정의를 내릴 수 있었다면 그렇게 얻은 정의는 새로운 발견의 씨앗이 될 것이다. 여기서 다시 한 번 우리의 정의와 우리의 기술記述에 관련된 항구 불변하는 모델이 끊임없이 필요했음을 주목해보자. 인간, 동물, 잔존하는 다른 존재들의 본성과 같은 모델 말이다. 나머지는 아무것도 아니며, 개별적이고, 지역적이고, 일시적인 어떤 개념들을 배제할 줄 모르는 사람은 일을 할 때 고생을 하게 되고, 양심의 증언과 정신의 성향과는 판이하게, 당장에는 부정확한 것에 대해 말하게 되고, 다가올 미래에는 올바르지 못한 것이나 적어도 모호하고 무모한 것을 말할 위험에 끊임없이 처하게 된다.

가장 대담하고 가장 고상한 천재의 작품들, 고대의 위대한 철학자들의 작품들은 이런 결함 때문에 조금 왜곡되었다. 오늘날의 사람들도 이 점에서 예외일 리 없다. 불관용, 이중해석의 부재[99], 신성한 상형문자의 언어langue hiéroglyphique et sacrée의 쇠퇴 때문에 모순이 영원히 계속되고 우리가 만들어낸 가장 멋진 작품들이 끊임없이 손상을 입을 것이다. 우리는 어떤 사람이 가장

99. 고대 철학에서는 진리의 두 단계를 인식하고 있다. 하나는 평범한 독자를 위한 것이고 다른 하나는 이미 일정한 지식을 가진 사람을 위한 것이다.

중요한 주제에 대해 어떻게 생각하는지 모를 때가 많다. 그는 꾸며낸 어둠 속에 싸여 있고, 동시대 사람들이라고 해도 그가 어떤 생각을 하는지 모른다. 『백과사전』이 그런 결함에 예외가 되리라 예상해서는 안 된다.

주제가 추상적일수록 모든 독자가 이해할 수 있게끔 노력해야 할 것이다.

경험이 있고 책임질 줄 아는 편집인은 평균적인 정신을 가진 사람들 속에 자리 잡을 것이다. 자연이 편집인을 제일가는 천재의 반열에 올리고 그가 엄청난 통찰력을 가진 사람들과 끊임없는 대화에 몰두하느라 그 자리에서 내려오지 않는다면, 대중이 이해할 수 없는 관점으로 대상을 고려하게 될는지 모른다. 그는 대중보다 한참을 앞서게 되기 때문에 책은 대부분의 사람들에게 지나치게 모호해질 수 있다. 그러나 책이 제대로 되지 않았거나 친절하게도 너무 낮은 단계까지 내려갔다면, 여기서 다룬 주제는 바보들을 상대로 하는 것처럼 길기만 하고 재미가 없어질 것이다. 그러므로 그는 세상을 자기 학교라고 생각하고 인류를 자기 학생이라고 생각할 것이다. 그는 재사들에게는 귀중한 시간을 빼앗지 않고, 평범한 사람들에게는 싫증이 나지 않는 강의를 할 것이다. 특출한 천재와 바보라는 두 가지 계층이 있는데 둘 다 수가 많지 않아서 공히 무시할 수 있다. 그들은 선생도 필요 없고 서로의 도움도 필요로 하지 않는다.

그러나 정신의 공통된 능력을 이해하는 것이 쉽지 않다면,

천재가 그런 능력에 자기를 맞추기란 훨씬 더 어렵다. 자연적으로 천재는 자신을 드높이게 된다. 하늘의 세상을 찾는 것이다. 천재가 잠시 망아忘我에 빠진다면 순식간에 날아오르게 되니, 곧 평범한 사람들은 그를 이해할 수도 따를 수도 없게 된다.

백과사전 집필자 한 사람 한 사람이 맡은 일을 잘 해내었다면 편집인은 우선 상이한 대상의 범위를 엄격하게 줄이고, 모든 부분들이 각자의 범위를 넘지 않도록 하고, 반복된 부분을 잘라내는 것만 주의를 하면 될 것이다. 이런 일은 누락된 것을 채워 넣는 것보다 항상 쉽다. 반복된 부분은 뻔히 보이고 펜으로 줄 하나만 긋는 것으로 고쳐지기 때문이다. 그러나 누락된 부분은 숨어 있고 보충을 하려면 노력해야 한다. 정말 불편한 일은 누락된 것이 보이는데 주제는 시간이 많이 걸리는 주제이고, 인쇄 일정은 급박하니 고칠 시간이 없어서 편집인이 너무 서두르게 되면 틀림없이 사전의 한 부분이 빠지게 되거나 구성이 흐트러지게 된다는 점이다. 자기 일을 시간에 쫓겨 하니까 책의 한 부분이 빠지는 것이고, 그 일을 사전의 다른 부분으로 미루어두니까 구성이 흐트러지는 것이다.

모든 주제를 오랫동안 연구하기라도 해서 즉석에서 쓱쓱 쓸 수 있을 만큼 통달한 사람이 어디 있겠는가? 어떤 저자의 모든 원칙에 동의하고 저자의 모든 개념이 자기의 개념과 일치하여 어떤 모순에도 빠질 일이 없는 편집인이 어디 있겠는가?

동료들의 원칙과 생각에 틀림없이 존재하게 될 모순을 알아보는 것은 편집인의 능력을 벗어나는 일이 아니겠는가? 편집인은 [동료들 간에] 실제로$^{réel}$ 모순이 있을 때 그것을 지적하는 사람이 아니다. 그는 적어도 표면적인$^{apparent}$ 모순이 있다면 그것을 지적해야 한다. 모순이 실제로 있는 경우, 편집인이 그 모순을 지적하고, 강조하고, 모순의 근원을 가리키고, 두 저자가 걸었던 공통된 길과 이들이 갈라서게 되었던 최초의 분리 지점을 보여주고, 둘의 입장을 조율하고, 관찰과 경험들에 대해서 찬반을 제안하고, 어느 쪽이 참$^{la\ vérité}$이고, 어느 쪽이 사실임직한 것$^{la\ vraisemblance}$인지 보여주지 않을 수도 있다는 말인가? 편집인은 모순이 되는 것은 사전이 아니라 학문과 기술이 일치를 보지 못하고 있다는 점임을 특별히 관찰하면서만 사전을 비난으로부터 보호할 것이다. 그가 더 멀리 나아가서 난점을 해결했다면 그는 천재일 것이다. 그런데 편집인더러 천재여야 한다고 요구할 수 있는가? 편집인더러 다방면의 천재여야 한다고 요구하는 것이 말이나 되는 소리인가?

우리의 뒤를 이을 편집인에게 사전의 이득과 개인의 안전을 위해 당부하고 싶은 한 가지 주의사항은 검열관에게 넘길 때 반드시 인쇄물을 넘겨야지 수고본$^{手稿本}$을 넘기면 안 된다는 점이다. 그렇게 주의해야 항목이 분실되고 흐트러지고 삭제되는 것을 막을 수 있다. 검열관은 인쇄물의 맨 아래에 수결$^{手決}$을 하는데 이것이 전혀 덧붙여지거나 왜곡이 되었거나 잘려졌거나 하지 않았으며, [검열관이] 사전이 인쇄되어도 좋다고 판단했던 상태 그대로라는 가장 확실한 보증이 될 것이다.

그런데 검열관이라는 명칭과 임무를 생각해보면 중요한 문제 한 가지가 떠오른다. 백과사전이 확실한 승인을 받는 것이 나은지, 암묵적 승인을 받는 것이 나은지 알 수 없었다.[100] 암묵적 승인을 찬성했던 사람들은 이렇게 말했다. "그러면 저자들은 필요한 자유를 한껏 누리게 되고 이로써 훌륭한 사전을 만들 수 있을 것이다. 사전에 중요한 주제를 얼마나 많이 다루게 될까! 독자 대중이 필요로 할 멋진 항목이 가득하리라! 두 단으로 인쇄해서 한 쪽은 찬성 의견을, 다른 한 쪽은 반대 의견을 밝혀줄 수 있을 항목이 얼마나 많을까! 역사에 관련된 것은 편견 없이 제시될 것이다. 선은 높이 칭송되고, 악은 가차 없이 비난받을 것이다. 진리를 확신하고, 의혹을 제기하고, 편견은 무너지고, 정치적 참조는 신중에 신중을 기할 것이다."

특허를 통해 승인을 받자는 쪽은 단순히 이렇게 주장했다. "금서가 될 위험을 무릅쓰느니 자유를 좀 희생하는 편이 낫다.

----

100. 구체제에 모든 출판물은 특허(privilège)를 얻어 출판되어야 했다. 다만 출판물이 증가함에 따라 체제에 완전히 일치한다고도 볼 수 없고, 전적으로 반대된다고도 볼 수 없는 저작에 대해서는 '암묵적 승인'이라는 제도를 통해서 출판을 묵인하게 된다. 『백과사전』은 1746년 특허를 획득했고, 특허 유효 기간은 1759년 3월 8일까지였다. 1759년 9월부터는 오로지 도판집만 특허가 유지되었다. 1750년부터 도서 출판 행정 총감(le Directeur de la librairie)에 임명되었던 말제르브는 『백과사전』이 암묵적 승인의 형태로 출판되는 편이 낫다고 생각했다.

더욱이 우리를 둘러싼 환경이 이러할진대, 비범한 사람이 우리 사전만큼 방대한 저작을 계획하고 지고한 존재가 그 사람에게 모든 진리를 알 수 있게 해주었다면, 그 사람의 안전을 위해서 하늘 위에 누구도 접근할 수 없는 지점을 그에게 마련해주어 그곳에서 지상으로 그의 글이 내려올 수 있게 해주어야 할 것이다."

그러니까 문학검열을 감수해야 한다는 것이다. 사전의 일반적인 특징에 동의할 줄 알고, 사심 없이 대범하게 볼 줄 알고, 정말 존경할만한 것만 존경할 줄 알고, 한 사람 한 사람, 주제 하나하나에 적합한 어조가 어떻게 다른지 분간할 줄 알고, 디오게네스의 냉소적 어조, 덴마크 출신 의사 자크 베니뉴 윈슬로의 전문용어, 아낙사고라스의 삼단논법에도 겁을 집어먹지 않을 줄 알고, 단지 역사적인 것으로 언급한 것을 반박, 순화, 삭제하라고 하지 않을 줄 알고, 대형 판형의 책과 12절판 책의 차이를 생각할 줄 알고, 진리, 덕, 인간 지식의 진보, 국가의 영예만을 고려할 만큼 그러한 위대한 주제를 사랑할 줄 아는 그런 똑똑한 검열관을 만날 일은 없을 테니 말이다.

그런데 위와 같은 사람이 내가 원하는 검열관이다. 내가 원하는 저자는 단호하고, 배움이 깊고, 정직하고, 진실하며, 지방색, 당파, 국가에 전혀 얽매이지 않은 사람이다. 자기가 살아가는 때의 일을 천 년은 된 것처럼 이야기하고, 자기가 살고 있는 곳의 일을 이천 리는 떨어진 곳처럼 이야기하는 사람이다. 그런데 이 훌륭한 동료에 걸맞은 편집인은 누가 되어야 할까? 훌륭한 식견을 가지고, 다방면의 지식을 가지고, 생각과 뜻이 높고, 그 일을 좋아하는 것으로 명망 높은 사람이어야 할 것이다. 가정적이면서도 공적인 성품을 가져서 사랑받고 존경받는 사람이어야 한다. 진리, 덕, 인류의 문제가 아닌 한 결코 흥분하지 않는 사람이어야 하는 것이다.

주변 환경이 유리한 쪽으로 돌아가게 되면 『백과사전』은 전혀 불완전하지 않게 되리라고 생각해서는 안 된다. 이만한 분량의 책에는 언제나 결함이 생겨난다. 우선 결함이 발견됨에 따라 보충을 해서 개선할 것이다. 하지만 독자가 직접 개정판을 요구할 시점이 반드시 오게 될 것이다. 이 엄청난 작업이 누구 손에 맡겨질지 알 수 없으므로 개정판이 초판보다 나을지 못할지는 확실하지 않다. 비전문가가 훌륭한 책들을 검토, 수정, 증보하는 통에 판을 거듭할수록 질이 떨어지고, 결국 무시되는 일이 다반사이다. 진리의 이득을 위한 일이라고 믿어보면서 주저 없이 유감표명을 한다면 최근의 한 가지 사례를 들 수 있을 것이다.[101]

『백과사전』은 쉽게 개선될 수 있지만 또한 쉽게 질이 떨어질 수도 있다. 하지만 우선적으로 막아야 하고, 예측해야 할 위험은 한 협회가 되던 한 단체가 되던 후속 판들을 전횡해서는 안 된다는 것이다. 우리의 동시대 사람들과 후세 사람들을 증인으로

••
101. 예수회원들이 1734년에 벨의 사전을 개작한 일을 말한다.(V)

163

삼아 우리는 다음을 분명히 밝혀둔다. 그렇게 되면 아무리 조그만 불편만 생겨도 본질적인 것을 삭제하게 되고, 삭제해야 할 것의 숫자와 분량이 엄청나게 늘어나고, 통상 편협하고, 질투심이 강하고, 멀리 볼 줄 모르는 단체의 정신 때문에 저작이 망쳐지고, 기술 분야를 소홀히 하게 되고, 일시적인 이득 때문에 다른 주제가 무시되고, 『백과사전』은 논란이 되는 수많은 책들과 같은 운명을 겪게 된다. 구교도와 신교도가 논쟁에 지치고 상호비방에 신물이 나서 침묵하고 휴전하겠다고 결정을 했을 때, 우리는 한순간 수많은 허황된 책들이 마치 발효가 천천히 잦아들면서 용기 아래로 침전물이 가라앉듯 사라져버리고 그만 잊히고 말았음을 보았다.

여기까지가 인간 지식의 보편적이고 체계적인 사전을 기획하면서 내 머릿속에 떠올랐던 사전의 가능성, 목적, 자료, 그 자료의 일반적이고 개별적인 배치, 문체, 방법, 참조기호, 표제어, 원고, 저자, 검열관, 편집인, 활판 인쇄에 대한 생각이다.

이 주제들의 중요성을 깊이 생각해본다면 그 주제 하나 하나가 상당히 긴 논고를 쓰기 위한 자료가 되고, 내가 그 주제들에 대해 말한 것보다 더 많은 말을 남겨 두었고, 내 글에 결함이 있다고 비난은 받더라도, 장황했다거나 자화자찬했다거나 하는 것은 비난 받을 결함이 아닐 것임을 쉽게 알 수 있을 것이다.

# 옮긴이 해제

이 책은 드니 디드로(Denis Diderot, 1713-1784)와 장 르 롱 달랑베르(Jean le Rond d'Alembert, 1717-1783)의 『백과사전*Encyclopédie ou dictionnaire raisonné des sciences, des arts et des métiers*』 5권(1755)에 실린 디드로의 「백과사전」 항목을 모두 번역한 것이다. 번역의 대본으로는 Diderot, art. Encyclopédie, in *Œuvres*, éd. par Laurent Versini, t. I, Robert Laffont, 1994와 최근에 나온 Diderot, *Encyclopédie*, éd. par Jean-Marc Mondosio, Paris, Editions de l'éclat, 2013을 이용했다.

디드로의 「백과사전」 항목은 『백과사전』 5권의 마지막 순간까지 완성되지 않았던 것 같다. 5권의 다른 부분부터 인쇄에 들어갔고, 이 항목은 마지막에 추가로 삽입되었다. 『백과사전』
5권은 1755년 11월에 출간되었는데, 장 자크 루소는 같은 해
11월 23일에 주네브의 베른 신부에게 보내는 편지에서 해당 권의
출간 소식과 함께 디드로의 이 항목을 언급하면서 "「백과사전」
항목은 디드로가 썼는데 파리 전역에서 칭찬이 자자합니다. 그
항목을 읽으실 때 틀림없이 더 놀라실 일은 디드로가 그 항목을
아픈 와중에 썼다는 것입니다"[1]라고 썼다.

『백과사전』을 통틀어 가장 긴 분량의 항목일 「백과사전」 항목
은 우선 이 주제어를 "지식의 연쇄$^{\text{enchaînement de connaissances}}$"로
정의한 뒤, 단어의 그리스어 어원을 밝히는 것으로 시작한다.
그 뒤에 '백과사전'의 일반적인 목적이 다음과 같이 제시되었다.

'백과사전'의 목적은 지구상에 흩어져 있는$^{\text{épars}}$ 지식을 모아
$^{\text{rassembler}}$ 우리와 함께 살아가는 사람들에게 그 지식의 일반 체계
를 제시하고$^{\text{exposer}}$, 이를 우리 다음에 올 후손에게 물려주는 것이
다$^{\text{transmettre}}$.(7쪽)

여기서 디드로는 백과사전의 목적을 세 개의 동사(rassembler,

1. Jean-Jacques Rousseau, Lettre à M. Vernes (le 23 nov. 1755), *Correspondance générale de J.-J. Rousseau*, éd. par Théophile Dufour, t. II, Paris, Armand Colin, 1926, 239쪽.

exposer, transmettre)로 요약한다. 이때 동사들은 각각 과거, 현재, 미래와 관계되어 있다. 과거부터 존재했던 지식을 '모으고', 이를 '우리와 함께 살아가는' 동시대 사람들에게 '제시하고', '우리 다음에 올 후손'에게 '물려줄' 것이다. 그런데 왜 그런 일이 필요한가? 우선 현 단계의 '지식'은 '흩어져 있고' '체계가 없'어서 후손에게 도움이 되지 않을 것이기 때문이다. '흩어져 있는' 지식은 마치 "여기저기 흩어져$^{épars}$ 화염을 만들 수 없는 숯" (22쪽)과 같아서 인류가 유용하게 사용할 수 없다. 그렇게 흩어진 지식에 체계를 부여하는 것, 즉 지식을 '연쇄$^{enchaîner}$'해주는 것이 바로 백과사전이다.

그런데 이 동사들의 '주어'는 누가 될 것인가? 즉 누가 지식을 '모으고' 그것의 일반 체계를 '제시하고' 후손에게 '전하'는가? 디드로는 백과사전이 결코 "단 한 사람의 작업일 수 없"(10쪽)음을 분명히 한다. 그러므로 "[…] 인간 지식의 모든 분과로 확장된 […] 백과사전의 작업은, 흩어져 있고$^{épars}$ 각자 자기 영역에 전념하고 있고 인류의 보편 이해와 상호 호의의 감정으로 하나가 된$^{lié}$ 문인과 기술인의 협회만이 해낼 수 있을 것이다."(23쪽) 여기서 그가 인류의 지식의 상태와 백과사전에 참여하기 이전의 문인과 기술인들의 상태를 동일한 형용사 'épars'로 표현하는 것이 우연일까? '흩어져 있는' 것은 지식만이 아니다. 지식을 '연쇄'하듯, 지식의 주체들도 하나로 만들어야$^{lier}$ 한다. 디드로가 "한 사람이 그 짧은 인생에 어떻게 자연과 기술의 보편체계를 이해하고 설명할 수 있겠는가'(10쪽)라고 물을 때, 이는 '감히 알고자 하는' 인간의 지적 허영을 경계하는 신학적 세계관과는 아무 관련이 없다. 오히려 그는 한 사람의 제한된 지식, 혹은 하나의 (종교적, 정치적) 당파의 개별 관점이 강요된 '백과사전'의 한계를 지적함으로써, 초기의 모든 정치적이고 종교적인 논쟁으로부터『백과사전』을 지켜내고자 한다.

따라서 디드로의「백과사전」항목은 결코 해당 주제에 대한 중립적인 설명이 아니다. 이는 이미 네 권이 출판된『백과사전』사업이 당면한 여러 위기에 대한 디드로의 답변으로 보아야 한다. 우선 외적인 위기는 예수회 기관지였던『트레부,지誌』의 책임자 베르티에 신부의『백과사전』에 대한 악의적이고 음모적인 공격을 들 수 있다. 베르티에 신부는『백과사전』의 반종교적인 논조에 맞서고자 했을 뿐 아니라, 이미 예수회에서 편찬하고 있었던『프랑스어와 라틴어의 보편 사전_Dictionnaire universel françois et latin_』(1704-1771)의 권위가 떨어질 것을 두려워했다. 디드로의『취지』가 출판된 이래, 베르티에 신부는 여러 차례『트레부 지』의 기고를 통해 디드로와 달랑베르의 백과사전이 '표절'임을 강조했다. 두 번째로『백과사전』1권의 공동 집필자 중 한 명이었던 프라드 신부_l'abbé Prade_의 '무신론적 경향'이 문제가 되어 그가 받았던 소르본 박사 학위가 취소된 사건이 있었다.『백과사전』의 적들은 이 문제를 들어 디드로를 포함한 백과사전 집필자들의 반종교성을 물고 늘어졌다. 이로 인해 1752년 2월 7일 국무위원회는 이미 출간된 『백과사전』의 첫 두 권의 '폐기와 발행금지'를 명하게 된다. 이로써 『백과사전』은 사업 자체가 좌초될 위기를 맞았다. 그러나 운 좋게도 당시 도서행정총감이었던 말제르브(Chrétien Guillaume de Lamoignon de Malesherbes, 1721-1794)의 협력과 당시 루이 15세 배후에서 막강한 영향력을 행사했던 정치적 실세, 퐁파두르 후작부인(Jeanne-Antoinette Poisson, dite Marquise Pompadour, 1721-1764)의 도움으로 위기를 벗어날 수 있었다. 디드로가 「백과사전」 항목에서 "우리와 모든 것에 대해 말하지만 아는 것은 아무것도 없는 사람들이 […] 아카데미 프랑세즈에서 공석이 된 자리에 지명을 하려고 하고 […] 달랑베르의 입회에 분개"(17쪽)했다고 말할 때 이는 분명히 예수회원들을 염두에 두고 한 말일 것이다.[2] 그들 역시 백과사전으로 『트레부 사전』을 편찬하고 있고, 이를 통해 '모든 것을 말한다'고 주장하지만 실질적으로 '아는 것은 전혀 없다.' 인간의 지식은 종교적 당파의 개별적 이익과는 아무 관련이 없기 때문이다.

그러나 디드로가 보기에 이러한 초기의 '외환外患'은 '내우內憂'에 비할 바가 못 되었다. 무엇보다 "하나가 된 문인과 기술인 협회"의 결속이 문제가 되었다. 그들은 '흩어져 있었고' 오로지 백과사전의 목적을 위해 '결합된' 사람들이었다. 그 목적이 의문

• •
2. Véronique Le Ru, *Jean Le Rond d'Alembert philosophe*, Vrin, 1994, 196쪽 참조

<그림 1> 라 투르(Maurice Quentin de La Tour, 1748-55)가 그린 퐁파두르
후작 부인의 초상화.(좌)
<그림 2> 왼쪽 그림의 일부를 확대한 것으로 오른쪽에 몽테스키외의 『법의
정신l'Esprit des lois』, 볼테르의 서사시 『앙리아드la Henriade』 그리
고 디드로와 달랑베르의 『백과사전』 1권이 보인다.(우)


시 된다면 '결합'은 무너지고, 모였던 사람들은 다시 원래대로
'흩어지게' 될 것이다. 실제로 프라드 신부는 이미 프러시아로
망명을 떠났고, 페스트레Jean Pestré와 이봉Claude Yvon 신부도 프랑
스를 떠나야 했다. 디드로가 "본 사전을 만들기 위해 협력한 문인
과 기술인 협회보다 더 인원이 많고 더 조직이 잘 된 두 번째
협회를 만드는 일이 대단히 어려우리라는 점이 확실"(157쪽)하다
고 말한다면 바로 이러한 이유에서였을 것이다. 더욱이 공동

편집자였던 달랑베르는 사업의 위험성을 깨달은 뒤에는 점점 더 소극적이 되어갔다. 그는 '무해한' 수학과 물리학의 항목을 집필하는 것으로 그칠 것이며, 1758년-1759년 사이 『백과사전』에 더 큰 위기[3]가 닥치게 될 때 사업에서 손을 뗄 것이다.

하지만 이러한 문제들도 역시 『백과사전』이 맞게 된 내부 위기의 표면적인 상황에 불과했다. 「백과사전」 항목의 중반부에서 디드로는 "아마 우리의 '백과사전'은 […] 완전성에는 결코 이르지 못할 것"(40쪽)임을 털어놓는다. 1750년의 『취지』에서 디드로가 그토록 자신만만하게 "지금까지 아무도 이만한 규모의 저작을 생각해보지 못했"[4]고 "[이 책으로] 모든 분야에서 참조할 수

• •

3. 1758년 11월에 출간된 『백과사전』 7권에 실린 달랑베르의 「주네브」 항목은 커다란 스캔들을 불러일으켰다. 볼테르는 이 시기 디드로에게 『백과사전』 사업의 포기를 종용하고 프랑스를 떠날 것을 권유하지만, 디드로는 이를 거절한다. 루소는 이 사건을 계기로 『백과사전』과 완전히 결별한다. 1759년 1월 23일 파리 고등법원 재판소는 여러 도서들과 함께 『백과사전』의 판매를 금지시켰고, 국무위원회는 같은 해 3월 8일 기 출간된 『백과사전』 일곱 권의 배포 및 재인쇄 금지의 판결을 내린다. 아울러 같은 해 9월 3일 교황 클레멘스 13세가 『백과사전』을 금서로 지정한다. 도판집의 표절 소송이 벌어져 『백과사전』의 압수수색이 이루어진 것도 같은 해 12월 14일의 일이다. 달랑베르는 이미 『백과사전』을 떠났고 디드로는 혼자 이 모든 일을 극복해나가야 했다. 디드로의 아버지가 돌아가신 것도 그해 6월 3일의 일이었다.

4. Denis Diderot, Prospectus, in *Œuvres*, éd. par Laurent Versini, t. I, Robert Laffont, 1994, 212쪽.

있고, 자기 자신을 위해 공부하는 사람의 이해를 돕는 만큼 다른 사람들의 교육에 이바지하고자 하는 용기를 갖게 될 사람들에게 길잡이로 쓰일 것"[5]을 확신한 것에 비하면 어조의 차이는 결코 작지 않다.[6]

디드로는 "언어에 대한 지식이야말로 이 위대한 희망의 토대"이고, "언어가 고정되어 후세에까지 완전한 그대로 전해지지 않는다면 그 희망은 불확실한 것으로 남을 것"임을 지적한 뒤, "우리는 너무 늦게 이 사실을 알았"고, "그 점에 부주의했기에 우리 사전 전체에 결함이 생기고 말았다. 언어의 측면이 약점으로 남은 것"(41쪽)이라고 말한다. 물론 그가 바로 뒤에 덧붙이듯 여기서 문제가 되는 것은 "'언어'이지 '문법'이 아니다." 그렇다면 디드로는 왜 '백과사전'을 다루는 항목에서 새삼스럽게 '언어'의 문제를 제기하는 것일까?

우리는 이 글의 서두에서 디드로가 '백과사전'의 목적을 지식의 수집, 체계의 제시와 전달로 요약했음을 보았다. 그런데 지식은 어떻게 '수집'되고 '전달'될 수 있는가? 그것은 '언어'를 통해서이다. 프랑스어가 완전하지 않기 때문에 지식을 '수집'하고

• •

5. *Ibid.*, 211-212쪽.
6. 물론 『취지』가 구독자를 확보하기 위한 일종의 '광고'라는 점에서 디드로가 준비 중인 『백과사전』의 독창성을 '과장'했던 것도 사실이다. 반면 「백과사전」 항목에서는 저작의 장점을 부각하는 것만큼 철저한 '자기비판'이 특히 강조되고 있다.

'전달'하는 데 적합하지 않기 때문인가? 그렇지 않다. "프랑스어는 벌써 높은 단계까지 확장되었다."(37쪽) 문제는 학문과 기술 분야의 '언어'가 서로 다르고, 개념을 불명확한 언어로 '오용'하고 있기 때문이다. 서로 같은 언어<sup>la langue</sup>를 사용하면서도 분야와 주제에 따라 개념 정의가 제각각이기 때문에 서로 이해할 수 없는 일이 생겼다.

철학 혹은 지식을 대중적으로 만든다는 것은 문인과 학자들이 흔히 사용하는 말하는 방식을 바꾼다는 것을 의미한다. 백과사전 집필자들은 단순하고 논리적인 표현 방식, 이에 더해 그러한 표현 모델(대중이 같은 뜻으로 사용하는 말들)을 부여하고자 노력한다. 백과사전 집필자들에게 중요한 것은 그때까지 주도적으로 지식을 보급했던 지식의 언어, 즉 [스콜라] 학파의 언어에 맞서 투쟁하는 것이다. 그들은 스콜라철학의 언어의 나쁜 버릇을 명확하고 분명한 정의로 대체하기를 바랐다. 그 정의는 학술적이지 않은<sup>vulgaire</sup> 용어나 그 용어에서 파생된 용어로 구성되기 때문에 누구라도 이해할 수 있기 때문이다.[7]

학자들이 관념을 추상적으로 표현하는 것 자체가 나쁜 것이 아니라, 그들이 관념을 추상화하는 방식에 문제가 있는 것이다.

7. Véronique Le Ru, *Jean Le Rond d'Alembert philosophe*, op. cit., 193쪽.

관념에서 관념으로 넘어갈수록, 그들의 추론은 현실과 멀어지고, 그들의 추론 방식에 익숙하지 않은 대중은 이 지식으로부터 소외된다. 하나의 학문에서 다른 학문으로 넘어갈 때도 사정은 마찬가지이다. 한 학문에서 사용되는 용어를 다른 학문이 부정확하게 빌려 쓴다. 전혀 다른 관념이 동일한 용어로 표현되고, 동일한 관념인데도 전혀 다른 용어로 표현되는 일이 비일비재하다. 이렇게 해서는 설령 과거의 지식을 '수집'했다 해도 '일반 체계'를 만들 수 있는 방법이 없고, 이를 후손에게 '정확히' 물려주기란 더욱 요원한 일이다.

더욱이 기술의 문제로 넘어오면 사정은 더 심각하다. "여러 세기 한 가족만 알고 있었던 발명들이 았"고 그것은 "아버지로부터 아들로 전해져 완전해지거나 쇠락한다."(148쪽) 기술인들은 개인적인 이득 때문에 자신의 '비법'을 남이 아는 것을 원하지 않는다. 한 나라에서 발명된 기술도 국가의 이익 때문에 다른 나라로 전해지지 않는다. 지식은 이렇게 '고립'되고 그 기술인이 죽거나, 국가가 사라지면 그와 함께 영원히 사라지게 된다. 하지만 그뿐 아니라, 설령 선한 마음을 갖고 보편적인 이득을 추구하고자 하는 기술인이 있더라도 마찬가지다. 기술인은 자기 기술의 '언어'를 갖추지 못하고 있기 때문이다. '아버지에서 아들로' '스승에서 제자로' 기술이 전해질 수 있는 것은 오랜 숙련과 경험의 결과이다. 그러나 이들은 자기들 작업의 과정을 "불완전하고 모호하고 때때로 불충분하게"[8] 설명할 수 있을 뿐이다.

학문 하나 하나와 기술 하나 하나가 서로 전부 다르기 때문에
이러한 소통의 불가능성은 자연스러운 일이라고 해야 할까? 학
문과 기술에는 위계질서가 있어서 단지 숙련된 손노동에 불과한
하나의 '기술'과 더없이 고상한 학문은 본질부터 다르기 때문이
라고 해야 할까?

그러므로 이들을 '종합'하고, 서로 '흩어져 있는' 이 모든 인간
지식을 하나로 '이어야' 한다. 한 천(賤)한 기술이 고상한 한 학문에
도움이 못될 것이 무엇인가? 그 기술이 체계를 갖춘다면 엄격하
고 숭고한 학문으로 높여지지 않을 것도 없지 않는가? 학문도,
기술도 결국은 인간이 끊임없이 자기를 둘러싼 '자연'을 '해석'하
고 '가공'했던 결과가 아닌가? 따라서 디드로와 달랑베르를 필두
로 한 백과사전 집필자들의 관심은 배타적인 스콜라 학문의 부조
리한 개념을 단순하고 논리적인 언어로 '번역'하여 누구라도 알
기 쉽게 만들고, 역시 공방(工房)과 소규모 매뉴팩처에 제한되었던
기술의 지식을 모든 사람이 한눈에 이해할 수 있는 방식으로
'번역'하고자 했던 것이다. 그렇다면 이 '번역'은 어떻게 이루어
질 수 있는가? 사람들은 언어를 각자 다른 방식으로 이해하고
사용하며, 시간이 흐름에 따라 언어는 변화를 겪기 마련이다.

무엇보다 잊지 말아야 하는 것은 사전에서 언어를 가능한 고정

8. Denis Diderot, Prospectus, in *Œuvres*, t. I, *op. cit.*, 221쪽.

하고자 노력하는 일이다. 지금 통용되고 있는 언어는 결과적으로 끊임없이 변하는 것이니 완전히 고정하는 일은 불가능에 가깝다. 그러나 적어도 그 언어가 변질되거나 쇠퇴하지 않게끔 할 수는 있다. 한 언어는 두 가지 방식으로 변질된다. 하나는 말을 적절하지 않게 사용하는 것이고, 다른 하나는 표현법을 적절하지 않게 사용하는 것이다. 말을 적절하지 않게 사용하는 문제는 […] 말의 보편적이고, 개별적이고, 비유적이고, 은유적인 의미를 세심하게 지적하면서뿐 아니라, 등한시하는 바람에 오용이 일어나 부적절하고 이상하게 끼어든 부적절한 의미, 유추와 완전히 멀어진 [말들의] 우스꽝스러운 적용을 제거하면서 고쳐질 수 있다. […] 나는 표현법을 적절하지 않게 사용했다고 말했다. 언어를 고정시켜야 할 사람은 바로 문인들이다. 언어를 연구하고, 이를 다른 언어들과 비교하고, 가장 정확히 가장 진실하게 작품에서 사용할 사람이 바로 그들이기 때문이다.[9]

디드로와 달랑베르에 따르면 언어에 '오용abus'이 증가할 때 그 언어는 '변질'되고 '쇠퇴'하게 된다. 여기서 '오용'이란 관념과 그것을 지시하는 기호의 불일치를 말한다. 따라서 언어의 혁신을 통해 최초의 언어가 가졌던 관념과 기호의 [근사近似한] 일치를 회복하여 노쇠한 언어에 다시 활기를 불어넣어주어야 하는데,

• •
9. D'Alembert, art. Dictionnaire, Enc. t. IV, 961a.

이를 위해서는 무엇보다 언어가 '고정'되어야 한다.[10] 다시 말하면 '단순하고 논리적인' 방식으로 단어들을 '정의'해야 한다.[11] 디드로는 "모든 것을, 어떤 예외도 두지 않고 정의해야"(55쪽) 하지만, "어간les radicaux은 제외한다"(16쪽)고 말했다. 달랑베르 역시 "[…] 결코 정의할 수 없는 말이 있다"[12]고 말한다. 디드로가

· ·

10. 여기서 디드로가 말하는 '언어의 고정'은 17세기에 진행되었던 프랑스 어의 '순화'와는 거리가 멀다. '언어의 고정'은 좋은 용례와 그릇된 용례 를 가려내 후자를 제거하는 데 있지 않다. 왜냐하면 좋은 용례니 그릇된 용례니 하는 구분은 결국 언어를 하나의 '특정어법'에 맞추고자 하는 노력일 뿐이기 때문이다. 프랑스어의 '순화'는 어떤 대가를 치렀는가? 궁정과 사교계라는 특정 집단의 용례를 승인하면서 프랑스어가 원래 가졌던 말의 '힘'과 '다양성'이 크게 훼손되었다. 그렇다면 어떤 '기준' 으로 언어를 '고정'해야 하는가? 그것은 말을 사용하는 사람의 정치, 종교, 신분, 학문과 교양의 정도에 좌우되는 것이 아니라, 한 나라의 말의 '자연적 본성'과 '근원적 성격'에서 찾아야 한다.

11. 사실 『백과사전』의 '정치성'은 항목들에서 개진된 급진적 사상에 있다 고 하기보다(항목의 집필자들의 정치적 경향은 천차만별이었고 더욱이 디드로는 『백과사전』에 사상적 통일성을 부여하고자 하지 않는다. 더 욱이 『백과사전』은 무수한 정치 탄압을 받았지만 어쨌든 '허가'를 얻어 출간된 '합법'저작이었음을 기억해야 한다), 바로 '정의'의 전략에 있었 다. 권력(정치권력 및 종교권력)은 '모호한' 개념을 내세워 권력을 신성 화한다. 이에 대한 가장 효과적인 비판은 그 개념의 '(재)정의'를 통해 그 개념이 아무 의미 없는 '빈말'에 불과함을 입증하는 데 있다. 따라서 『백과사전』에 대한 예수회 및 광신도들의 비판도 일리는 있다. 겉으로 뚜렷이 드러나지 않았다뿐, 예수회원들과 독실한 가톨릭 사제들은 『백 과사전』에 숨겨진 은밀한 '비판'과 조롱'을 분명히 읽을 수 있었다.

그런 말을 '어간'이라고 부를 때, 이는 어디까지나 잠정적인 명명일 뿐이다. 이 '어간'들이 한 언어의 원시적 형태와 그것으로부터 진행된 '역사'를 밝혀줄 수 있는 근원이 된다.

요컨대 '어간'이란 한 언어에 남아 있는 불변하는 '모델'이며, 그것으로부터 현재 우리가 갖고 있는 모든 관념과 기호들의 파생과 연관 관계가 밝혀질 수 있다. 즉 "우리가 알고 있는 기호들 전체가 문제 해결을 위해 주어진 조건이다."(62쪽) 최초의 사람들은 '필요에 의해' 반복된 경험으로 얻은 '관념'들을 '기호'로 만들어 다른 사람들과 후손에 전할 수 있었다. 이들에게 '기호'는 그들이 파악하고 이용하는 세계를 '투명하게' 반영하는 것이었다. "관념과 기호의 관계는 대상과 이를 비추는 거울의 관계와 같다."(61쪽) 그러나 인간의 지성이 진보함에 따라 지식의 수도 늘어났다. 인간의 관념은 기호를 통해 전달되고, 기호들을 결합하면서 새로운 관념이 생긴다. 이에 따라 인간의 언어는 최초의 '원형archétype'으로부터 점차 멀어져, 어느 시점에 이르면 최초의 원형을 전혀 기억할 수 없을 정도로 변화한다. 뷔퐁이 『자연사 *Histoire naturelle générale et particulière*』에서 현재 종種보다 무한히 앞서 있고, 바로 그것으로부터 모든 종이 갈라져 나온 존재를 가정하여 이를 '원형prototype'이라고 부른 것이든, 콩디약이 말한 "인간의 행동과, 도덕, 법률, 기술과 관련된 모든 것에 속한 원형

• •

12. D'Alembert, art. Dictionnaire, Enc. t. IV, 959a.

개념$^{\text{notions archétypes}}$,"[13]이든, 아니면 그보다 앞서 존 로크의 우리
의 감각으로부터 비롯한 "단순 관념$^{\text{idées simples}}$"이든, 근본적인
생각은 동일하다. 이 시기의 많은 철학자들이 '원형'의 문제에
몰두했던 것은 관념과 기호의 '투명성'을 회복하기 위해서는 그
것의 근원으로 거슬러 올라가지 않을 수 없다고 생각했기 때문이
다.

　수학자이자 기하학자로서 달랑베르는 이 '투명성'이 『백과사
전』에 수미일관되게 적용되기를 바랐다. 다시 말하면 '수집된
지식'을 '일반 체계'로 만들기 위해서는 수학적 엄밀함이 필요하
다고 생각했다. 그는 "우리가 지식의 모든 대상을 이어주는 보이
지 않는 사슬을 연속적으로 알 수 있었다면 모든 학문의 요소들은
하나의 단일한 원리로 환원되었을 것"[14]이라고 말했다. 달랑베르
에 따르면 결국 학문과 기술의 진보는 자연에 숨겨진 모든 비밀을
드러내줄 것이고, 모든 학문과 기술은 언젠가 하나의 일관된
사슬로 완전히 이어질 것이다.

　그러나 디드로가 "자의성을 배제할 수 있는 유일한 체계는
[…] 신의 의지 속에 영원히 존재했던 체계다. 그리고 최초의
영원한 존재로부터, 시간이 흘러감에 따라 그 존재의 품에서

13. Condillac, *Essai sur l'origine des connaissances humaines*, Paris, Alive, 1998, 285쪽.

14. D'Alembert, art. Eléments des sciences, Enc. t. V, 491a.

생겨난 모든 존재에 이르기까지 내려갈 수 있는 체계는 철학자가 머릿속에서 태양의 중심으로 이동하여 태양 주변의 천체현상을 계산하게 되는 천문학의 가설과 같은 것"(84쪽)이라고 말할 때, 이는 자신의 동료 달랑베르를 겨냥한 것이 아닐까? 달랑베르의 천재적인 수학적 두뇌는 세상을 구성하는 모든 요소를 수미일관하게 하나로 이어볼 줄 알았다. 불가능할 것도 없지 않는가? 하지만 디드로는 이 체계의 "중대한 결함"을 의심한다. "신학에 너무나 밀접하게 연결되어 있다는 결함 말이다." 백과사전이든, 다른 무엇의 도움을 받든, 인간은 언젠가 자연을 완벽하게 이해할 수 있을까? 백과사전을 자연의 모든 지식을 투명하게 담는 그릇으로 만들고자 하고, 이를 위해 인간의 모든 결함의 흔적을 제거하고자 하는 달랑베르(그리고 백과사전의 다른 집필자들)의 생각은 '불가능'하다는 것이 디드로의 입장이다. 그러한 노력은 세상의 모든 현상 속에서 완전무결한 신의 손길을 확인하고자 하는 신학과 결코 다른 것이 아니다. 반복하지만, 이는 인간의 지적 허영을 위험한 것으로 간주하는 신학적 세계관과는 아무 관련이 없다. 디드로의 주장은 인간의 조건으로서의 결함을 완전히 제거했을 때 나타나게 될 자연은 우리에게 아무 소용이 없다는 것이다. 왜냐하면 자연은 우리의 감각과 지각 너머에 존재하는 절대적으로 완전한 세계가 아니라, 그 세계를 바라보는 인간과 꼭 마찬가지로 태어나고 성장하고 노쇠해가는 과정을 반복하는 영원한 '생성devenir'의 과정이기 때문이다. 인간은 자연의 절대 불변하는 지식을 손에 넣고자 한다. 물론 인간의 지성이 더 완전해지고 불확실한 감각을 보완할 수 있는 도구를 얻게 된다면 자연의 '본성'에 점점 더 가까이 갈 수 있을 것이다. 그러나 자연 자체가 자연의 지식과 동일하게 되는 그런 순간은 영원히 존재하지 않는다. 인간이 변하는 만큼, 자연 역시 변하기 때문이다.

그래서 디드로는 "이제 우리는 자연을 응시하면서 누락된 부분을 채우고자 한다"(85쪽)고 썼다. 이 말은 달랑베르의 수학적 체계에 대한 디드로의 시적詩的 반박이라고 할 수 있을 것이다. 인간의 진보와 행복은 안락한 서재에 앉아서 천체의 운행을 계산하는 것으로 이루어지지 않는다. 아무리 잘 수집된 표본이 있더라도 박물관에서 얻는 지식은 자연과 직접 만나면서 얻는 지식과 비교할 수 없다. 왜 디드로는 "자연을 응시"하겠다고 말하는가? 그것은 수학자의 추상적인 자연이 아니라, 밖으로 나가 끊임없이 생성하고 변전하는 '숭고한 자연'을 직접 만나겠다는 말이다. 이는 자연과 신을 동일한 것으로 여기는 그 어떤 철학적 경향과도 관련이 없다. 신도, 자연도 인간을 위해 세상을 창조한 것이 아니다. 그러나 인간이 없다면 "세상은 아무 말이 없고 침묵과 어둠이 엄습하게 된다. […] 인간이 나타나야 존재들이 흥미를 갖게 되"(86쪽)는 것이다. 그러므로 『백과사전』의 "출발점이 되어야 하고 모든 것이 귀결해야 하는 유일한 항"은 곧 인간이다. 인간의 작업이기에 『백과사전』은 결함을 가질 수밖에 없다. 그러나 『백과사전』을 비판할 자격을 가질 수 있는 사람은, 더 확장된 지성을 누리게 되어 지나간 시대의 공과를 엄정하게 판단할 수 있는 사람이지, 지식을 독점하고 이로써 권위를 휘두르고 사적 이득을 취하는 사람이 결코 될 수 없을 것이다. 이것이 디드로가 이십여 년을 꼬박 바쳐 『백과사전』을 끝내 완성했던 신념이자 동기이다.

이충훈

ⓒ 도서출판 b, 2014

# 백과사전

초판 1쇄 발행 2014년 4월 8일

지은이 드니 디드로
옮긴이 이충훈
펴낸이 조기조

펴낸곳 도서출판 b
등 록 2003년 2월 24일 제12-348호
주 소 151-899 서울시 관악구 미성동 1567-1 남진빌딩 401호
전 화 02-6293-7070(대) 팩시밀리 02-6293-8080
홈페이지 b-book.co.kr 이메일 bbooks@naver.com

ISBN 978-89-91706-81-1    93160

정가_10,000원

* 잘못된 책은 교환해 드립니다.

기후위기와 불평등에 맞선
그린뉴딜

# 기후위기와
# 불평등에 맞선
# 그린뉴딜

김병권 지음

책숲

# 목차

# 기후위기는 환경이슈가 아닌, 정치의 문제이다!

유창복 _ 미래자치분권연구소장

기후위기는 한가한 미래전망이 아니다. 코앞에 닥친 급박한 비상사태다. 수많은 과학자들이 경고하고 있는 '지구의 파멸과 인류의 멸종'을 막기 위해서는, 모든 정책과 자원을 비상사태에 준하여 집중해서 '급전환'을 해야 한다. 기후위기는 환경이슈가 아니다. 기후위기의 원인이 불평등한 사회경제 체제이기 때문이다. 힘과 권한을 가진 자들이, 절박한 상황임에도 절박한 행동을 하지 않은 것은 그들이 바로 기후위기의 주된 원인 제공자들이기 때문이다.

에너지생산과 산업체계를 탈탄소로 전환해야 한다. 탄소발전소와 내연기관을 없애야 하고, 태양광 등의 재생에너지만으로 에너지 수요를 감당해야 한다. 에너지 사용을 절대적으로 줄이기 위해 일상생활을 저에너지 소비형으로 전환해야 한다. 전면적이고 급격한 전환으로 인하여 가난한 이들이 고통 받지 않도록 '정의로운 전환'을 해내야 한다. 기후위기는 경제정의와 환경정의를 함께 달성해야 하는 과제이며, 불평등이 고착된 오늘날 자본주의를 근본적으로 치유해야 하는 대전환의 문제다. 지구의 파멸도 막고, 불평등도 완화하는 방향으로 일자리와 복지의 대안을 새로 짜야한다.

그래서 기후위기와 그린뉴딜은 정치의 문제다. 더 많은 미래를 짊어질 '젊은' 세대가 '현재' 의사결정에 참여할 수 있는 '권한'을 가져야한다. 지역과 동네가 스스로 전환의 시도를 조직하고, 지속가능한 순환경제의 생태계를 로컬에서 만들어 가야 한다. 지난 10여 년 동안 이미 등장했고 서로 연결되기 시작한 지역사회의 주민들이 기후위기에 대응한 전면적 전환의 실천에 나서야 한다. 이런 '공공적 주민'들에게 근린 커뮤니티 수준에서부터 가장 민감하게 반응하며, 책임성을 담보하는 지방정부가 정책과 자원을 집중해서 국가적 규모의 그린뉴딜을 추동하는 전환의 길을 내는 견인차 역할을 해야 한다.

2020년부터 펼쳐질 새로운 10년은 인류의 운명을 결정짓게 될 것이다. 우리 사회의 심각한 불평등을 해소하는 대전환의 길목 역시 2020년에 시작된다. 그 길목에 서서 엄청난 독서와 폭넓은 사유로 단기간에 밀도 있는 책자를 발간한 김병권 소장에게 감사한다. 이 책은 기후위기와 불평등을 극복할 그린뉴딜 시민행동의 소중한 길잡이가 되어 줄 것이다.

# 모든 정책의 기조가 될 그린뉴딜

정태인 _ 독립연구자, 경제학

김병권은 경이롭다. 나만큼 알코올과 니코틴을 탐닉했던 그는 단 하루 만에 술, 담배를 딱 끊었다. 그가 책을 읽는 속도는 실로 놀랍다. 이번 책도 확인해 주지만 그저 읽는 것이 아니라 메모를 해 뒀다가 적재적소에 배치하는 능력 또한 대단하다.

2013년 내가 '새로운사회를여는연구원' 원장일 때 그는 부원장이었다. 그때 그는 나에게 경제학을 배웠지만 이미 5년 전 쯤 나는 "하산하거라"를 명해야 했다. 지금은? 아무래도 전공자처럼 체계적인 지식을 갖췄다고 할 수는 없겠지만 분명히 나보다는 낫다. 새사연은 2013년 대선을 앞두고 "리셋 코리아"라는 책을 펴냈다. 소득주도성장론이 한국에 처음으로 소개되었다. 6개월 이상 빨라진 대선 때문에, 그때와 같은 책을 낼 수 없어 2017년 대선을 앞두고 나는 『자본주의를 다시 생각한다』(칼폴라니경제사회연구소)를 번역했다. 스티글리츠 등 (포스트)케인지언과 마추카토 등 네오슘페터리안들이 "녹색 대전환"을 위해 어떤 정책을 써야 하는지를 기술한 책이다. 청와대로 몇 권을 보냈고, 칼럼으로도 소득주도성장 정책만 쓰면 투자 쪽에 문제가 생길 수 있으므로 대대적인 녹색 인프라 투자를 해야 한다고 주장했다. 하지만 그들은 꿈쩍도 하지 않았다.

김병권의 이 책은 그때 번역 대신 썼어야 할 책이다. 미국의 샌더스 등 유력 정치인들이 "그린뉴딜"을 대표 정책으로 들고 나온 것은 그린뉴딜 구상에 엄청난 도움을 주었을 것이다. 툰베리의 유엔 연설은 김병권의 발걸음을 더 재게 만들었을 것이다. 그는 화학과를 나왔고 인터넷 관련 벤처기업을 했다. 그의 이런 배경이 이 책을 쓰는 데 크나큰 도움이 되었을 것이다. 4차 산업혁명이라는 신기루에 빠지지 말고 "녹색혁신"에 일로매진해야 한다고 이리 설득력 있게 얘기한 책은 찾기 어렵다.

그와 나는 정의당에서 한국의 "그린뉴딜" 정책을 만들기에 참여했다. 내가 맡은 탄소가격과 탄소세, 한중일 중심의 동아시아 그린동맹 부분이 이 책에서 차지하는 비중이 적은 것은 어쩌면 당연하다. 탄소가격은 국제협정의 실현 가능성을 높여줄 뿐 아니라 시장에 참여하는 수많은 사람들의 적응적 행동을 유도하므로 매우 중요하다. 탄소세 30달러, 세금 15조 늘린다고 "그린 민스키 모먼트" 같은 건 오지 않는다. 탈탄소 기술에 대한 거품 투자가 일어난 게 아니기 때문이다. 이 점은 아마도 보완될 것이다.

그린뉴딜은 말 그대로 정치적 프로젝트다. 강력한 정당과 확고한 의지를 가진 정치지도자의 전환적 리더십이 절실하게 필요하다. 화석연료 기반 산업의 저항, 일반 시민의 세금 기피 등과 시장만능 경제학이 만나면 그린뉴딜 정책의 시작조차 어려운 상황이 될 수 있다. 어느 정당이 정권을 잡든 그린뉴딜은 모든 정책의 기조가 되어야 한다. 총선에서 정의당이 의석을 많이 얻을수록 그럴 확률, 우리 아이들이 생존할 확률이 높아진다. 이 책을 많이 읽을수록 그 확률은 더욱 높아질 것이다.

# 그린뉴딜!

2020년 2월 현재 '그린뉴딜'이라는 용어가 낯익은 독자들은 많지 않을 것이다. 그래서 이 글을 쓰게 되었다. 이 생소한 용어가 21세기의 세 번째로 접어드는 10년인 2020년대에, 우리사회의 방향을 결정할 가장 중요한 내용을 함축하고 있다는 믿음을 가지고 있기 때문이다. 그러면 그린뉴딜이 도대체 무엇이고 어떤 잠재력을 가지고 있기에 아직 시작도 안 된 정책이 그토록 위력을 가질 수 있다고 생각하는 것일까?

그린뉴딜은 기후위기와 불평등위기라는 양대 위기에 직면하여 100% 에너지 전환과 불평등 해소를 위한 전사회적 10년 기획이라고 말하고 있다. 얼핏 보기에도 매우 거대한 기획이자 국가 프로젝트로 읽힌다. 나는 그린뉴딜이 다음과 같은 이유에서 앞으로 10년 동안 국가 정책과 지역정책에서 가장 중심 주제가 될 것이라고 생각한다.

첫째, 이제는 더 이상 지연하거나 회피하기 어려운 기후위기를 제대로 대처하기 위해서는 달리 선택의 여지가 없다. 유엔 '기후변화에 관한 정부간 협의체'(IPCC)가 지난 2018년 제출한 '기후위기 1.5도 특별보고서'에서는, 한국은 물론 국제사회가 10년 안에 탄소배출량을 2010년의 절반 수준으로 줄여야 한다고 권고하고 있다. 아무런 특단의 조치를 취하지 않고 탄소배출을 절반으로 줄인다는 얘기는 우리의 경제수준, 생활수준을 한 세대 이전으로 후퇴시키는 것이다. 누가 감당할 수 있을까? 1997년 외환위기를 몇 번이나 연속으로 당해야 하는 이런 충격은 선택할 수 있는 길이 아니다. 그린뉴딜은 전사회적 탈탄소 전환전략을 짜서 능동적으로 탄소배출을 대폭 줄이면서도 일정하게 우리의 삶을 안정화시킬 방안을 모색하려는 초유의 실험이다. 그래서 비록 모호한 점도, 아직 대답해야 할 수 많은 질문도 내포하고 있지만 목표와 방향은 명확하다.

둘째, 기후위기와 함께 우리 사회가 직면한 가장 어려운 난제인 불평등 해소의 결정적 돌파구가 필요하기 때문이다. 2008년 글로벌 금융위기 이후 10년도 훨씬 넘게 불평등이 문제라는 논의는 끊이지 않았지만, '포용성장'이라는 용어만 유행시켰지 실질적으로 해결된 것은 없었고 경제적 격차는 계속 벌어졌다. 심지어는 불평등이 세대로 이전되는 세습사회가 펼쳐지고 있다. 견고하게 사회 경제구조 안에 고착된 불평등을 해체하려면 전체 사회 시스템, 자산 소유시스템을 흔들 필요가 있다. 마치 2차 대전 후에 농지개혁이 농업국가의 자산 시스템을 뒤흔들었던 것처럼. 21세기에 우리가 전쟁이나 극단적 사회갈등을 촉발시킬 작정이 아니라면, 기후위기라는 초유의 비상사태를 맞아 불평등을 문제 해결의 전기로 삼을 수 있다. 기후위기는 탄소 집약형 경제구조, 자산소유 구조를 흔들지 않으면 절대 해결되지 않는데, 이는 불평등구조와 상당히 겹친다.

셋째로, 우리사회가 더 이상 과거처럼 경제성장이나 삶의 질 개선 패턴을 지속하기 어려운 상황에 왔기 때문이다. 한때 10%, 5% 고속 성장을 하던 한국경제가 3%대로 주저 않은 것도 2013년 이후의 일이고 앞으로는 2%도 쉽지 않다. 이를 어떻게 받아들일지, 양적 성장 중심의 오랜 경제를 어떻게 전환시킬지는 더 논의가 필요하다. 하지만 그린뉴딜 전환을 통해 실천적으로 우리 경제와 우리 삶의 질을 어떻게 진전시킬지에 대한 새로운 국면을 열 수 있다. 한때는 4차 산업혁명이 새로운 전망을 줄 것이라는 기대를 던졌지만, 4차 산업혁명은 기술적으로 양면성을 가지고 있기 때문에 우리 사회를 어떻게 변화시킬지 장담하기는 어렵다. 그러나 그린뉴딜은 과거 '탄소 집약형 경제'에서 '탈탄소 경제'로 대전환을 추진하는 과정을 만들어내는 가운데 경제를 만들어가는 방식과 그 속에서 살아가는 방식을 크게 바꾸게 될 것이다. 그 과정에서 과거식의 자연수탈적인 양적 팽창이나 자연의 처리량을 고려하지 않은 무한 소비확대 같은 이슈에 대해 근본적인 재검토가 될 것이라고 생각한다.

이 글은 2020년 1월과 2월 사이에 페이스북 정의정책연구소 웹사이트에 올린 28편의 글을 문체를 그대로 살리면서 재구성하고 보완한 것이다. 하지만 필자가 정책적으로 그린뉴딜을 마음먹고 접근하기 시작한 것은 정의당 심상정 대표가 그린뉴딜 정책을 고민해달라고 요청한 2019년 8월쯤이다. 그 후 정의당 그린뉴딜경제위원회 멤버로 참여하면서 위원회 구성원들과 수차례 공식적인 토론을 하였을 뿐 아니라, 개별적으로도 다양한 의견교환과 내 입장에서의 배움이 있었다. 특히 박진희 위원장님과 이헌석 생태에너지 본부장으로부터 기후위기에 관련된 전문적인 견해와 조언을 들을 수 있었고 경제적 측면에 대해서는 정태인 총선공약단장께 많은 조언을 받았다. 아울러 위원으로 함께 참여하고 있는 류성재 박사로부터는 자동차산업 재편에 대해서, 최은영 위원께는 주택 건물 리모델링 관련, 오건호 위원께는 복지에 대한 의견을 빌려왔다. 그밖에도 모든 위원 분들의 의견을 내가 소화하는 수준에서 배웠고 그 결과를 웹사이트에 소개한 것이다. 하지만 이 글들은 내가 하고 싶은 이야기를 부담 없이 풀어낸 것이어서 당연히 그린뉴딜경제위원회나 정의당의 공식 견해와는 다를 수 있다.

또한 비슷한 시기 이유진 녹색전환연구소 연구원과 함께 시민들 속에 그린뉴딜의 공감대를 불러일으키기 위해 모임과 강연을 함께 하면서, 그로부터 그린뉴딜에 관한 크고 작은 이슈와 내용에 대해 언급하기 어려울 만큼 많이 배웠다. 그는 내가 그린뉴딜을 본격적으로 탐구하기 한참 전에, 아마 내가 아는 한 대한민국에서 가장 먼저 가장 정열적으로 그린뉴딜을 옹호하고 지지한 사람이었다. 이밖에 무수한 분들로부터 배움을 받았지만, 이를 체계적으로 소화할 시간은 사실 절대적으로 부족했다. 하지만 그린뉴딜이라는 거대한 주제를 차분히 숙고하고 정연하게 다듬는 것보다, 비록 거칠고 상당한 오류가 있을 수 있음을 감수하고서라도 빠르게 그 취지와 핵심 아이디어를 공유하는 것이 더 필요하다는 생각에 책으로 엮어내게 되었다. 워낙 그린뉴딜 관련 국내 소개서가 없어서 입문서라고 생각해주면 좋겠다. 본문 안에 수많은 크고 작은 오류와 비약이 있을 텐데, 차후 다양한 논의를 통해 틀린 부분은 바로잡고 취약한 부분은 발전시켜나갈 기회로 삼겠다고 위안할 수밖에 없다.

마지막으로 책으로 구성되기 쉽지 않은 온라인 글을 한 권의 책으로 구성하게 된 데는 자치분권연구소 유창복 소장과 위성남 연구위원의 도움이 결정적이었음을 밝혀야겠다. 특히 위성남 연구위원은 원고를 다듬고 책으로 만들어내는 과정에서 실질적인 도움을 주었다. 다시 한 번 감사드린다.

2020년 2월 김병권

# 그린뉴딜의
# 기초

# 01

# 그린뉴딜, 무엇을 하자는 건가?

**지금까지 하던 대로 하면 안 된다는 것이다**

'그린뉴딜(Green New Deal)' 정책이 세계 여러 곳에서 2020
년대를 여는 새로운 국가정책과 지방정부정책으로 떠오르고
있다. 미국 민주당 후보들이 앞다퉈 그린뉴딜을 핵심공약으
로 채택하고 있고, 유럽 집행위원회는 2019년 말 유럽 '그린
딜'이라는 포괄적 정책 패키지를 발표했다. 뉴욕과 LA 등 도
시와 지방정부들도 각자 자신들의 그린뉴딜 정책을 속속 채택
하고 있는 중이다. 한국에서는 정의당과 녹색당이 공식적으
로 그린뉴딜을 핵심 정당정책으로 채택하고 내용을 구체화하
고 있는 중이다.

그러면 그린뉴딜은 도대체 어떤 정책이고 무엇을 하자는 정책인가? 환경정책인가 아니면 경제정책인가 아니면 분배정책인가? 왜 새삼스럽게 2020년 지금 그린뉴딜이라는 정책이 특정 국가도 아니고 전 세계에서 공통적으로 관심을 끌게 된 것일까? 그 이유는 한마디로, 우리를 둘러싼 경제도, 사회도, 자연도 지금 이대로는 안 된다는 사실을 모두 인정할 수밖에 없는 상황에 이르렀기 때문이다. 경제부터 보자. 2008년 글로벌 금융위기가 터진 이후 세계적으로 대침체가 10년을 훌쩍 넘어 지금까지 이어지고 있다. 지난 10년 전 세계적 사회문제로 부상한 불평등은, 완화되는 것은 고사하고 더 악화되어 다음세대에게까지 대물림되고 있는 실정이다.

어디가 잘못된 것일까? 한국을 보면 지금까지 경제 동력이었던 수출 주도 성장이 글로벌 경제의 근본 변화로 더 이상 작동하기 어렵기 때문이다. 빚 얻어 건설 경기를 살리는 방식이 잠깐 부활했지만 부동산 투기라는 엄청난 역풍을 맞고 있다. 이 와중에 불평등 해소와 안정된 일자리를 마련하는 길은 보이지 않고 있다. 4차 산업혁명이니 인공지능이니 하면서 기술혁신이 미래일 것처럼 말하고 있지만, 많은 이들에게 그것은 편안한 미래가 아니라 불안한 일자리의 미래로 들린다.

여기에 더 보태서 이제까지 한 번도 경험한 적이 없는 기후위기가 결국은 눈앞의 현실이 되었다. 당장은 미세먼지로 고통받고 있지만, 기후변화는 앞으로 점점 더 극단적인 날씨변동이나 해수면 상승 등에 심각한 영향을 주게 될 것이라면서, 10년 안에 탄소 배출을 절반 이상으로 대폭 줄이라는 유엔의 경고가 쏟아지고 있다. 이렇게 경제도, 분배도, 기후 위기도 지금 이대로는 안 된다는 문제의식이 한국과 서구를 막론하고 최고조로 이르게 된 것이다. 그 결과 한마디로 우리 사회는 사실상 '번 아웃 상태'다. 그렇게 '지금 이대로는 안 된다는 문제의식이 90년 전에 미국에서 수행되었던 '뉴딜'을 역사의 기억 속에서 되살린 것이다.

지금 이대로 갈수 없다는 인식은 사실 뉴딜의 원조인 1930년대 루스벨트 뉴딜 때도 똑같았다. 금융시장을 투기꾼들에게 방치하고, 노동자 권리도 시장에 맡겨버리면서, 1929년의 금융시장은 극도의 불안정성에 휩싸이며 주식시장이 붕괴하고 수천 개 은행은 파산했다. 사상 최고점까지 불평등이 악화되고, 무권리의 노동자들이 20%를 웃도는 실업률로 인해 더 이상 이대로는 버틸 수 없다는 것이 명확해진다. 그 결과 독일과 이탈리아, 일본 등 일부에서는 위기 해결책으로 선택한 것이 파시즘체제였다. 그나마 가장 평화적으로 방향전환을 시도한 것이 미국의 루스벨트 뉴딜이었다. 그렇게 탄생된 뉴딜체체는 제2차 세계대전 이후 1970년대까지 미국은 물론 (비록 제3세계는 예외였지만) 선진국들의 전후 대 번영을 이루는 초석이 되었다.


## 전시 수준의 위기의식이 그린뉴딜을 불러냈다?


그린뉴딜은 무엇보다 기후위기와 불평등 위기가 전례 없는 수준에 이르렀다는 강한 위기의식에서 나온 국가적 프로젝트다. 지난 2018년 9월, 유엔 '기후변화에 관한 정부간 협의체'(IPCC)가 특별보고서를 통해 1.5도 이하로 온난화를 억제할 것을 요청하고, 이를 위해서는 10년 안에 탄소 배출을 절반 가까이 줄여야 한다고 강력히 권고하면서 기후 위기는 정점에 이르렀다. 영국의 인류학자이자 생태경제학자인 제이슨 히켈(Jason Hickel)은 앞으로 몇 년이 인류역사에서 아마 가장 중요한 해가 될 것이라면서, 수십 년을 허송세월한 결과, 이번이 문제를 해결할 마지막 기회가 될 것이라는 경고를 했고, 세계 곳곳의 시민들이 이제 흘려듣지 않게 된 것이다. 이런 분위 속에서 스웨덴 청소년 기후활동가 그레타 툰베리의 호소는 위기의식의 공감대를 증폭시키는 데 결정적인 역할을 했다.

그 결과, 지난 2019년 옥스퍼드 사전은 올해의 단어로 '기후 비상사태'(climate emergency)를 선정했고, 식자들은 당면의 기후위기를 '전쟁에 준하는 상황(the moral equivalent of war)'으로 받아들이고 있는 상황이다. 정책적으로도 그린뉴딜을 위한 재정과 자원 동원 정책수립 참조 자료로써, 케인스가 제2차 세계대전 중에 영국 정부의 전비조달을 위해 집필한 《How to pay for the War》(전쟁비용을 어떻게 마련할 것인가?)를 다시 돌이켜 볼 정도다(Nersisyan, Yeva. Wray, Randall. 2019). 기후위기가 전시상황에 비견되고 있는 것이다.

불평등 위기도 마찬가지다. 2008년 글로벌 금융위기 이후 국가 내, 국가 간 소득과 자산불평등 심화는 지금까지도 거의 치유되지 못한 채 지속되면서 심지어 다음 세대의 전망까지도 어둡게 만들고 있다. 미국 경제학자 라즈 체티(Raj Chetty) 등의 잇따른 연구 결과에 의하면, 많은 젊은 세대들이 자신들의 삶의 전망이 부모세대보다 못할 것이라는 생각을 절반 넘게 하고 있는 실정이다. 불평등이 세대를 건너 이어지고 '세습사회'라는 말이 유행어가 될 정도가 되었다. 더 나아가 불평등 해결에 기존의 모든 정치권이 무능하다는 인식이 커지자 정치적으로 포퓰리즘이 등장하면서 민주주의 위기로 전이되고 있다.

이에 대해, 역사학자 발터 샤이델(Walter Scheidel)은 요즘 불평등 완화 대책이라고 쏟아지는 것들과 같은 방식의 "주변적 개혁으로는 오늘날 시장소득과 부의 분배 추세에 유의미한 영향을 미칠 가능성이 희박하다"고 못 박고, 역사에서 불평등이 벽을 허물어 올 정도의 충격을 준 것은 "대중 동원 전쟁, 변혁적 혁명, 국가 붕괴, 그리고 치명적 대유행병" 밖에 없다고 진단했다. 역시 불평등 위기도 전시 수준의 대처를 요청하고 있는 것이다(발터 샤이델 2017).

　요약하면, 미래세대의 문제로만 인식되었던 기후위기는 당장 오늘 현세대의 문제로 당겨졌고, 현 세대의 분배문제로만 생각되었던 불평등 위기는 세대를 이어 미래의 전망에 그늘을 드리우고 있다. 그리고 그 대처는 전시 수준의 위기의식과 강도가 아니면 해결하기 어렵다는 절박감까지 얹어졌다.


### 기회로 살려보자는 최후의 의지처 그린뉴딜?


　어쩌면 늦었을지도 모른다는 자조와 함께 거의 최후의 의지처처럼, 평화적이고 사회적 해법으로 등장한 것이 '그린뉴딜 정책'으로 보인다. 그렇게 아직은 '기회'를 말할 수 있는 것 같다. 그레타 툰베리 가족은 이렇게 말한다. "위기가 곧 위기의 해결책이다. 위기에 처했을 때 비로소 우리의 행동 습관을 바꾸기 때문이다. 위기 상황에서 우리는 거의 모든 것을 해낼 수 있다."(툰베리 외 2018)

다만 조건이 있다. "우리는 이제 점진적으로 단계적인 접근법을 선택할 수 있는 입장"이 아니다. 왜냐하면 "온건한 조정 방식을 선택할 여지는 완전히 사라져" 버렸기 때문이다. 전면적이어야 한다. 사실 전시 상황과 같은 "위기의 상황에서 우리는 거의 모든 것"을 할 수 있다는 것을 실제로 제2차 세계대전 경험을 들어 나오미 클라인(Naomi Klein)은 이렇게 말한다. "제2차 세계대전 중 영국에서는 연료 절감 캠페인을 지원하는 뜻에서 단순히 기분 전환을 위해 자동차를 운전하는 일이 거의 사라졌고, 1938년부터 1944년 사이 미국과 캐나다에서는 대중교통 이용량이 각각 87%, 95%나 늘어났다. 1943년 미국에서는 2천만 가구가 텃밭을 직접 가꾸었는데 그해 미국에서 소비된 채소의 42%가 이 텃밭에서 수확된 것이었다."(클라인 2014)

사실 위기를 어떻게 변화의 계기로 만들 수 있는가는 신자유주의 보수 경제학자 밀턴 프리드먼(Milton Friedman)이 가장 잘 설명하고 있다. 그는 "오직 위기만이 변화를 만들어낸다. 위기가 닥치면 취해야 할 행동은 주위에 현존하는 아이디어에 의존하게 된다. 우리의 기본과제는 기존정책을 대체할 대안 정책이 정치적으로 불가능한(impossible)한 것에서 정치적으로 불가피한(inevitable) 것이 될 때까지 그것을 생존하고 적용 가능하게 개발하는 것이다."(밀턴 프리드먼 1982)

## 기후위기와 분배 위기는 연결되어 있다고?

그린뉴딜 정책이 기존의 환경운동이나 불평등 완화 대책, 또는 경기부양 정책과 특별히 다른 점은, 두 가지 위기의 근본 원인이 현재의 경제 시스템 안에 있다고 보고 경제개혁을 통해서 기후위기와 불평등 위기를 한꺼번에 해결해야 한다고 믿는다는 점이다. 그래서 그린뉴딜의 핵심이 "온실가스 배출을 순제로(net zero) 수준으로 떨어뜨리는 정책과 모두를 위한 일자리 창출, 경제 안전망 확보라는 두 정책의 결혼"이라고 말하기도 한다.(Carlock, Greg 2018)

우선 기후위기 대처 차원에서 보자. 앞서 기후위기 대처가 개인적('LED전구로 바꾸기') 또는 커뮤니티('재활용, 재사용, 줄이기, 지역화') 활동에 머물러서는 안 된다는 것이다. 점진적 해법이 통할 수 있는 시간이 지나버렸기 때문이다. 더욱이 현재 시장구조와 산업구조를 그대로 둔 채 탄소가격 책정 등으로 시장 가격 신호를 주어 변화를 유도하려는 정책이나, 친환경 기술로 탄소 배출을 완화시키려는 시도도 그 자체만으로는 매우 부족하다는 것이다. 2006년 공개된 그 유명한 스턴 보고서에는 "역사적으로 경기침체나 경제 격변과 관련해서만" 연간 1% 이상의 탄소 배출 감축이 이뤄져 왔다면서, 소소한 친환경 정책으로 지금의 기후위기를 막을 수 없다는 것을 명백히 하고 있다.

당연히 최근 그린뉴딜 제안자들은 경제구조와 산업구조에 대한 과감한 개혁이 수반되어야 한다고 주장한다. 특히 규제받지 않는 시장 만능 시스템이라고 비판받은 현재의 신자유주의 시스템 개혁이 필요하다는 것이다. 예를 들어 과거 많은 환경주의자들조차 규제가 완화되고 세계화된 금융 시스템에 기반한, 지배적 경제 시스템과 동떨어져서 생태 시스템을 사고하는 경향이 있었다면서 나오미 클라인은 이렇게 주장한다.

"탄소 배출량을 안전한 수준으로 낮추기 위해 적극 추진해야 할 여러 가지 기후행동은 신자유주의 시대의 세 가지 버팀목인 공공부문의 민영화, 기업에 대한 규제완화, 소득세 및 법인세 인하와 공공지출의 삭감과 결코 양립할 수 없다. 이 세 가지 버팀목으로 이루어진 이데올로기 장벽은 수십 년째 기후변화에 대한 모든 대응을 봉쇄해 오고 있다." 기후변화가 이렇게 현재의 경제시스템과 연결되어 있는 것은 물론이고, 소득과 부의 극심한 불평등은 더욱 명확하게도 경제시스템 문제에 뿌리를 두고 있다. 어떤 대목에서 보면 너무 당연하게도 "오염과 노동력 착취는 정비례"한다. 예를 들어 "하루 1달러의 낮은 임금으로 노동자들을 녹초가 될 때까지 혹사시키는 행위와, 탄소 대량 배출원인 석탄을 마구 태워 대는 행위의 이면에는 똑같은 논리가 숨어 있다는 것이다. 바로 비용최소화의 논리다."(클라인 2014)

　요약하면, 탄소 배출을 획기적으로 줄이려면 경제 격변 수준의 충격이 가해져야 한다고 했다. 또한 앞서 불평등의 벽을 허물어 올 정도의 충격은 전쟁이나 혁명 수준이 아니고서는 쉽지 않다고 했다. 결국 "경제라는 이름의 배를 뒤흔들어 대지 않고서는" 기후위기와 불평등을 해결하기가 쉽지 않다는 것이다. 이와같이 전쟁처럼 파괴적이거나, 생활수준을 50년 전으로 되돌리는 식의 역사적 후퇴가 아니라면, 그린뉴딜은 현재

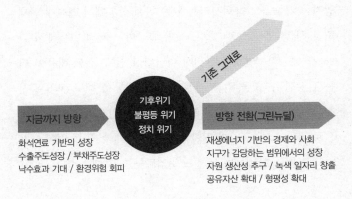

그린뉴딜은 방향 전환이다.

상황에서 남아있는 자원, 보유한 기술 등의 가능성을 최대한 이용하여 평화적이고 안전한 방법으로 전환을 이룰 경제개혁, 산업개혁, 도시개혁, 그리고 삶의 개혁을 전격적으로 이루자는 계획이라고 할 수 있다.


## 그게 가능해?

대전환을 하자는 전망을 하면 늘 나오는 얘기가 있다. 좋은 얘기이지만, 그렇다면 그것이 현실적으로 가능하냐고. 그러나 다시 성찰해볼 필요가 있다. 낙관론자들은 우리가 가용한 자원과 기술을 '거의' 가지고 있다고 말한다. 맞다. 꿈의 인공지능 기술을 상용화시키는 있는 현재 상황에서 기술적 잠재력은 사실 그 어느 때 보다 높다. 그나마 경제적 차원에서 활용 가능한 화석연료가 완전히 바닥나기 전에, 전환 비용이 더는 감당할 수 없을 만큼 커지기 전에, 행동을 해도 이미 완전히 늦어버리기 전에, 다른 모든 나라들이 앞서서 전환의 길목으로 가기 전에, 그나마 일할 수 있는 사람들이 일이 없어 대기하고 있는 동안에 그린뉴딜 프로젝트를 착수해야 한다.

물론 그래도 절대로 쉽지는 않을 것이다. 그래서 사람들은 그린뉴딜을 곧잘 1960년대 '달 탐사(moon shot) 10년 집중 프로젝트'에 비교한다. 1962년 당시 미국 케네디 대통령은 달을 조금 더 잘 보기 위해 망원경의 성능을 높이는 대신, 아예 달에 갈 수 있는 탐사선을 만들겠다면서 다음과 같은 연설을 남긴 것으로 유명하다.

"우리는 1960년대 안에 달에 가기로 선택했습니다. 그것이 쉽기 때문이 아니라 어렵기 때문에, 그것이 우리의 에너지와 기술을 최대로 조직하고 사용할 수 있기 때문에, 또한 우리가 기꺼이 하겠다고 받아들였기 때문에, 더 이상 미루지 않기로 했기 때문에, 결국 우리가 해내기로 마음을 먹었기 때문에 선택한 것입니다."(Pettifor 2019)

그 후 연간예산의 5%씩을 투입하면서 엄청난 지원을 했고, 결국 1969년에 달 착륙을 했다. 어쩌면 그린뉴딜 계획이 실현불가능하다고 주저하는 데는, 그린뉴딜이라는 새로운 아이디어의 낯섦 때문일 수도 있지만, 기존에 가지고 있었던 관성적 생각과 습관을 떼어버리지 못하기 때문일 수도 있다. 그린뉴딜이 가능해지려면 먼저 회색뉴딜에 젖은 생각을 버려야 한다.

# 02
## 그린뉴딜의 경제논리

**기후위기와 불평등을 정말 한 번에 잡을 수 있나?**

그린뉴딜은 전통적인 분류로 보자면 환경정책이면서 동시에 '거시경제의 방향을 바꾸자'는 경제정책이다. 특히 경제정책의 핵심목표를 성장률이나 경제 규모 확대에 두기 이전에 경제활동 과정에서 탄소 절대 배출량을 대폭 줄이면서 일자리를 창출하는 정책에 집중하여 기후위기와 불평등을 동시에 막자는 것이다. 물론 이 과정은 단순한 정부 경제정책 수단 메뉴의 변경만으로 이루어지지는 않을 것이다. 사실상 엄청난 경제제도와 구조개혁이 동반되어야 할 것이다.

왜냐하면 기후위기와 불평등 모두는 자본주의 시장경제

메커니즘 자체와 깊은 관련이 있기 때문이다. 예를 들어, 기후 변화는 단순히 시민들의 무분별한 과잉소비 때문에 생기는 것이 아니라, 탄소 배출—기후 온난화에 전혀 반응하지 못하는 시장 메커니즘 탓이 크다. 때문에 기후변화는 단순한 경제의 '부정적 외부 효과'의 문제가 아니라, '역사상 최대의 시장 실패'로서 대기의 무상사용이야말로 진짜 시장 왜곡이자, 대기를 훔쳐 쓰는 것이 진짜 보조금이라고 비판받는 것이다.

불평등도 마찬가지다. 오래전에 케인스는 불평등과 불완전 고용을 시장경제 스스로는 해결할 수 없다면서 이렇게 말했었다. "우리가 살고 있는 경제사회에서 나타나는 가장 큰 문제는 이 체제가 완전고용을 보장하지 못하고, 부와 소득을 임의로, 그것도 불평등하게 분배한다는데 있다."(케인스, 1936)

이렇게 자본주의 시장경제, 특히 신자유주의식의 시장 근본주의 그 자체로는 기후위기와 불평등을 계속 악화시킬 것이다. 결국은 단순한 시장 실패를 넘어 시장이 스스로 해결할 수 없는 기후위기와 불평등 악화를 방지하는 방향에서 경제활동이 조정되도록 국가가 개입하는 수밖에 없다.

그런데 이 대목에서 몇 가지 의문이 제기될 수 있다. 우선, 경제규모를 줄이지 않고서 기후위기를 방지할 만큼의 획기적인 탄소 배출 감축을 정말 달성할 수 있나? 10년 안에 탄소 배출을 절반으로 줄이자면, 산술적으로 경제규모를 현재의 반 토막으로 줄여야 하는데 정말 그렇게 하자는 건가? 지금까지 약 2%씩 성장해왔던 국가들에서는 35년 전의 경제, 35년 전의 삶으로 돌아가라는 건데 이게 가능한가? 절반은커녕 단 10%만 줄여도 이건 지난 2008년 글로벌 금융위기의 서너 배 충격을 주는 것인데 이게 말이 되나? 이걸 시민들이 감수할 수 있나? 나오미 클라인 말대로 "정부나 식자층들이 지구의 생존을 구하겠다고 나서는 그 순간, 이번 달의 생존을 걱정"해야 하는 수많은 시민들에게는 황당한 얘기로 들리지 않을까?(클라인 2019)

반대로, 불평등을 획기적으로 줄이고 완전고용을 달성하기 위해서 정부가 적극적으로 투자하고 경제에 개입을 하여, 결국 전체 경제규모를 늘려야 할 것이고, 성장을 해야 하는데 그렇게 하고도 '탄소 배출을 획기적으로 줄일 수' 있기는 한 건가? 일자리와 불평등 문제를 해결하지 못하고 있는 현재의 저성장 국면에서도 '탄소 배출량이 절대적으로 증가'하고 있는 마당에, 어떻게 일자리도 늘리고 분배 개선을 위해 경제적 파이를 키우면서도 탄소 배출량을 획기적으로 개선하나? 기술혁신으로 한다고 해도 지금까지 불가능했던 획기적인 기술이

## 다시 생각해보는 경제성장

위의 질문에 적절한 답이 있는지, 그 답이 그린뉴딜이 될 수 있는지 알아보자면 많은 이야기들이 필요하다. 우선 경제성장의 지표로 사용되는 국내총생산(GDP)부터 살펴볼 필요가 있다. 왜냐하면 지금까지도 경제정책의 핵심성과지표는 여전히 GDP이다. 미국 상무부가 '20세기 최대 발명품 중 하나'라고 칭송한 GDP는, 사실 어떤 대목에서는 뉴딜의 원조인 '루스벨트 뉴딜'의 산물일 수 있다.

자본주의 수백 년 역사에서 GDP지표를 이용해서 경제성과를 아주 실험적으로라도 측정하기 시작한 것이 1930년대부터이고 본격적으로는 제2차 세계대전 이후다. 경제학자 사이먼 쿠츠네츠(Simon Kuznets)가 산업생산 데이터를 처음 모아 보고서를 쓴 것이 1934년이라고 하고, 루스벨트의 2기 뉴딜부터 본격적으로 활용되기 시작했다고 하니 말이다. 그런데 GDP가 진짜 활용되기 시작한 것은 제2차 세계대전 시기라고 해서 GDP를 '전쟁이 낳은 자식'이라고도 하는데, 전쟁 과정에서 가장 중요한 역할을 하던 정부를 GDP 계정 안에 포함시켜서 현대적인 틀을 만드는데 공헌 한 것은 케인스라고 한다.(데이비드 필링 2018)

어쨌든, 파괴적인 전쟁 상황에서 전시물자조달을 위한 계획수립에 응용되던 탓인지, GDP에는 시장 가격이 매겨지지 않은 가사노동 등 많은 유용노동은 물론이고, 경제활동이 환경에 유해한지 무해한지를 담고 있지는 않으며, 국민경제 안에서 분배가 얼마나 공평하게 이뤄지고 있는지도 전혀 신경 쓰지 않는다. 자원이나 에너지가 얼마나 사용되는가도 쓰레기 배출이 얼마나 되는가도 제대로 알려주지 않는다. 한마디로 국민들의 웰빙이나 평등, 지속가능성을 측정하는데 GDP가 매우 무력하다는 것은 2008년 글로벌 금융위기 이후 지금까지 상당히 많이 얘기된 낯익은 것이다.

그래서 일반적인 GDP숫자 자체만 가지고 그린뉴딜이 성장률을 올릴 것인지 아닌지, 불평등 해소에 기여할 것인지 아닌지를 평가하는 것은 매우 어렵다. 다시 말해서 GDP의 기본요소인 민간소비, 민간투자, 정부지출(그리고 순수출)을 일반적 수준에서 검토한 후, 그린뉴딜로 성장할 수 있나 없나를 물어보면 대답하기가 어렵다는 것이다. 민간소비나 투자, 정부

지출을 확 줄여야 탄소 배출을 획기적으로 줄일 수 있는 건지, 아니면 민간소비를 촉진하고 투자 유도도 하고 정부재정 지출도 크게 늘려야 일자리를 늘리고 불평등도 줄일지 모른다는 것이다.

하지만 조금 구체적으로 들어가 볼 수는 있을 것이다. 예를 들어 좀 더 세분해서 자원 집약형 소비와 투자가 있고, 에너지 집약형 인프라가 있다. 반면 자원 처리량(throughput)의 추가적 증가가 적고, 따라서 환경에 부정적 영향을 주지 않는 소비와 투자들, 예를 들어 건강과 교육, 문화활동, 그리고 자원과 에너지를 보존하는 투자들이 있을 수 있다. 이런 식으로 더 들어가서 어떤 부문을 줄여야 탄소 배출을 감소시킬 수 있고, 어떤 부문을 늘려야 탄소 배출 증가 없이 일자리나 사람의 질을 높일 수 있는지를 찾아볼 수는 있지 않을까?

**탈동조화(decoupling)일까 아니면 탈성장(degrowth)이어야 할까?**

그런데 이 대목에서 가장 중요한 질문은 이것이다. 경제와 탄소 배출 관계는 어떻게 되는가? 즉, 경제를 성장시키면서도 탄소 배출을 줄일 수 있는가 하는 점이다. 만약 이게 가능하면 큰 걱정이 없을 것이다. 그러나 지금까지 우리가 경험한 것은 경제성장 ➡ 에너지 사용 증가 ➡ 화석연료 사용 증가 ➡ 탄소 배출 증가의 쳇바퀴다. 그런데 경제는 계속 성장하면서도, 탄소 배출은 상대적으로뿐 아니라 절대적으로 줄어드는 '탈동조화'가 앞으로 일어날 수 있을까?

탄소 배출량증가속도가 상대적으로 느려져서 해결될 문제가 아니라 절대적 감소, 그것도 10년 안에 절반을 줄이는 정도의 상당한 규모로 감소시켜야 한다. 당연히 화석연료사용도 절대량을 대폭 줄이고 조만간 아예 사용하지 말아야 한다. 이것이 그린뉴딜의 제 1목표이자 과제다. 이는 경제성장과 탄소 배출의 절대적 분리, 절대적 탈동조화를 전제한다. 동시에 현재 경제규모– 생산과 소비의 대폭 감소를 통해서가 아니라, 화석연료의 폐기와 재생에너지 전환/효율화를 통해서 일자리를 만들면서 탄소 배출을 감소시키자는 것이다. 오히려 일자리 안정, 빈곤층의 삶의 질의 향상을 뜻하는 불평등 해소와 함께 가겠다는 것이다.

하지만 현실은 간단치 않다. 역사상 독일, 영국, 스웨덴, 미국 정도가 아주 최근에 절대적 탈동조화 경험을 했단다. (답답하게도 한국은 상대적 탈동조화조차 미약한 수준에서 경험하고 있는 수준이다.) 물론 2030년까지 탄소 배출을 절반 수준으로 줄이는 정도의 큰 폭의 탈동조화 하고는 거리가 한참 멀다. 이것만이 아니다. 더 냉정하게 따져보면, 이들 탈동조화 국가들조차도, 주요 에너지 집약형 산업의 해외이전이나 주요 공산품을 수입하는 방식으로 탄소 배출을 줄였을 뿐이라는 비판을 받고 있는 형편이다. 심지어 개발도상국에서 생산되어 선진국에서 소비되는 상품이 발생시킨 탄소 증가량이, 선진국에서 감축한 탄소량의 여섯 배에 이른다고 한다. 또한 2002~2008년 사이 중국의 총 이산화탄소 배출량 가운데 45%가 수출용 상품생산에서 비롯되었다고도 한다.

따라서 탈동조화는 글로벌 수준에서 수입과 수출을 모두 고려해야 하고, 지금보다 훨씬 더 파격적인 조치가 필요하다. 에너지 전환과 효율화를 위한 더 획기적인 투자는 물론 절대소비량의 축소가 동반되어야 한다.(탈동조화는 22장에서 다시 한 번 더 살펴볼 것이다.)

그러면 아예 탈성장은 어떤가? 앞서 말한 것처럼, 산술적으로 경제규모와 탄소 배출이 비례한다고 가정할 때, 10년 안에 탄소 배출을 절반으로 줄이려면, 절반으로 경제규모를 줄여야 한다는 뜻이다. 지난 글로벌 금융위기 이후 대침체 동안 글로벌하게 약 3000만개의 일자리가 사라졌는데, 경제규모를 단 10%만 줄여도 지난 2008년 글로벌 경제위기의 4배 이상의 충격을 받아야 한다. 현실적으로 인류가 감당 불가능하다.(Pollin 2018)

탈성장은 생태경제학자 허먼 데일리(Herman Daly)등이, 존 스튜어트 밀이 19세기 중반에 얘기했던 '정상상태 경제(Steady state economy)' 개념을 빌려와서 생태 한계 안에서의 성장을 주장한 것과 이론적으로 연결시킬 수 있다. 모든 경제변수가 이른바 '최적 규모'라는 것이 있는데, 이상하게도 거시경제성장에만 최적규모라는 것을 고려하지 않는 '무한성장'가정을 하고 있다는 것이 데일리의 비판이다. 그에 따르면 경제시스템은 자연(지구)라는 시스템의 하위 시스템이기 때문에 지구가 감당가능한 범위 안에서의 '최적 규모'라는 것이 당연히 있을 수 밖에 없다고 얘기한다. 최적 규모는 자연과 경제 사이에 오가는 처리량을 지구가 감당할 있는 수준에서 결정되는 규모다.(허먼 데일리 1992)

생태경제학에서는 자연의 하위 체계로서 경제를 보기 때문에, 자연에서 자원과 에너지를 추출해서 경제로 투입하고 다

시 경제에서 자연으로 배출되는 쓰레기를 처리량(throughput)
이라는 개념으로 포착한다. 데일리는 경제가 계속 성장하여
생태의 한계범위까지 이르면, 더 이상 양적인 성장이 이뤄지
지 않는 정상상태에 이를 것이라고 전망했다. 물론 기술혁신
과 윤리적 개선은 무한이 계속될 거라는 여지를 남겨놓았다.
많은 이들은 인류가 지금 선진국이 소비하는 것처럼 소비를
감당하려면 지구가 4개쯤 필요하다고 한다. 그러면 이미 지구
라는 생태의 감당 범위를 한참 넘어서 정상상태에 이른 것이
므로 더 이상의 성장은 불가하다고 봐야 하나? 아니 탄소 배
출을 지구가 감당할 수준까지 지금의 경제규모조차 대폭 축
소시켜야 하나?


**시장 오작동 한계와 생태적 한계**


　그런데 여기서 한 가지 확인할 것이 있다. 지금 세계경제나
한국경제가 저성장에서 헤매고 있는 것은 생태적 한계에 직면
하여 발생한 게 아니라, 시장경제가 제대로 작동하지 않고 정
부정책까지 실패하면서 활용 가능한 자원, 특히 인력이 제대
로 활용되지 않으면서 발생한 것이라는 점이다. 그래서 실업이
나 고용불안, 소득 불안이 항상화되고 있는 것이다. 다시 말해

한편으로는 ,지구가 감당 불가능한 규모로 경제가 커져가고 있는 것도 문제지만, 지금 경제문제의 상당부분은 경제 내부의 시장기제들의 오작동, 특히 금융의 오작동이나 정부정책 실패 등으로 발생하고 있는 문제들이 많다는 것이고, 그 때문에 저성장의 늪에서 빠져나오지 못하고 있다는 것이다.

장래에 탈성장 논리에 따라 정상상태의 경제로 가는 것을 부인할 필요는 없다. 하지만 당장 지금의 엄청난 고용불안, 소득불안, 청년실업을 그대로 안고서, 현재가 정상상태이니 이대로 가자고 할 수는 없는 게 아닌가? 어쨌든 지금 한편에서는 경제규모의 확대가 생태적 한계에 직면한 대목이 있으며 그것은 감당할 수 없는 탄소 배출로서 명확히 입증된다. 동시에 지금은 생태적 한계와 무관하게 시장경제의 오작동으로 인해 가용한 물적 인적 자원들이 사용되지 않거나 잘못 사용되어 많은 이들이 고용불안과 소득불안으로 어려움을 겪고 있기도 하다.

어찌 해결해야 하나? 우선 지구의 한계범위를 유지하기 위해 무조건 탄소 배출을 절대적으로 대폭 감축해야 한다. 틀림없이 10년 안에 탄소 배출을 절반으로 줄여야 한다는 요구는 경제측면에서 보면 어마어마한 압력이 아닐 수 없다. 동시에,

현재 시장의 오작동으로 인해 파생된 고용불안과 경기침체에서 벗어나고 불평등도 완화해야 한다. 단, 고용불안과 경기침체에서 벗어나기 위한 성장전략을 펴는 방식을 과거처럼 한다면, 화석연료나 자연자원을 대거사용하면서 탄소 배출을 통제하지 않을 것이고 그 결과 기후위기를 자초할 수 있다. 한국 정부가 발표한 2020년 경제정책방향이 딱 그렇다.

### 정부는 어떤 선택을 해야 할까?

지금부터는 정부가 고용불안과 경기침체에서 벗어나려면 시장의 오작동을 교정하면서도 동시에, 절대적 탄소 배출 대폭 감소라는 새로운 도전에 맞서, '완전히 다른 유형의 성장전략'을 채택하거나, 아예 생태를 고려한 낮은 성장, 또는 무성장을 선택해야 하는 기로에 서 있는 것 같다. 과연 기후위기 차원에서 보나, 경제와 분배 차원에서 보나 전시에 준하는 비상사태라는 말이 어울릴지 모른다.

실천적인 해법을 찾자면 앞서 말한 대로, 추상적 수준에서 경제성장이 긍정적이냐 부정적이냐를 말하는 것 보다는, 경제의 어느 부분을 확대해야 하고, 어떤 부분을 대폭 축소해야

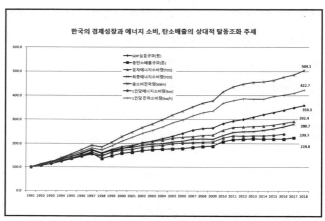

한국의 경제성장과 에너지 소비, 탄소배출의 상대적 탈동조화  추이(출처 : 통계청)

하는지를 구체적으로 따지는 것이 아주 중요하다. 일방적으로 경제규모를 절반으로 축소시키는 방식으로 탄소 배출 감축에 대응하는 것이 불가능하다면, 이것이 최선의 길일 것이다.

이때 중앙정부와 지역정부의 역할이 중요하다.(사실 더 나가면 글로벌 협력이 더 중요할지도 모르겠다. 나오미 클라인은 그래서 기후위기 대처를 '글로벌 마셜 플랜'에 비유한다.) 특히 통화정책만으로는, 정확히 특정해서 에너지 집약형 부문을 줄이고, 생태 친화적인 부분을 확대하기 어려우므로, 재정정책이 그린뉴딜의 가장 핵심정책이 될 것이다. 아마도 대체로 노동집약적인 분야들이 중요할 것이다. 덧붙여 노동시간 단축으로 더 많은 이들을 고용할 수 있을 것이다. 정부는 재정수단, 조세정책, 규제정책 등을 완전히 재구성하여, 자원과 에너지를 많이 쓰는 항목들(에너지 집약형 소비 + 에너지 집약형 자본 투자 + 에너지 집약형 정부소비 +에너지 집약형 정부투자)을 줄이고, 대신 노동 집약형소비 + 에너지 보존형 자본투자 + 인적자본투자 + 에너지 보존형 정부투자 + 인적자본 정부투자 등을 확장시킬 수 있을 것이다. 이를 '그린 확장재정정책'이라고 부를 수 있다.(Harris 2013)

특히 시민들이 얼마만큼의 에너지 소비를 하든 관계없이, 그리고 경제활동이 어떻게 일어나든 관계없이 화석연료는 '절대적 수준'에서 신속히 축소되어야 한다. 일단 온실가스의 70%책임이 있는 화석연료 기반 인프라를 신속히 축소시키고, 이를 대체 할 재생에너지 인프라를 대폭 확대해야 한다. 이것이 산술적으로 순 경제성장을 할지 아니면 축소가 될지는 알기 어렵다. 즉, 화석연료 사용의 대폭 축소로 인한 경제규모 축소가 재생에너지 대폭 확대를 통한 경제규모 확대로 얼마나 상쇄될 수 있을지는 알 수 없다. 확실한 것은 재생에너지 전환을 위한 대규모 투자, 이를 뒷받침할 경제적 자원 동원은 경기를 대체로 성장시킬 것이라는 점이다.

# '그린뉴딜'의
# 핵심전략

# 03
## '기후위기'는 어떻게
## 사회의 중심 이슈로 부상했을까?

**기술혁신만으로 기후위기를 막을 수는 없다**

몇 가지 질문을 던져보자. 첫째, 화석연료 사용을 완전히
폐기하지 않은 채, 기술혁신으로 기후변화를 통제할 수 있나?
없다. 그러면 반대로 둘째, 화석연료 사용을 없애나가는 탈-
탄소 전환은 기술혁신 없이 가능한가? 이 역시 어림없는 얘
기다. 마지막으로, 기술혁신으로 탈-탄소 전환을 하면, 기후
변화가 통제되는가? 유감스럽게도 아닌 것 같다. '반등효과
(rebound effect)' 등으로 기후변화가 줄어든다 싶으면 다시 자
원 사용량을 늘릴 것이기 때문이다. 결국 지구생태 감당 수준
으로 수요관리를 적절히 해야 한다. 필요한 수준에서 에너지
와 자원의 수요 자체를 줄여나가야 한다는 것이다. 이는 기술

의 문제라기보다는 삶의 가치와 방식 문제일 수 있고 제도의
문제일 수 있다.


## 기후위기는 얼마나 절박한 위협인가?

그런데 삶의 가치나 제도를 근본적으로 개혁하자면 위기의
강도와 파장에 대해 사회적으로 제대로 공감이 되어야 한다.
즉, "우리사회의 구성요소, 곧 우리 경제를 움직이는 에너지,
우리가 사용하는 운동방식, 우리가 살고 있는 대도시의 디자
인을 바꾸는 일은 수표 몇 장 발행하는 것으로 달성할 수 없
다. 정부의 모든 부문에서 장기간에 걸친 과감한 계획을 마련
해야 한다. 우리를 위험으로 몰아넣는 오염의 주역들에 적극
적으로 맞서야 한다."(나오미 클라인 2014).

하지만, 아직 한국사회의 위기지수는 아직 미세먼지까지인
것 같다. 어쩌면 미세먼지만으로도 정신없다는 분위기다. 하
지만 우리가 느끼지 못한다고, 인정하지 않는다고 있는 위기
가 없어지는 것은 아니다. 우리만 위기를 모르쇠 하는 것도 불
가능하다. 대기과학자 조천호 박사는 "미세먼지가 불량배라면
기후위기는 핵폭탄"이라며 미세먼지에 갇혀서는 안 된다고 강

조한다. 특히 최근 1~2년 동안 위기에 대한 경고 강도가 더는 외면할 수 없을 정도로 높아졌다. 일부 다큐멘터리 영화 얘기가 아니다. 최고 공식기관의 공식적인 발표들이다.

유엔은 우리가 2030년까지 신속한 조치를 취하지 않는다면 돌이킬 수 없는 결과를 초래할 것이라고 경고한다.

"1.5도 온난화에서는 곤충의 6%, 식물의 8%, 척추동물의 4%만이 서식지 절반을 잃지만, 2.0도에서는 비율이 각각 18%, 16%, 8%로 두 배 이상 늘어난다. 툰드라가 관목지대로 변하는 등 다른 유형의 생태계로 전환될 위험에 놓이는 면적도 2.0도 온난화 때 두 배가 많아진다. 중위도 극한 폭염 기온이 1.5도 온난화에서는 3도 상승에 그치지만 2.0도에서는 4.5도까지 치솟는다."(유엔의 「1.5도 특별보고서」)

덧붙여 유엔사무총장은 기후위기로 인해 "다시 돌아오지 못할 지점(환경 복원이 불가능한 수준)이 더는 지평선 너머에 있지 않으며 가시권에서 우리를 향해 세차게 다가오고 있다"고 경고한다. 2019년 11월에는 세계 153개국 과학자 1만1258명도 "기후 위기는 대부분의 과학자들이 예상했던 것보다 더 빠르게 진전되고 있다"며, "이는 예상보다 심각해 인류의 운명을 위협하고 있다"고 말했다. 이어 "특히 우려되는 것은 지구가 회복할 수 없는 기후의 '분기점'에 다다르는 것"이고, "더는 통제할 기회를 잃는다는 것이 바로 '재앙'"이라고 경고했다. 기후위기가 전쟁에 비유된다는 얘기가 과장이 아닌 것이다.(연합뉴스 2019.12.02)

## 사실 한국은 더 심각하다

한국에서는 기후위기를 실감하지 못한다고 한다. 하지만, 한국의 이산화탄소 농도는 평균 415.2ppm으로 지구 평균보다도 7.4ppm이 높다. 한반도 평균기온도 지난 10년 단위로 평균 0.18도씩 올랐으니 100년 동안 1.8도 올랐다는 얘기가 된다(2050 저탄소사회비전포럼 2020). 특히 미세먼지와 이산화탄소 배출 모두에 막대한 영향을 미치는 한국의 1인당 석탄 소비량은 1.73 TOE로 세계에서 호주(1.77 TOE)에 이어 두 번째다. 석탄 대국인 중국(1.35 TOE)보다도 높다. 그러다 보니 한국의 기후변화대응지수는 총 61위까지 매기는 조사에서 58위로 사실상꼴찌다.(연합뉴스 2019.12.10) 한국사회는 미세먼지뿐 아니라 기후위기에 직접적으로 직면할 개연성이 다른 어떤 나라들보다 높다는 뜻이다.

지금 미세먼지로 대표되는 환경문제가 이미 일상과 경제, 사회문제로 들어와 있는데도 불구하고, 경제와 사회의 외부 문제로 돌리는 경향이 있다. 독일 사회학자 울리히 벡(Ulrich Beck)의 말대로 이는 모든 오늘의 문제를 과거의 경험에만 의존해서 생각하는 버릇 때문일지 모른다. 미래의 위험에 대한 인식, 미래 위험의 예방과 대처 차원에서 오늘의 문제를 보지 못하는 습관 때문일 수 있다는 얘기다.

# 04

## '포용'이라는 포장으로는
## 감춰질 수 없는 불평등

지금 기후-경제위기, 기후-불평등위기라고 하지만 사실 불평등과 기후위기는 닮은 점이 많다. 정책결정자들이 모두 해결하겠다고 공언을 하지만 번번이 약속을 안 지킨다는 점에서 닮았고, 약속 안 지켜서 이익을 보는 것은 최상위 부자들이고 손해는 서민들이라는 점에서도 비슷하다. 반복적으로 약속을 안 지키면서 사회전체의 불안정과 위험도가 점점 커지고 나중에는 감당이 안될 수 있다는 점도 유사하다. 그리고 둘 다 기존 경제시스템의 결함에서 유래했다고 하는 같은 문제의 뿌리를 가지고 있다.

## 밀물은 비싼 요트만 들어 올려준다

"밀물은 모든 배를 띄워 올린다."

케네디가 남겼다는 이 말은, 일정한 수준의 불평등이 사회 안에 있다고 해도 경제성장이 부자나 가난한자나 모두에게 혜택을 줄 것이므로 크게 사회문제가 안 될 수 있다는 의미로 해석되었다. 이 명제는 더 큰 성장을 통해 빈곤도 어느 정도 해결하고, 불평등 사다리의 아래쪽에 있는 부분도 혜택을 입게 하면 된다는 생각을 퍼트렸다. 비록 더 큰 성장이 더 많은 자원과 에너지를 소모할지라도. 2008년 글로벌 금융위기 이후 불평등이 10년 넘게 전 세계의 가장 심각한 문제로 굳어지자 노벨 경제학 수상자 스티글리츠는 케네디의 말을 이렇게 바꿨다. "밀물은 큰 요트들만 들어 올릴 뿐이고 대부분 작은 배들은 뒤에 남겨진다."(Stiglitz 2019)

지난 100년 동안 자본주의 역사에서 불평등이 최고조로 올랐던 시기는 1929년 대공황 직전과, 2008년 글로벌 금융위기 직전이다. 이 시기 두 번의 거대한 불평등이 정점에 오른 뒤 1929년 대공황이 터졌고, 2008년 글로벌 금융위기가 터졌다. 앞의 대공황은 루스벨트 뉴딜정책과 이어진 제2차 세계대전으로 해소되어 1950~70년대까지 대압착(Great Compression) 시기라 불리는 상대적으로 평등한 시절이 이어진다. 하지만 뒤의 2008년 위기는 오히려 조기 위기수습에 성공했음에도 불구하고, 지금까지 세계적 차원에서도 한국에서도 불평등을 제대로 해결하지 못한 채, 2020년 지금까지도 불평등은 '사회의 시한폭탄'으로 점점 악화되고 있는 중이다.

## 어설프게 경제위기를 해결한 결과?

왜 그런가? 미국 노동부장관을 지낸 경제학자 로버트 라이시(Robert Reiche)는 이렇게 진단한다.

"역설적이게도, 오바마가 경제 붕괴를 미연에 성공적으로 방지했기 때문에, 더 큰 난제를 해결해야 한다는 절박감과 시급성은 약화되고 말았다. 건강보험 적용 대상 확대 외에는 갈수록 심해지는 근원적 문제, 즉 애클스가 대공황의 원인으로 파악한 '불균형 심화 문제'를 경감하는 조치는 거의 취하지 않았다."(로버트 라이시 2011)

미국뿐만이 아니었다. 미국과 유럽, 아시아의 모든 국가들이 2008년 글로벌 금융위기가 터지자 1929년 대공황의 기억에서 학습을 했다. 재빨리 중앙은행을 내세워 금리를 내리고 구제금융을 약속해서 신용경색을 막아낸다. 이어서 비록 졸속이지만 신속하게 G20정상회의를 소집해서 무역마찰이나 보호무역주의로 상황이 악화되는 걸 방지하는데도 성공한다. 그러고 나자 긴장이 풀린 정부와 거대기업들은, 위기의 교훈을 잊고 재정 건전성을 이유로 실물경제가 회복되기도 전에 재정긴축 요구한다. 구제된 지 얼마 되지도 않아 다시 임원 보너스 파티를 하고 주식시장과 주택시장 등 자산시장을 띄우면서 거품을 일으켰지만, 노동자와 중산층의 일자리 안정화나 사회복지 확대는 소홀히 한다. 그 결과 불평등 지수는 내려가기는커녕 다시 정점을 치고 올라간다. 99%시민들이 월가점령운동, 분노하라 운동을 일으켰지만 아랑곳하지 않는다.

사실 최초의 그린뉴딜이 2008년에 나왔음에도 단명으로 그치고 우리 기억 속에서 사라져 간 것도 이런 맥락과 관련이 있다. 서구에서 그린뉴딜이 잠시 유행한 틈을 타서 이를 긴급수입해서 4대강 정책 포장에 사용한 이명박 정부의 녹색성장도 이런 역사적 배경이 있다. 결국 경제정책이 불평등을 풀어주지도 못하고, 시민의 저항에도 전혀 반응하지 않자, 최후에 나온 정치적 귀결은 미국 트럼프 대통령과 같은 '우익 포퓰리즘'이었다. 극단적이고 파괴적으로 답답한 현실을 바꾸자는 쪽에 유권자들이 몰린 탓이다. 이렇게 불평등 위기는 정치위기로 전이된다.


### '포용성장'이라는 아름다운, 그러나 아무짝에도 쓸모없는.


그러는 긴 시간동안, 불평등은 경제정책 본류의 과제가 아니라며 시종 외면해왔던 국제기구인 IMF와 OECD등에서 2010년부터 불평등 문제를 거론하면서 "불평등이 장기적인 성장기조를 해칠 수 있다"는 식의 의외(?)의 보고서를 내는 등 변화된 행보를 보인다. 그리고 언제부터인가 "포용적 성장"이라는 신조어를 만들어내면서 불평등 문제를 정책기조 안에 넣은 것 같은 모습을 취한다.(조너선 오스트리 외 2020)

그린와싱(greenwashing)이라는 말이 있다. 우리말로 하면 '위장 환경주의' 쯤으로 되는데, 환경을 중시하는 것처럼 표방하지만 실제로는 여전히 이익만 중시하는 기업들을 빗대는 용어다. 냉정하게 평가하면 '불평등 와싱(inequality washing)'이라는 말을 써도 좋을만큼, 기득권 세력들이 불평등 해소나 포용성장을 자주 얘기하지만, 실제로는 불평등을 제대로 줄이는데 큰 효과가 없는 의례적인 정책메뉴들을 구색 맞추기로 넣는 것이 아닌가 하는 의문이 들때가 많다. 포용을 자주 언급하는 것도 그 사례다. 한국이라도 해서 크게 다르지 않다.

최근 목표가 분명치 않은 '지속가능 성장'이라는 용어에 대
해 비판이 많은 것처럼, 내용이 뚜렷하지 않은 '포용성장' 역시
동일하게 비판받아 마땅하지 않을까? 이제 불평등 해소는 두
리뭉실한 '포용성장' 용어로 포장할 것이 아니라, 명확한 해소
목표와 방법이 나와야 한다. 한국같은 경우는 그나마 불평등
이 낮았던 1990년대 초반 수준으로 되돌려 놓는 것을 정책목
표로 분명히 하는 것이 하나의 예시일 것이다.

어쨌든 불평등의 장기화가 낳은 최악의 결과가 있다면 그
것은 불평등이 세대를 건너 세습되는 것이 아닐까 싶다. 21세
기 문명사회가 다시 세습사회로 전환되고 있는 것이다. 미국이
나 한국이나 지금세대 보다 다음 세대가 더 못할 것이라는 전
망이 이제 당연한 듯이 받아들여질 정도로 미래가 어둡다. 불
평등과 기후위기야 말로 현재와 미래를 어둡게 하는 양대 요
소임에 틀림없는 것이다. 지금 청년문제의 가장 깊은 뿌리는
아마 여기에 있을 것이다.

## 불평등의 경제적 토대를 어떻게 뒤흔들 것인가?

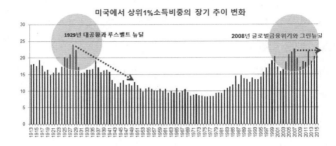

미국에서 상위1% 소득비중의 장기 추이 변화(출처 : WID 웹사이트)

그러면 2008년 글로벌 금융위기에도 흔들리지 않았던 불평등 사회구조를 어떻게 흔들어야 하나? 20세기에 평화적 불평등 완화를 현실화시킨 단 하나의 제대로 된 사례가 1930년대 미국 루스벨트 대통령의 뉴딜이었다면, 21세기에는 어쩌면 기후 위기에 대처하는 그린 뉴딜이 그런 역할을 해 줄 수 있지 않을까? 이제는 인간 자신들의 전쟁이나 갈등, 아니면 대규모 유행병 같은 것이 아니라, 기후위기라는 자연의 압박아래 인류가 다시 한 번 지혜를 발휘할 수 있지 않을까

확실히 '기후 경제위기(climate & economic crisis)'라고 표현

될 현재의 상황은, 한편으로는 재난 수준의 지구적 위기를 피하기 위해서 온실가스 감축을 해야 할 시간이 10년밖에 남지 않았다는 강력한 압박을 인류에게 가하고 있으며, 다른 한편으로는 지난 2세기 이상 인류가 의존하며 번영을 약속했던 화석연료 기반의 사회경제 시스템으로부터 분리되어(decoupling) 재생에너지 기반의 새로운 사회경제 시스템으로의 전환이라는 큰 변화와 기회를 예견해주고 있을지 모른다.

# 05
## 지금처럼 '화석연료
## 의존 경제'가 계속되면?

　아직 한국사회는 2020년 현재까지도 국내정치나 사법개혁 이슈에 몰입되어, 그 뒤의 더 밑바닥 위험에 관한 관심에서는 한 발 물러서 있는 것 같다. 예를 들어 기초자산 등을 통해 불평등을 정면으로 해결하자거나 , 기후위기에 맞서자는 의제들은 아직 본격적으로 다뤄지지 않고 있다. 하지만 불평등이나 기후위기는 우리가 인정하든 하지 않든 우리 삶의 중심반경으로 들어오고 있는 게 아닐까?

### 기후– 경제위기에 대처하는 세 가지 선택

　그러면 기후경제위기에 '제대로' 대처하기 위해서 지금부터

해야 할 것은 뭘까? 대체로 세 가지 선택이 있지 않을까 싶다. 첫째는 하던 대로 한다. 즉 앞서 말한 대로 불평등 대처한다고 '포용성장'을 말로만 반복하고, 기후위기 대처한다고 '지속가능성장'을 말로만 반복하는 식이다. 하지만 이제부터 10년 동안에 이런 식의 해법은 감당 불가능한 충격을 불러일으킬 것이라는 경고가 쏟아져 나오고 있다.

따라서 첫 번째 선택을 버린다면, 명확한 것은 "책임 회피하지 말고 제대로 탄소 배출 10년 안에 절반 줄이자"는 대전제를 받아들여야 하고 이게 모든 정책의 입구가 되어야 한다. 이 대전제를 받아들일 때 선택할 수 있는 둘째는, 탄소 배출이 절반수준이던 시절로 경제규모를 대폭 축소하는 방안이다. 이것은 한국경제와 시민의 삶을 30년 전으로 되돌리자는 얘기일 수도 있다. 이는 앞으로 10년 동안 외환위기를 다섯 번쯤 겪어야 할 만큼 충격적이어서 감당하기가 쉽지 않다. 아마 자발적으로 선택할 개인이나 사회는 없을 것이다.

결국 남은 선택이자 세 번째 유일한 선택은, 전사회적인 역량을 동원해서 탄소기반 경제를 버리고 탈-탄소 경제로 급격히 이동하면서 소비를 통제하는 그린뉴딜 방향의 전환이다. 나중에 더 풀어보겠지만 이를 위해서는

❶ '경제의 적정 규모를 새롭게 생각'하는 경제에 대한 가치 관의 변화를 수반해야 하고,

❷ '고도의 기술혁신으로 재생에너지 전환이나 자원과 에너지 효율화'를 달성해야 하며,

❸ 무한한 규모 확대를 포기하는 대신 '적정한 규모 안에서의 더 공평한 분배와 공유'를 실현할 방안을 찾아 한다. 당연히 감당하기가 절대로 쉽지 않다. 그래서 '전시 상태' 정도의 위기의식을 요구하는 것이다.


## 남태평양 작은 섬 '나우루 섬'의 저주가 말해주는 것

이렇게 셋 다 감당하기가 만만치 않다. 그러면 정치적으로 실현하기 어렵고 너무 감당 불가능한 것을 압박하기 보다는, 차라리 첫 번째 선택범위, 지금처럼 포용성장/지속가능성장을 더 공정하고 더 환경 친화적으로 노력하는 선에서 최선을 다 한다면 어떨까? 하지만 2019~2020년 호주산불이 기후위기에 대한 부실한 대처의 예고편이라면 어쩔 건가? 기후급변의 요인이 크게 작용한 탓에 무려 5개월 넘게 10억 개체가 넘는 동물을 죽음으로 이르게 하면서 번지고 있는 호주 산불에 지금 경악하고 있지만, 만약 10년 안에 탄소 배출을 절반으로 줄여

서 지구온난화를 1.5도 이하로 방어하지 못한다면 이 그이상이 될 거라는 경고를 감당할 수 있을까?

사실 지금 같은 탄소기반 사회의 결말을 보여주는 사례로, 과거에는 남미의 '이스터 섬'을 떠올렸지만, 최근에는 남태평양의 '나우루 섬'의 비극이 더 가까운 사례로 거명된다. 울릉도 1/3크기, 인구 만 명 정도의 남태평양 작은 섬 나우루가 주목 받은 것은 1백 년 전 이 섬에 비료로 사용되는 인광석이 엄청나게 매장되어 있다는 사실로 주목받기 시작하면서 부터였다. 인광석으로 덮여있는 이 조그만 섬 국가는, 호주 등 서방국가들에게 인광석 채굴을 대규모로 허용하여 번 돈으로 1970~80년대에 엄청난 부를 누려서, 당시 국민소득이 미국보다 많은 무려 2만 달러에 이를 정도였다.

당시의 회고담을 들어보면 "제가 어렸을 땐 이랬어요. 파티에 가보면 사람들이 아기들에게 수천달러씩 주곤 했죠. 첫 번째 생일, 여덟 살 생일, 스물 한 살 생일, 그리고 쉰 살 생일엔 특히 호화판 파티를 열었고요. 사람들이 돌쟁이 아기 생일 선물로 자동차나 1백 달러짜리 지폐 여러 장을 넣어둔 베개를 가져왔다니까요."(나오미 클라인 2014)

그런데 인광석이 고갈되고 섬이 완전히 파헤쳐지기 시작

한 1990년대부터 상황이 급반전한다. 다급해진 나우루는 온갖 투기적인 유령 금융회사들에게 검은돈 세탁을 허용하는 조세회피지대를 자처하면서 경제 명맥을 이어나가고자 했다. 하지만 그나마도 2001년 9.11테러 이후 미국이 테러용 자금줄을 막아버리면서 어렵게 된다. 이후, 나우루는 호주에게 '난민 수용소 부지'를 제공하는 식으로 국가를 연명한다. 하지만 호주로 들어오는 난민을 감금해온 나우루 난민 수용소는 온갖 고문과 잔혹한 처우로 악명을 떨치면서 더욱 곤란한 처지에 몰린다.

### 지금 살던 대로 사는 방식, 그 비용과 결과를 감당할 수 있을까?

지금 나우루는 국민소득이 2,500달러 수준으로 폭락했고, 자원의 90%가 고갈된 데다 재정마저 파산상태에 이른 '비극의 국가'로 회자되고 있다. 나오미 클라인은 나우루의 비극을, "오염물질을 배출하는 채취산업에 기반한 경제 시스템이 초래하는 자멸적인 결과를 가장 여실하게 보여"준다고 진단한다. "나우루는 지난 100년 동안 진행되어 온 인산채취 산업으로 인해 내부적인 파멸이 위기에 직면해 있을 뿐 아니라" 지구온난

화와 해수면 상승으로 섬이 바다에 잠길 위기에까지 몰려 있는 상황이다.(나오미 클라인 2014)

나우루의 비극이 기정사실화 된 2011년 당시 나우루 대통령은 뉴욕타임스 인터뷰에서 이렇게 말했단다. "나우루는 선택권을 잃어버린 나라가 어떤 문제에 직면할 수 있는가를 보여준다. 세계는 석탄과 석유를 거리낌 없이 태우면서 나우루와 똑같은 길을 걷고 있다. 화석연료 사용이 지구 기후를 변화시키고 만년설을 녹이고 해양을 산성화시키면서, 우리는 깨끗한 물이나 기름진 땅, 풍부한 농산물이 더 이상 당연하지 않은 상황으로 점점 더 가까이 다가오고 있다."(나오미 클라인 2014)

우리도 질문해볼 필요가 있다. 가까운 장래에 거의 모든 나라들이 직면할 이런 상황을 우리는 감당 가능한가?

# 06
## 탄소 배출 절반감축의 경제적 의미

　2020년대 시점에서는 더 이상 불평등도 기후위기도 피해 가기 어렵고, 그렇다고 포용성장이나 지속가능한 성장이라는 말로 뭉갤 수도 없다고 한다면 해답은 분명하다.

　경제와 산업, 도시와 시민의 삶을 어떻게 바꿔나가든 "앞으로 10년 안에 탄소절반 줄이기"를 일단 수용해야 한다. 그러면 남는 질문은 이것이다. "어떻게?"

### '탄소 배출을 반으로 줄인다'는 것은 경제적으로 뭘 뜻하는가?

　그런데 '탄소를 절반으로 줄인다'는 것이 경제적으로는 무엇을 의미하는 것일까? 한마디로 경제가 생산과 소비활동을 한 후 생태계로 배출하는 '이산화탄소라는 폐기물' '처리량'을 절반으로 대폭 줄인다는 것일 테다. 우리가 기존 경제학에서 벗어나 "경제 바깥에 환경이라는 경계선을 그리는 순간, 당신은 경제가 영원히 팽창할 수 없다고 말하게 되는 것"이라고 생태경제학자 허먼 데일리는 말한다. 즉, (명백히 유한할 뿐 아니라 그 자체로 팽창하지도 않는) '생태계라는 시스템의 하위 시스템으로서의 경제'를 보게 되면, 거시경제 역시 최적의 규모라는 한계점이 있다는 것을 알게 된다. "경제라는 하위 시스템은 그것을 포괄하고 있는 생태계에 의해 영원히 지지되고 유지될 수 있는 규모 이상으로 성장하면 안 된다는 것"이다.(허먼 데일리 1992)

이때 '처리량(throughput)'이라는 개념이 중요해진다. 자연에서 채취하여 경제에 투입하는 처리량은 자연의 재생력을 초과하면 안 된다. 마찬가지로 경제에서 생산되어 사람에게 소비된 후에 자연으로 배출되는 '처리량' 역시 자연의 흡수력을 초과하면 안 된다.

즉, 경제 시스템 안에서 무슨 일이 일어나든 관계없이 자연으로부터 경제 시스템으로 들어가는 원료와 에너지, 그리고 경제 시스템에서 자연으로 배출되는 폐기물(이산화탄소 등 포함)은 자연이 수용할 수 있는 한계로 제한되어야 한다는 것이다. 유한한 세계에서는 수용력이 완전히 채워지고 나면 처리량은 비용이 된다.

'탄소 배출을 절반으로 줄인다'는 것은 바로 생태 시스템 안에 있는 경제 시스템이 배출하는 '탄소' 배출량(처리량)을 절반으로 줄이는 수준에서 경제시스템을 가동시켜야 한다는 것이다.(사실 우리는 과거에 배출되는 처리량의 한계를 먼저 고민했던 것이 아니라, 투입되는 자원 처리량 – 즉 석유고갈, 석유정점 같은 투입처리량의 자연적인 제한이 먼저 걸릴 것이라고 생각했었다. 그러나 현실은 배출쪽 처리량의 한계가 더 빠르게 심각해졌다.)

## 탄소 배출 처리량을 줄이려면?

어쨌든 당면한 이슈는, 경제가 자연으로 배출하는 처리량 가운데 이미 '온실가스'는 지구의 생태의 수용범위를 초과했다는 사실이다. 이렇게 생태 시스템은 자신의 하위 시스템인 경제성장 자체에 한계를 직접 부여하기 보다는 처리량에 한계를 부과한다. 그러면 처리량을 조절하거나 줄이면서도 경제성장을 하면 되지 않을까? 하지만 그렇다고 경제를 비물질화 하거나, 자원에서 경제를 탈 동조화시키고, 자원을 정보로 대체함으로써 '영원한 성장'패러다임을 지속시킬 수 있다고 믿는다면 그것 또한 환상이라는 것이 허먼 데일리의 지적이다.

다시 말해서, 추가적인 성장(규모 확대)을 하려면 아무리 기술혁신이 되어도 자연으로 부터 공급받거나 자연으로 배출하는 자원으로 부터 완전독립은 불가능하기 때문이다. 허먼 데일리 말대로 "우리는 먹이 사슬의 하위 체계에 위치한 풀을 뜯어먹고 살 수는 있지만, 음식 조리법을 먹고 살 수는 없다." "산림이 없다면 제재소가 무슨 소용이 있겠는가? 어족 자원이 없다면 고깃배, 원유 매장량 없는 정유공장, 대수층이나 강물 없는 관개수로 농사 등등 다 가능하지 않은 일이다."(허먼 데일리 1992)

그러면 처리량을 생태의 한계 안으로 어떻게 조정할 수 있을까? 통상적으로 경제학자들이 쉽게 떠올리는 것이 시장의 가격기제다. 탄소세나 탄소 배출권 거래제도 등의 시장 가격기제를 이용해서 화석연료 자원 사용을 억제하고 재생에너지 사용을 촉진한다고 알려졌다. 하지만 시장이 자원 배분의 효율성 증진에는 효과적일지 모르지만, 자산과 소득의 공평한 분배 문제나, 생태한계 안에서의 적정한 경제규모 조정(처리량 조정)에는 그다지 기능을 발휘하기 어렵다고 한다.

다시 허먼 데일리 의견을 들어보자. "거시 경제학은 성장을 제한하는 어떠한 내재적 경향도 가격 시스템 안에서 발견하지 못했다." "생태적인 지속 가능성의 기준은 윤리적인 공정성의 기준과 마찬가지로 시장에 의해 해결될 수 없다. 시장은 오로지 배분의 효율성에 맞춰진 외골수다." 결국 "처리량의 생태적 지속 가능성은 시장의 힘으로 보장되지" 않는다는 것이다. "실제로 처리량을 확실하게 줄일 수 있는 정책방향이 존재한다. 채굴하고 소비하는 자원의 양을 법으로 제한하는 것"이 바로 대표적인 방식일 것이다. 2030년까지 온실가스를 1990년보다 70% 줄이기로 한 덴마크 기후법이 그 사례다.(허먼 데일리 1992)

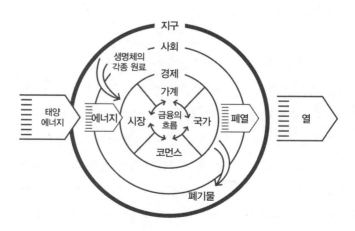

생태계 한계 안의 경제시스템 구조(출처: 케이트 래워스 2017)

## 경제규모를 일방적으로 줄이는 것이 답이 될 수 있나?

단순하게 생각하면 탄소 배출이라는 경제 시스템이 내보낸 처리량을 대폭 감소시키는 간단한 방법은, 그냥 일방적으로 경제규모(생산과 소비의 규모)를 탄소 배출량 목표치만큼 줄이는 것이지 않을까? 우선 탄소 배출을 10년 안에 절반으로 줄이려면 매년 대략 7%정도씩 탄소 배출을 줄여나가야 한다.

물론 한국은 지금까지 한 번도 제대로 줄여본 적이 없다. 1998년 전 외환위기 때 빼고는. 지금까지 의미 있게 탄소 배출 증가율이 줄어든 해는 외환위기가 있었던 1998년이다. 당시 탄소 배출 증가율이 −14%였고 경제성장률은 −5.1%였다. 경제규모가 달라지고 성장과 탄소 배출 동조화도 달라져서 똑같지는 않겠지만 산술적으로 계산해서, "아무런 전환과정 없이" 순전히 생산과 소비를 줄여서 앞으로 10년 안에 탄소 배출을 절반으로 떨어뜨리려면, 매년 −2.5%씩 역성장(매년 7% 석탄 배출 감소)을 해야 한다는 말과 같다. 한해도 아니고 매년. 이게 가능할까? 아마 가능하기 어려울 것이다. 따라서 일방적으로 처리량이 목표치만큼 줄때까지 역성장을 하는 것은 선택하기 어려운 해법이다.

# 07
# 기후위기 대처에 한국정부는
# 잘했나? 잘 할까?

　　지구생태가 감당할 수 없는 정도의 과도한 탄소 배출은 단지 대부분 시민들의 소비나 생활습관 탓은 아니라고 했다. 따라서 경제구조를 개혁하고, 탄소산업에 강력한 이권을 갖는 기득권을 해체하지 않고 일반 시민들의 개별적 소비자 운동으로는 기후위기를 못 막는다. "소비자들에게는 값은 비싸지만 유해성이 덜한 세제를 사서 쓰라고 권장하고, 자동차 회사에게는 연료 효율이 높은 자동차를 만들라고 요구하고, 더 깨끗하다고 소문난 화석연료로 에너지원을 전환하자고 주장하고, 오하이오의 석탄 화력발전소가 배출하는 온실가스를 상쇄하기 위해 파푸아뉴기니 원주민들에게 돈을 주어 삼림 벌채 관행을 버리도록 유도하는 식"의 점잖은 시도를 하는 시점은 이미 지나가 버렸다.(나오미 클라인 2014)

## 지난 10년 한국정부는 잘해왔을까?

10년 안에 탄소 배출을 절반 수준으로 줄이고 에너지와 산업, 도시의 전환을 대대적으로 추진하자면 사회의 모든 영역에서 그럴 준비가 되어야 한다. 그리고 어느 정도는 기존의 초보적인 성과가 있어야 무리 없는 전환이 가능할 것이다. 그러면 지난 10년 동안 비슷한 준비라도 해왔을까? 대한민국 정부는 외형적으로는 2010년에 〈저탄소 녹색성장 기본법〉을 만들고 기후변화에 대처하는 온갖 기본계획과 시행계획을 세우고 실행하고 점검해오기는 했다. 그러나 실제 결과는 적어도 중앙정부 차원에서는 전혀 비슷한 접근도 하지 못했다고 평가하는 것이 맞을 것이다.

우선 지난 10년 동안 온실가스가 딱 한번(2014년) 아주 조금 줄어든 것을 제외하면 한 번도 줄지 않고 줄기차게 늘었다. 아니 1990년부터 지난 30년 동안 외환위기 충격으로 1998년 14%가 줄었던 것을 빼면 사실상 줄었던 적이 없는 것이다. 물론 지난 10년 동안 탄소 배출을 줄이기 위한 명시적인 목표는 있었다. 하지만 목표는 단 한 번도 지켜지지 못한 채 시간이 지나면서 실제 탄소 배출은 목표로부터 점점 멀어지기만 했고, 결국 2017년 기준 원래 목표는 6억 톤 배출이었는데 실제로는

7억 톤을 배출하면서, 탄소 배출을 줄이기 위한 정부 계획은 완전히 휴지조각이 된 것이나 다름없게 되었다.

더구나 에너지 전환, 산업, 수송, 건물 등 탄소를 줄이겠다

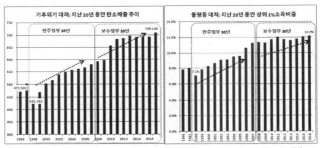

한국의 20년 동안 탄소배출과 불평등 추이(출처 : 통계청, WID자료 종합)

고 하는 모든 분야에서 단 한군데도 약속을 지킨 적이 없이 모두 과도한 탄소를 배출했다. 여기서 하나의 의문이 제기된다. 경제성장 목표나, 일자리 창출 목표를 달성하지 못하면, 온 나라가 난리가 날 것처럼 여론 주도층이 온갖 비판을 해대는데, 왜 기후변화 대처 실적이 당초 목표하고는 완전히 동떨어질 정도로 심각하게 어긋났는데도 아무도 질책을 하지 않는가?

왜 온실가스 배출 목표대비 실적이 심각하게 어긋났는데도 이를 제대로 지적해서 바로잡는 국회의원이 없었을까? 왜

언론은 이와 같은 정부의 충격적인 행정 실패를 대대적으로 다루지 않는가? 이해할 수 없는 일이다. 나오미 클라인은 세계적 차원에서 WTO 약속위반에 대한 어마어마한 제제 분위기와 전혀 딴판으로, 기후협약 약속에 대한 아무렇지도 않는 무시와 위반의 극단적인 대조를 개탄했는데, 이는 대한민국이라고 다르지 않다.

## 앞으로 10년 목표라도 잘 세웠나?

기후위기 대처에 처참하게 실패한 대한민국 정부가 앞으로는 잘 할 수 있을까? 잘 할지는 두고 봐야 알겠지만, 우선 목표라도 제대로 세웠을까? 유감스럽게도 아직까지 2018년 유엔에서 요청했던, 1.5도 이하로 묶어두기 위해 2030년까지 절반 수준으로 탄소 배출을 떨어뜨리는 계획은 전혀 세운바가 없다. 현재까지 〈2030온실가스 감축 로드맵〉에는 다음과 같이 나와 있다.

2017년 현재 우리나라는 약 7억 톤의 탄소 배출을 하고 있는데, 그냥 이대로 가면 2030년에는 8억 5천만 톤을 배출할 예정이란다. 그래서 우리나라의 공식목표는 이 예정대비 35% 감축한 5억 3600만 톤으로 줄이겠다는 것이다. 목표대로 하면

15년 전인 2005년 수준으로 돌아간다.

하지만 1.5도 이하로 막기위해 유엔이 요청한대로 하려면 1992년 수준(약 3억 4천만 톤) 수준으로 줄여야 한다. 따라서 일단 세워둔 목표 자체가 너무 나이브하다. 세부 목표도 안이한 것은 비슷하다. 전체 탄소 배출의 87%를 차지하는 에너지와 관련해서 최종에너지 수요를 2030년까지 줄이겠다는 목표는 현재 없다. 대체로 더는 안 늘어나게 막겠다는 게 최고 목표고, 그나마 주로 가정과 수송에서 줄여보겠다는 목표다. 당연하게도 전기 쪽은 늘어난다.

전기쪽에서도 탄소 배출의 주범인 석탄화력 발전은 어찌하려나? 노후석탄발전소 10기는 22년까지 폐기하고, 6기는 30년까지 LNG로 전환하겠다는 야심찬 계획이 있다. 하지만 폐기만 하는 게 아니고 10년 안에 7기를 새로 짓는 계획도 숨어 있다. 그래서 최종적으로는 2030년까지 57기(약 50GW)의 석탄화력 발전소가 돌아가고 있을 것이고, 이것이 전체 발전량의 무려 36%를 차지하고 있을 예정이다. 유럽 여러 나라들이 2030년경이면 석탄화력을 조기 퇴진시키는 것과 완전 대조적이다.

그럼 재생에너지 확대는? 현재 계획에 의하면 '3020'플랜에 따라 현재의 약 6%내외의 재생에너지를 2030년까지 20%까지 늘리겠다는 계획이다. 이전의 10%수준보다 획기적(?)으로 높게 문재인정부가 바꾼 것이지만, 석탄화력의 조기폐쇄 의지가 없으니 당연히 재생에너지 확대를 위한 더욱 과감한 계획은 나오지 않고 있다. 4년 전 기준으로 봐도 독일이 거의 30%, 영국이 약 25%, 프랑스 17%, 일본 16%, 미국 15%가 재생에너지 발전을 했단다. 그런데 우리는 앞으로 10년 뒤에도 영국 수준에 미치지 않게 된다는 것이다.

빌딩과 주택의 에너지 효율화도 비슷하다. '제로에너지주택 확대', '공공 건축물의 녹색건축물 전환 의무화' 그리고 그린 리모델링 활성화 등이 줄줄이 나열되고 있지만 정확한 목표도 없고 이를 위한 예산도 미미해서 실현가능성이 없어 보인다. 교통과 수송도 마찬가지다. 2030년까지 전기 자동차를 300만대까지 확대하고 전기버스 상용화하겠다는 거친 목표를 가지고는 있지만, 탄소 배출을 절반으로 줄이기 위한 과감한 전환계획은 사실상 없다. 따라서 결론은 명확하다. 현재의 정부 계획을 전면적으로 재검토해야 한다. 완전히 원점에서 다시 설계하고 더 과감한 계획과 추진조직, 그리고 대대적인 재원 편성이 있어야 한다.

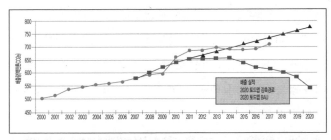

| 배출량<br>(백만 톤CO2e) | '07 | '10 | '12 | '13 | '14 | '15 | '16 | '17 |
|---|---|---|---|---|---|---|---|---|
| 배출 실적(A) | 579.5 | 657.4 | 687.1 | 697.0 | 691.5 | 692.3 | 692.6 | 709.1 |
| 로드맵 감축경로(B) | 580.7 | 642.8 | 657.4 | 658.6 | 659.1 | 637.8 | 621.2 | 614.3 |
| 차이(C=A-B) | -1.2 | 14.6 | 29.8 | 38.4 | 32.4 | 54.5 | 71.4 | 94.8 |
| (비율(D=C÷B)) | (-0.2%) | (2.3%) | (4.5%) | (5.8%) | (4.9%) | (8.5%) | (11.5%) | (15.4%) |
| 배출 전망 BAU(E) | | | 668.0 | 680.9 | 694.5 | 709.0 | 720.8 | 733.4 |
| 차이(F=A-E) | 로드맵 감축경로와<br>동일 | | 19.1 | 16.1 | -3.0 | -16.7 | -28.2 | -24.3 |
| (비율(G=F÷E)) | | | (2.9%) | (2.3%) | (-0.5%) | (-2.3%) | (-3.7%) | (-3.3%) |

2020 국가온실가스 목표 대비 실적(출처 : '제2차 기후변화대응 기본계획')

## 장기적인 비전이라도 있기는 한가?

한 가지만 더 확인하자. 지금 당장은 여러 사정 때문에 여의치 않은 계획밖에 못 만들었다고 해도 장기적인 비전은 가지고 있을까? 불행하게도 아닌 거 같다. 대통령 직속 정책기획위원회와 경제인문사회연구소가 1년 넘게 166명의 연구진을 동원해 만들었다는 〈혁신적 포용국가 미래비전 2045〉을 보면 단박에 알 수 있다. 이 거대한 국가비전은 저출산 고령화, 4차 산업혁명 등 미래변화에 체계적으로 대응하기 위해 수립한 '국가적 차원의 중장기 발전전략'이란다.

그런데 여기서 기후위기란 '역사상 최대의 격변' 요소들 중 비교적 뒤처지는 하나의 요인에 불과하고, 매우 의례적으로 "지구적 차원에서 지속적인 기후변화와 환경파괴 심화"라고 2045년까지를 진단하고 있다. 유엔보고서와 비교하면 얼마나 문제인식 차이가 심각한지 알 수 있다. 더욱이 여기서도 무려 2050년을 코앞에 둔 45년까지 가서야 재생에너지 비중을 45%까지 올리겠다고 계획하고 있고, 나머지 계획들은 "환경 친화적인 경제사회구조로 전환"이나 "미세먼지 해결 등 쾌적한 환경조성"이라는 두리뭉실한 목표아래 섞여있다. 무려 2045년에도 미세먼지 타령이나 하고 있다니! 이처럼 일단 한국정부는 기후위기 대처에 지난 10년 동안 더 평가할 것도 없이 실패했고, 현재 상황이라면 명백히 실패를 예약해놓고 있는 중이다.(국가정책기획위원회 2019)

# 08

# 4차 산업혁명과 그린뉴딜은
# 함께 가는가?

세부적인 그린뉴딜 전략에 들어가기에 앞서 하나 더 짚어볼 대목은, 우리 정부가 혁신성장을 강조하면서 과학기술정책뿐 아니라, 경제정책의 중심에 세운 '4차 산업혁명'이 그린뉴딜과 함께 갈 수 있는지에 관한 질문이다.

### 아직도 궁금한 점, 그래서 '4차 산업혁명'이 도대체 뭐지?

다보스 포럼을 이끌고 있는 독일의 클라우스 슈밥(Klaus Schwab)이 화두를 던져 유명해진 '4차 산업혁명'은, 그가 2016년 얘기를 꺼낸 지 5년차로 접어들었지만, 세계적으로 공인된 개념도 아니고 실체도 계속 바뀌고 있는 중이다. 그런 점에서 국가특별위원회까지 만들고 모든 정부문서에서 '4차 산업혁명'이 핵심과제로 설정되는 우리나라는 많이(?) 특이한 경우가 아닐 수 없다. 사실 처음에 슈밥은 ICT나 바이오, 나노기술들이 뭔가 특별한 도약을 이루기보다 규모(volume), 속도(velocity), 다양성(variety) 면에서 획기적인 전환을 몰고 올 것이기 때문에 새로운 산업혁명의 질적 변화가 만들어질 것으로 예상했다(클라우스 슈밥 2016). 구체적으로 처음에는 우버나 에어비엔비, 페이스북 등 플랫폼 기업 등장 등을 대표 징후로 예시하다가, 나중에는 대체로 스마트 공장, 자율주행자동차나 인공지능 쪽으로 옮겨가는 분위기다. 그런데 이들 분야에서 정말 산업혁명이 일어나고 있나? 매우 회의적이다.

한편, 한국은 문재인 정부 들어서 더욱 혼란스럽다. 처음에는 현대자동차 등의 의지를 반영해 수소경제가 마치 4차 산업혁명의 중심인 것처럼 2019년에 2300억 이상을 투입해 지원하면서 국가적 관심을 일으키기도 했다. 하지만 전기차가 2018년 한해 세계적으로 약 200만대가 팔릴 동안 수소차는 1만대도 안 될 정도로 사실 자동차산업에서 수소차 비중은 미미하다. 그러더니 삼성 전자의 의지를 반영했는지, 업계에서는 그다지 새로울 것도 없는 시스템 반도체 개발이 크게 부상되기도 했다가 한.일 무역갈등이 부각되자 부품, 소재, 장비 산업이라는 오래된 화두가 다시 중심 과제가 되기도 했다.

최근에는 또 트렌드가 바뀌어서 인공지능이 4차 산업혁명의 본류인 듯이 온갖 정책의제에 퍼져 들어가고 있고 정부는 아예 D.N.A(data, network and AI)라는 신조어까지 만들어 경제정책의 중심과제로 삼고 있다. 그러는 사이 '녹색혁신'이나 '재생에너지혁신'은 거의 정책 주제로 다뤄지지 않았다. 정부 정책 담당자들은 4차 산업혁명을 토론할 때에 우버나 핀테크, 자율주행 자동차는 떠올리면서 전기차, 전기선박, 전기비행기 같은 것은 떠올리지 않는 것 같다(기획재정부 2019).


## 이세돌과 알파고, 과연 누가 뛰어난가?

4차 산업혁명과 인공지능에 강한 충격과 인상을 받은 것은, 아무래도 슈밥이 4차 산업혁명 화두를 꺼낸 해였던 2016년, 인공지능 알파고와 바둑최고 고수 이세돌의 대국이었을 것이다. 다 아는 것처럼 인간인 이세돌이 딱 한판 이겼다. 그런데 당시에도 흥미있는 문제제기가 있었다. 알파고와 이세돌이 대국에서 소모한 에너지량을 비교해보자는 것이다. 이세돌이라는 인간은 대국을 위해 약 20와트(W)의 에너지를 소모했을 것이라고 한다. 그런데 알파고는 이세돌의 약 5만 배인 100만 와트(W)를 사용하였다고 한다. 대국을 위해 1920개 중앙처리장치(CPU)와 280개의 그래픽 프로세서(GPU)를 사용했다는 것이다. 그렇다면 단위 에너지 소비당 누가 더 성능이 좋은가는 너무 명확하다.

아무리 천재라고 해도 밥 먹고 에너지를 만들지 않으면 단순한 산수계산도 할 수 없는것 처럼, 아무리 탁월한 성능의 인공지능도 전기가 공급되지 않으면 고철에 불과하다. 높은 컴퓨팅 능력은 곧 많은 전력의 소모다. 한국과학기술정보연구원 슈퍼컴퓨터인 '누리온'은 아파트 3천 세대와 맞먹는 전력을 소모한단다. 사실 우리는 산업혁명을 언급하면서 곧잘 산업혁명의 고비고비 마다 에너지 혁명이 있었다는 사실은 잊어버리고 도구혁명만을 떠올린다. 예를 들어서 1차 산업혁명은 증기기관만으로 절대 이뤄질 수 없다. 석탄이라는 화석연료의 대대적 사용의 시작이 있었기 때문에 가능했다는 얘기다. 2차 산업혁명 명 역시 내연기관차나 전구발명으로만 이뤄질 수 없었다. 석유개발과 활용, 그리고 전기의 보급이 없었다면 2차 산업혁명 그 자체가 불가능했다. 그런 점에서 보면 ICT 혁명을 3차 산업혁명이라고 부르고, 슈밥은 여기에 차수를 하나 더했지만, 에너지 관점에서 보면 4차는 고사하고 3차 산업혁명도 아직 오지 않았다.


## 인공지능이 지구온난화 주범이 될 수 있다?


전기 자동차가 100만대 가 굴러가려면 석탄화력발전소 1
개가 추가로 전기를 만들어야 한다고 한다. 여기에 더해 전
기차가 자율주행자동차로 업그레이드되면 에너지를 20%이상
더 사용한다고 한다. 또한 전문가들은 딥러닝 기술이 확대되
면 데이터 센터 당 최소 1개의 화력발전 규모의 전력이 추가로
생산되어야 한다고 주장한다. 인공지능 한대가 학습하면서 소
모하는 전기량은 전기자동차 생명주기동안 소모하는 전체 에
너지의 5배가 많단다.

전력소모가 아니라 탄소 배출로 다시 따져보자. 통상 사
람 한 명은 1년에 약 5톤의 탄소를 배출한다.(물론 한국인은 이
미 13톤이 넘었다.) 그런데 인공지능의 자연어처리 모델 학습을
시키는데 한 인간의 약 57년치의 탄소가 배출된다고 한다. 이
는 미국의 자동차가 출고 후 폐차 때까지 배출하는 탄소량보
다 5배 많은 양이란다. 구글이 검색 등 대화형 인공지능에 활
용하는 자연어 처리 모델인 '버트(BERT)'의 학습 과정에서 배

출되는 탄소량은 미국 대륙을 비행기로 횡단할 때 배출되는 양과 맞먹는단다.

전체적으로 볼 때 IT 부문의 온실가스 배출량은 2020년 세계 온실가스 배출량의 3.0~3.6%를 차지할 것으로 추정되는데, 이 규모는 항공산업 배출 규모와 맞먹고 세계 5위의 탄소 배출국인 일본의 배출량보다 많단다. 이런 수준으로 간다면 정보통신기술(ICT) 업계의 탄소 배출량은 2040년 전 세계 배출량의 14%를 차지할 것으로 예상된다.(경향비즈, 2019년 12월 29일자)

요점은 이렇다. 4차 산업혁명이든, 인공지능이든, 자율주행자동차든, 아니면 정부가 2020년부터 시범 운용하겠다던 드론택배이던, 이들은 모두 상당한 전력소모를 동반하게 될 것이라는 점이다.(대신 일자리는 대체로 줄어들게 될 것이다.) 문제는 이들이 잡아먹는 전력을 무엇으로 생산할 것이냐이다. 만약 급격한 4차 산업혁명으로 추가 소요되는 전력을 모두 기존 화석연료로 충당한다면, 이는 산업혁명이 아니라 산업재앙이 될 수 있다.

따라서 인공지능을 국가적으로 육성해서 세계경쟁력을 갖

는 것도 좋은데, 굉장히 중요하게 고려해야 할 지점이 두 가지가 있다. 하나는 일자리 불안정이다. 이건 지금까지 꽤 얘기가 진행되고 있는 중이다. 또 하나가 있다. 에너지 소요량 증가다. 이 대목은 거의 논의되고 있지 않다. 녹색산업혁명이 4차 산업혁명 이상으로 중요한 이유다. 물론 AI기술혁신은 스마트 그리드 등 재생에너지 제어나 주거 에너지 효율화에 아주 중대하게 기여할 수도 있다. 다시 말해 인공지능은 녹색산업혁명과 연관되면 상호 시너지를 발휘할 수 있다는 것이다.(이 대목은 제레미 리프킨 버전의 그린뉴딜이 특히 강조하고 있다). 하지만 이 대목도 관련 부서 외에 정부차원에서는 논의되고 있지 않다.

이처럼 기술의 개선과 사회의 변화가 간단히 일치하지는 않는다. 에드 에이어스는 이런 말을 남겼다.

"달에 보낼 수 있는 우주선을 개발하는 것과, 살기 좋은 공동체를 건설하는 것은 완전히 별개다. 전자를 이루기 이해서는 대단히 협소한 관점이 필요하지만, 후자를 이루기 위해서는 총체적인 관점이 필요하다. 살기 좋은 세계를 건설하는 것은 로켓공학보다 훨씬 복잡한 활동이다."(나오미 클라인 2014)

# 09
## 그린뉴딜의 '핵심전략'은 무엇인가?

**넛지전략 안 통한다, 전시상태를 준비하는 모드로**

새로운 10년이 들어서면서 열린 2020년 첫 다보스 포럼은 가장 가능성 높은 위험요소 5개를 꼽았는데, '극단적 날씨, 기후행동 실패, 자연재해, 생물다양성 감소, 인간유발 재해' 등 5가지가 모조리 환경문제였다. 한편 옥스팜은 2020년 1월 〈Time to Care〉라는 보고서를 발표했는데, 전 세계 약 2천 명이 가진 자산이 46억 명의 자산보다 많다고 발표했다. 이것만 봐도 현재 가장 큰 사회적 이슈가 기후변화와 불평등이라는 것을 단적으로 알 수 있다.

"로마가 불타고 있는데 사소한 일에 집착한다(Fiddle while

Rome is burning)"는 네로황제 시절 옛 경구에 딱 맞을 상황이 지금 한국정치사회가 아닐까 싶다. 좁은 정치적 이슈에 매달려 새로운 10년이 시작되는 시점에서도 기후위기와 불평등이라는 정작 중요한 이슈를 외면하고 있기 때문이다.

앞서 말한 대로, 기후위기나 불평등 심화는 더 이상 점진적이고 소소한 것으로, 즉 넛지전략 같은 것으로 안 된다. 그렇게 한가한 해법을 내놓기에는 이미 너무 때가 늦었다는 것이다. 오직 "긴급한 도전을 유일한 기회로(an urgent challenge into a unique opportunity)"로 바꾸기 위한, '전면적이고 포괄적인 국가적 전환 프로젝트(a sweeping comprehensive set of transformative national projects)'만이 남은 선택지이다. 그린뉴딜 정책이 최근 수십 년 동안의 다른 모든 정책들과 다른 점이 바로 여기에 있다.(Petiffor 2019)

## 그린뉴딜의 가장 큰 차별성은 '규모'와 '집중성'

미국에서는 민주당과 녹색당, 그리고 진보적인 싱크탱크들이 1930년대 미국 루스벨트 뉴딜을 뛰어넘는 대개혁을 국가적 수준에 추진하자는 취지로 그린뉴딜을 말하고 있다. 산업혁명의 나라 영국에서는 2세기 전 자신들을 대영제국으로 올려놓은 산업혁명을 상기시키면서 녹색산업혁명이라는 이름을 불러낸다. 유럽연합은 '그린딜'이라는 이름으로 약간 각색했지만 큰 차이는 없다.

한편, 유엔은 최근 보고서에서 '글로벌 그린 뉴딜'로 부르면서, "기후 안정화, 맑은 공기와 기타 환경적 개선뿐 아니라 소득과 고용성장을 만들어낼 잠재력을 글로벌 범위에서 일으키자"고 제안한다. (UNCTAD 2019. "글로벌 성장과 지속가능한 개발을 위한 로드맵") 또한 환경 저널리스트이자 활동가인 나오미 클라인은, 먼저 산업화를 일으킨 선진 국가들이 지구온난화에 더 큰 책임이 있을 뿐 아니라, 개발도상국들이 사용해야 할 탄소 배출량을 미리 소진시켰으므로 선진국은 일종의 탄소 채무국, 개발도상국은 탄소 채권국이 될 수 있다고 가정한다. 그에 따라 선진국들이 개발도상국의 녹색전환을 글로벌 차원에서 지원하는 '글로벌 마셜 플랜'을 추진함으로써 세계적 차원에서 기후변화에 대처해야 한다고 주장한다.(나오미 클라인 2014)

이렇게 그린뉴딜은 규모와 집중성 측면에서 볼 때, 2020년대 10년이라는 한정된 기간 동안, 전사회적 자원을 집중해서 수행해야 할 대개혁 플랜으로 기획된다. "기후과학자들이 절박하게 경고하는 수준에 맞추어 세계적인 온실가스 배출량을 감축하려면 엄청난 규모와 속도(긴급성)로 변화를 이루어가야 한다는 사실을 우리는 명심해야만 한다." (미국 진보 싱크탱크 〈뉴 컨센서스〉의 주장)

## 환경과 경제가 적극적으로 결합한다.

기후위기와 불평등 위기를 말하지만, 그린뉴딜은 '경제개혁'으로 대체로 모아진다. 온실가스를 집중적으로 발생시키는 것도 결국은 화석연료 기반의 경제 시스템에 있고, 불평등을 심화시키는 것도 신자유주의 경제체제에 있다는 문제의식을 갖고 있기 때문이다. "기후운동의 가장 힘겨운 과제는 바로 심층적이고도 급진적인 경제 변혁의 강력한 추진이다."(나오미 클라인 2014)

특히 이 대목에서 그 동안 서로 상충관계(trade off)관계에 있다고 간주된 환경과 경제문제에 대한 시각을 완전히 전복시키면서, 경제와 환경은 상호 의존관계에 있는 것으로 적극적으로 해석한다. 그래서 온실가스 감축과 일자리 창출이라는 두 정책 목표의 결합(a marriage of two policy goals)이라는 용어가 동원되기도 하고, "경제적 안정성과 환경적 지속가능성은 별개로 분리되어 있지 않다"는 주장이 진보싱크탱크 〈데이터 포 프로그레스〉에 의해 나오기도 한다.(Carlock 2018)

물론 앞서 지적한 대로 이것이 경제성장과 자원 이용 감소를 동시에 달성하자는 탈 동조화를 꼭 의미하는 것은 아니다. 대부분 그린뉴딜 정책에서는 일자리 창출과 분배개선은 선명히 요구하지만 경제성장률 상승을 공식적 목표로 내걸 지는 않는다. 다만 유럽의 그린 딜은 약간 예외다. 유럽 그린 딜 문서는 "지속가능하고 포용적 성장의 새로운 경로"를 말하면서 그린 딜을 다음과 같이 요약하고 있다. "2050년까지 온실가스 배출 순 제로를 달성하고 경제성장이 자원 이용과 탈동조화되는 가운데, 현대적이고 자원 효율적이며 경쟁력 있는 경제를 구축하고 공정하고 번영하는 사회로 유럽을 전환시키는 것을 목표로 하는 새로운 성장전략"이라고 명시한다. 다른 경우와 달리 상당히 명시적으로 성장전략임을 강조한다.(European commission 2019)

## 공통적 핵심 과제는 '탈-탄소 경제로의 급격한 전환'

그러면 좀 더 세부적으로 주요 핵심 목표와 과제는 무엇일까? 첫 번 째는, 무조건 2030년까지 탄소 배출 절반수준의 감축(그리고 2050년 탄소 배출 순 제로)을 제 1목표로 한다.

이것이 종래의 '지속가능한 성장'(또는 2008년 버전의 그린뉴딜)과 결정적인 차이다. 기존에는 명확한 탄소 배출감축목표를 정하고 그에 준하여 모든 하위 정책들을 결정하기 보다는, 대체로 환경 친화적인 유형의 정책수단들을 온건하게 선택하여 배열하는 식이었다. 그러나 이번엔 다르다. 탄소 배출 목표와 기간이 정확히 특정되어 있고, 이를 달성하기 위한 경제적, 사회적 수단도 명확히 체계화되어 있다. 10년 안에 탄소 배출 절반 감축! 그리고 이를 수량적으로 정확히 달성하기 위해 탄소예산제(Carbon Budget)의 도입!

둘째, 탄소 배출에 사실상 80%이상의 책임이 있는 에너지 전환이 가장 큰 프로젝트로 제안된다. 대부분 계획에서 이제는 더 이상 과도적 단계라든지 브릿지(Bridge) 연료 등은 없다. 곧바로 태양광과 풍력 중심의 탈-탄소 재생에너지 100%를 향한 직접 전환 계획들이 제시된다. 미국의 그린뉴딜을 포함하여 대부분 10년 안에 전력생산은 100%재생에너지로 완전히 전환시키자는 엄청나게 야심찬 목표들이 제시된다. 이는 기존 국제에너지 기구 등 모든 공식 기관들의 일반적 전망을 전복시키는 파격적인 기획이다. 다시 말해서 아예 이참에 에너지 '산업' 자체를 완전히 전환시키자는 것이다.

셋째, 건물과 주택, 운송과 교통, 주요산업과 농업 등을 '점차적으로 친환경적인 방향'으로 가자는 종래의 경로를 완전히 폐기한다. 대신 곧바로 공공투자 등을 대규모로 동원해서 짧은 시간에 전체 주택의 그린 리모델링 프로젝트, 자동차 총 주행거리 축소 및 전체 내연기관 차량의 전기자동차로의 교체, 에너지 다소비 산업의 청정산업으로의 전환 등을 전격적으로 추진하자는 제안들이 포함한다. 이를 위한 모든 기술은 이미 있고, 재원도 인플레이션을 일으키지 않고 동원할 수 있다고 확신한다.

예를 들어 미국의 오카시오 코르테스 하원 의원의 안은 "100%재생에너지로 전력생산, 국가적인 에너지 효율적 '스마트' 그리드 구축, 에너지 효율적이고 편안하며 안전하게 모든 주택과 빌딩 업그레이드, 제조업과 농업 등 산업의 탈-탄소화, 교통 및 도로 기간시설에 대한 탈-탄소화" 등을 포함한다.(H.

Res.109) 또한 영국노동당의 공약을 보면, "녹색산업 혁명을 착수하는 이유는 자연을 회복하는 동안에 우리 산업, 에너지, 교통, 농업과 건축을 대전환하여 영국에서 1백만개의 일자리를 만들어낼 것이기 때문이다. 우리의 그린 뉴딜은 소수가 아닌 다수의 이익에 봉사하는 경제를 만들고, 2030년까지 상당한 수준의 탄소 배출 감축 달성을 목표로 한다"는 것이다.(Labour 2019)

넷째, 그린뉴딜의 전격적이고 대규모 전환 과정은 '일부 잃어버리는 일자리'도 있겠으나, 전체적으로는 상당한 일자리 창출에 기여할 것이라는 강한 낙관성을 보인다. 예를 들어 대체로 화석연료기반 에너지 산업보다, 재생에너지 산업이 약 3배의 일자리를 만들 것이라는 기대가 있다.(UNCTAD 2019) 따라서 그린뉴딜은 기본적으로 일자리 창출을 중요한 목표로 한다. 또한 이 과정에서 일자리를 잃는 노동자나 피해를 보는 지역 공동체를 위한 '정의로운 전환' 정책을 국가가 공공재원에 의해서 강력히 뒷받침할 것을 요구한다. 전환과정에서 교육훈련, 사회안전망 지원 등 막대한 복지체제를 가동할 것을 요구한다.

다섯째, 그린뉴딜 전환과정에서 기존의 화석연료 기득권

세력의 자산 축소와, 새로운 탈—탄소 산업 자본의 지역주민 자산화 유도를 의도적으로 추진함으로써 불평등 완화의 계기로 그린뉴딜을 활용하려는 정책 목표를 가진다.

## 그래서 그린뉴딜은 우리 삶을 어떻게 달라지게 할 것인가?

이들 다섯 가지 차원의 거대한 전환 결과는 각 시민 한 사람 한 사람에게 어떤 영향을 줄까? 이에 대해 나오미 클라인이 좀 길지만 한 문장으로 요약한 글이 있다. "대중 교통수단과 인접한 곳에서 적당한 비용으로 거주할 수 있도록 에너지 효율이 높은 주택들을 공급하고, 도시마다 고밀도 주택단지를 공급하고, 자전거 이용자들이 위험에 노출되지 않도록 안전한 통행로를 마련하고, 토지관리를 통해 도시 개발의 무계획적인 확산을 예방하고, 저에너지 현지 생산 방식의 농업을 장려하고, 도시 계획을 통해 학교와 의료단지 등 필수적인 기반시설을 대중교통 인접지와 보행자 친화적인 지역에 집중배치하고, 제조업체들에게 전자 제품 폐기물에 대한 책임을 부과하며 잉여설비와 노후설비를 크게 줄이도록 유도하는" 사회에서 우리는 살아가게 될 것이다.(나오미 클라인 2014)

# 10
## 그린뉴딜의 핵심 투자는
## 재생에너지 100%

**태양광 풍력 발전이 5%도 안되는 나라에서 태양광이 환경을 해친다고?**

한국은 2017년까지만 해도 태양광과 풍력이 설비용량 기준으로 봐도 6.9GW에 불과했다. 전체 전력설비용량이 117GW였으니까 5%남짓이다. 설비용량이 그렇다는 거고 발전량으로 보면 5%도 안 된다. 영국이나 독일 등은 이미 20~30%를 넘기고 미국 일본도 두 자리 수를 넘어가는 것에 비하면 우리가 얼마나 재생에너지 후진국인줄 알 수 있고, 이 정도 수준으로는 도대체 내수시장 자체가 제대로 형성되기 어려워 재생에너지 '산업'이 성장할 수 없다는 것도 짐작할 수 있다. 물론 그나마 문재인 정부가 2017년부터 재생에너지 확대 계획을 세운 덕에 지난 두 해동안 7.1GW를 추가했단다. 그 이전 전부를 합친 것 보다도 많은 규모가 간단히 늘어났다.(산업 통상지원부 2017)

이걸 보면, 정치적 결단과 투자에 따라서 급격히 늘어나는 것이 큰 문제가 아님을 확인할 수 있다. 어쨌든 2030년까지 정부예산 18조원을 포함한 공공 51조, 민간 41조 원을 투자해서 10년 안에 태양광과 풍력 발전설비 용량을 54.2GW까지 끌어올리겠단다. 그렇게 하면 10년 뒤에는 재생에너지 발전 비중을(바이오와 폐기물까지 합칠 경우) 20%까지 올릴 수 있단다. 그럼에도 불구하고, 많은 미디어에서는 하루가 멀다 하고 태양광과 풍력이 환경을 해친다느니, 태양광 폐기물도 문제라느니, 차라리 석탄화력보다 더 반환경적이라느니 하는 기사가 넘쳐난다. 반면 태양광과 풍력발전의 후진국이 되어서 향후 에너지산업의 경쟁력이 크게 후퇴할 것에 대한 염려는 없다. 재생에너지로 어떻게 빨리 전환해서 온실가스 배출을 어떻게 신속히 줄일까 하는 고려가 없는 것은 말할것도 없이.

온실가스 감축 면에서 보나, 에너지 산업경쟁력 면에서 보나, 그리고 엄청나게 후진적인 재생에너지 발전실적 면에서 보나 매우 납득하기 어려운 일이다. 딱 하나의 예외, 기존 석탄화력이나 원자력 등에 의존해서 수익을 내는 민간 업체들의 기득권이 작용할 것이라는 예외를 빼고는 말이다.


### 세계적 추세, 미래 투자방향, 기술 등 모든 지표가 가르키는 방향은?

OECD국가 중에서 가장 뒤떨어진 재생에너지 후진국 한국 발전산업이 이러는 동안 글로벌 추세는 어떻게 바뀌고 있을까? 사실 지금 새롭게 전력설비에 투자 되는 자금 가운데 석탄이나 원자력, 가스 발전보다 재생에너지 비중이 압도적으로 많은 비중을 차지한다. 전 세계적으로 보면 신규 발전설비 투자 가운데 재생에너지는 62%를 차지하며 OECD로 한정했을 경우에는 86%에 이른다. 이걸 보면 태양광과 풍력에 투자하는 것이 딴지 걸 일이 아니라 이른바 '글로벌 트렌드'라는 거다. 그리고 우리는 그런 글로벌 트렌드에 한참 뒤져 있다.

그런데 문제는 지금 하고 있는 이 정도의 속도도 온실가스 감축 목표 등에 비추어 보았을 때 턱도 없이 느리고 나이브한 속도라는 것이다. 그래서 그린뉴딜 정책을 주장하는 정치인들과 학자들은 주장한다. 당장 10년 안에 적어도 전기생산은 100% 풍력과 태양광 등 재생에너지로 하자고!

　예를 들어보자. 일찍이 2018년 그린뉴딜 정책제안을 했던 데이터 포 프로그레스(Data for Progress)는 그린뉴딜의 제 1정책으로서, 청정. 재생에너지로 전력생산 100%를 2035년까지 하자고 제안한 바가 있다. 2019년 2월 미국 코르테스 의원의 그린뉴딜 결의안은 10년 안에 전력생산 100% 재생에너지가 명시되어 있다. 2019년 8월 미국 상원의원 버니 샌더스는 그린뉴딜 공약을 발표하면서, 1번 공약으로, "2030년까지 전력과 교통에서 100%재생에너지를 달성(경제의 완전 탈-탄소화는 2050년)"을 내걸었다.

　또한 영국 노동당은 2019년 말 총선공약에서 "2030년까지 저탄소 재생에너지로 전력생산의 90%를 공급하겠다고 발표"했다. 2019년말 발표된 유럽연합 그린딜 역시 가장 우선적으로 재생에너지 전환 계획을 세우겠다고 했는데 2030년까지 거의 100%에 육박할 것이다.(모든 회원 국가들이 2020년 안에 수정목표를 제출하기로 했다.) 따라서 그린뉴딜 정책의 핵심적 특징은 〈10년 안에 탄소 배출 절반수준 감축〉이라는 목표와, 이를 달성하기 위한 가장 강력한 수단으로서, 〈10년 안에 전력생산은 100%재생에너지로〉라고 요약할 수 있겠다.

## 10년 안에 재생에너지 100%전환이 가능해?

'전력생산은 기본적으로 태양과 풍력에서!'라는 과제는 단순히 숫자상의 변화는 아닐 것이다. 그것은 한국의 에너지 전력산업의 전면적인 재편을 의미한다. 따라서 당연히 간단한 문제가 아니다. 우선 기술적으로 가능해?

일단, 현재 도달한 태양광 셀 기술, 배터리 및 저장 기술, 그리고 스마트 그리드 기술을 조합하면 기술적으로 불가능하지 않다는 것이 대체적 견해다. 사실 2050년까지 100%재생에너지 전환 로드맵 등은 에너지 왓치그룹 등이 발표한 〈재생에너지 100%기반의 글로벌 에너지 시스템(Global Energy System based on 100% Renewable Energy)〉등의 보고서에서 과거부터 많이 다뤄지던 주제다.(Energy Watch Group. 2019)

또한 스탠포드대학 환경공학 교수인 마크 제이콥슨 등은 한국을 포함한 143개 국가들이 어떻게 재생에너지로 전환할 수 있는지 분석한다. 제이콥슨은 자동차와 빌딩, 냉난방, 산업과 농업, 군대를 포함해서 모든 에너지 분야를 전기화하고 에너지 효율을 높인다는 전제아래, 기술적, 논리적으로 태양광과 풍력, 그리고 수력만으로 2030년까지 에너지의 80%를, 그리고 2050년까지 100% 해결가능하다고 계산한다.(중앙 이코노

미스트 2019. 02. 25.)

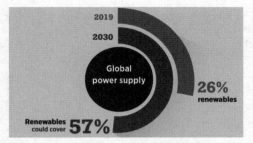

International Renewable Agency가 예측하는 2030년 전력생산에서
재생에너지 비율(출처 : IRENA 2020)

그러면 기술적으로는 가능할지 모르나 비용측면에서는
어떤가? 블룸버그(BloombergNEF) 보고서 〈신에너지 전망
2019(New Engergy Outlook 2019)〉에 따르면, 지난 2010년부
터 태양광 패널은 85%, 풍력은 49%, 배터리는 85% 가격이
하락했다고 정리했다. 엄청난 비용하락이다. 여기가 끝이 아
니다. 앞으로 10년 동안도 적어도 각각 동일한 성능이라면 반
값 정도로 가격이 추가적으로 하락될 것으로 예상한다. 따라
서 많은 나라에서는 이미 태양광과 풍력이 제일 싼 에너지가
되었고, 일조량이나 바람세기에 따라 다르지만 나머지 대부분
의 나라들도 이번 10년 안에 '재생에너지가 제일 싼 에너지'가
될 전망이다.

더 이상 가격이 문제는 아니라는 말이다.

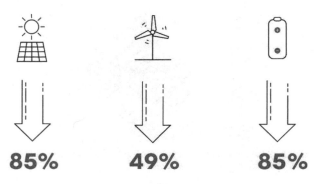

2010년 이후 태양광, 풍력, 배터리 비용하락 비율(출처 : 블룸버그)

### 지역과 주민들이 정말 그린뉴딜을 반대할까?

그런데 정작 이슈는 기술적 가능성 여부가 아닐 수도 있다. 그럼 다른 장벽들은? 첫째는, 지역 주민들이 태양광 패널과 풍력터빈을 동네에 설치하는 것에 많은 경우 우호적이지 않다는 것이다. 하지만 이는 지역 주민 참여도 없이 무계획적으로 추진된 그 동안의 재생에너지 확대 추진방식을 바꿔서 해결해야 할 문제이지 재생에너지 자체 탓으로 돌릴 일이 아니다. 일단 앞으로는 정부와 지방자치단체에서 지정·검토한 곳에서만 사업을 할 수 있는 '계획입지제도'를 도입한다고 하고,

"지역이 주도가 되는 에너지전환 체제"를 적극화함으로써 난개발 이슈를 풀어낼 수 있을 것이다.

아울러 정부는 '국가열지도(k-heatmap)'작성을 2021년까지 한다고 하며, 덧붙여 태양광과 풍력발전 전국자원지도를 지리정보시스템으로 구축하여 이해관계자들에게 제공하고 공유한다면 더 도움이 될 것이다(국회도서관 2019). 특히 탈-탄소 재생에너지 전환과정이 기존 대형발전사업과는 달리, "마을주민들이 참여함으로써 수익을 창출하고 민원을 최소화하여 지역 경쟁력을 확보할 뿐 아니라, 재생에너지에 대한 인식 개선과 참여의 극대화로 사업의 성공적인 수행과 주민복지 향상에 기여"하도록 해야 하는데 이 대목이 무시되면서 지역주민들의 반발을 샀다(국회도서관 2019).

재생에너지를 지역에 새로 설립 운영하는 과정에서 지역주민과의 이익공유 방식은 이미 1980년 덴마크와 1990년대 독일에서 잘 증명 된 바가 있다. 우리 역시 지역에서 새롭게 설치되는 태양광, 풍력에 대해 지역공동체 소유나 지분 참여 방식을 대거 확대하고, 수익 공유 등을 할 수 있는 제도와 방식을 추가적으로 개발할 필요가 있다. 이처럼 정부의 책임을 방치한 대목을 비판해야 할 것이 재생에너지 자체의 비판으로 흘

러가 버리면 안 된다.(김동훈 2018)


## 땅이 좁아?

일단 〈신재생에너지백서 2018〉에 따르면 한국의 재생에너지 발전 잠재력은 태양광에만 국한하더라도 시장성이 있는 잠재발전량이 약 321GW로 알려졌다. 이는 2030년에 예상되는 총 발전량 320GW와 같은 수치다. 따라서 한국의 지리적 환경적 제약조건을 말하며 태양광에 부정적인 태도를 취하기도 하지만, 현재 수준의 기술만으로도 정부가 정확히 자연 지리조건을 타산한다면 태양광의 잠재력은 충분하다고 평가할 수 있다.

그럼에도 일부에서는 한국의 국토면적이 작아 완전재생에너지로의 파격적 전환이 불가능하다는 이슈를 제기하기도 한다. 국토면적에 관한 사항은 평면적으로 계산되기가 쉽지 않다. 대략 10년 안에 태양광과 풍력의 설비용량을 현재 정부가 계획한 것의 두 배, 40%(약 100GW)까지 끌어올린다고 가정해보자. 태양광 1GW 발전설비 구축에는 약 13.2㎢, 풍력은 약 4~5㎢의 부지가 필요(2017년 산업통상자원부 보도해명자료)하다고 하니, 만약 순 태양광만으로 설치를 한다면 1,320㎢가 필요하고 이것이 아마 최대크기가 될 것이다. 대략 서울시 면적(605.25㎢)의 두 배정도 크기다.

그런데 현실로 가면, 풍력이 1/3정도를 차지할 것이고, 바다와 수면에 설치하는 경우, 지붕에 설치하는 경우, 그리고 이후 필름형 태양광 기술발전 여부에 따라 빌딩 벽면 등에 설치하는 경우 등 대단히 광범위한 길이 열려 있다. 한 보고서에 따르면 미국의 경우 필요한 표면적의 절반 이상은 지붕이나 주차장 공간등을 통해 해결할 수 있다고 한다. 따라서 국토가 좁다는 이유로 탈−탄소 재생에너지 전환에 태클을 거는 것은 넌센스다. 정작 국토가 좁아 문제가 되는 건 따로 있을 텐데, 태양이나 바람의 세기가 지역별로 차이날 것이 별로 없어 간헐성 문제 해결이 어렵다는 것 아닐까 싶다. 그래서 특히 한국은 동북아 슈퍼그리드 같은 보완적 장치가 마련되어야 100%재생에너지 전환이 원활할 것이다.

**한편 석탄화력 발전소 조기 퇴출이 동반되어야 한다**

당연한 얘기지만 재생에너지 도입 속도를 전례 없이 과감히 추진한다면, 역으로 화석연료 사용을 파격적으로 줄여야 한다. 2020년 다보스 포럼에 참여한 그레타 툰베리는 "젊은 세대는 탄소 배출과 화석 연료에 대한 투자를 단계적으로 축소하는 것이 아니라 즉각적으로 중단하기를 원한다"고 다시 한 번 강조하지 않았는가? 특히 미세먼지와 탄소 배출에 가장 나쁜 영향을 주는 석탄화력발전소 조기 퇴출이 중요하다. 유럽 에너지 전환 최선진국이지만 석탄화력 의존도가 높았던 독일도 2020년 초, 자국 내 석탄 발전을 종결시키기 위해 발전사와 주정부에 약 57조원을 지원해 빠르면 2035년까지 완전 폐쇄하겠다고 발표했다.(뉴시스 2020.01.16.)

사실 우리나라의 일부 노후 화력발전소 같은 경우에 2024년부터는 재생에너지와 비교할 때 가격 측면에서도 경쟁력이 떨어지는 등 경제성도 점점 악화되고 있는 상황에서 석탄화력 발전의 조기퇴진 프로그램을 본격 기획해야 한다.


**진정한 과제 – 우리가 이걸 진정 원한다고 말하는 것이다.**


냉정하게 평가해본다면, 태양광과 풍력으로 전력공급을 100%이동시키는 에너지 산업의 대대적인 전환은 정말 간단치 않은 과제다. 더욱이 10년 안에 전격적으로 한다는 것은 엄청난 국가적 자원이 소요되고, 국민적 공감과 참여도 필요하다. 뿐만 아니라 지금 60기의 석탄화력 발전소가 가동 중인 가운데 조만간 추가로 7기의 석탄화력 발전이 더 완공된다고 하니, 이 모든 걸 10년 안에 조기 폐쇄하는 것은 상당한 비용부담과 매몰비용을 감수해야 한다는 것을 뜻한다.

그러나 "전시준비가 안되었다고 전쟁에서 패배하는 걸 받아들일 거냐?"는 문제제기처럼 이제 더 이상 미룰 수 없는 과제다. 바로 이 때문에 2020년대 한국경제의 가장 큰 혁명이 아마도 에너지 전환혁명이 되어야 한다고 주장하는 것이다. 이 영역에서 가장 심혈을 기울여온 환경공학 교수인 마크 제이콥슨의 다음과 같은 지적을 새겨둘 필요가 있다.

"물론 대대적인 전환이 필요하다. 달 탐사선 아폴로 계획이나 주와 주를 잇는 고속도로 시스템을 건설하는 것과 마찬가지로 많은 노력이 투입되어야 한다. 하지만 굳이 신기술을 도입하지 않아도 우리는 이 전환을 충분히 이뤄낼 수 있다. 지금 필요한 것은 오직 하나, 우리 사회가 이 길을 원한다는 것 걸 집단적으로 결의하는 일이다." "가장 큰 장벽은 사회, 정치적, 장벽이다. 장벽을 뚫기 위해서는 반드시 이 일을 추진하겠다는 굳은 의지가 필요하다."(나오미 클라인 2014)

# 11
# 그린뉴딜은 진짜 혁신이
# 무엇인지 묻는다

**"혁신이냐 아니냐?", 이거 말고 "어떤 방향의 혁신이냐?"**

'혁신', '혁신성장', '혁신경제'라는 말이 넘쳐난다. 아무도 반대하지 않는다. 그런데, 평범한 시민들의 삶이 질이 혁신으로 개선되었다는 증거는 거의 없다. 심지어 최고의 혁신이라는 스마트폰은, 구직 면접을 위해 길게 줄서서 기다리는 동안 무료함을 달래려고 앱으로 게임하고 웹툰 보는 기능 말고, 실제로 일과 소득을 가져다 준 것이 뭐냐는 질문도 있을 정도다. 그럼에도 불구하고 전문가들이 경제 진단을 할 때면, 언제나 국가경쟁력과 혁신을 반복하면서 실제로는 주로 사람 줄이는 혁신을 찬양한다. 그 연장선에서 언제부터인가 유니콘 기업을 많이 만들자고 한다. 특별히 원천기술 측면에서의 혁신형도 아니고, 대체로 비즈니스 모델만 바꾼 수준인 '배달의 민족', '우버', '에어비엔비' 같은 노동중개형 플랫폼 기업들을 주요 혁신 사례로 거명하면서.

혁신 다음에는 반드시 규제개혁이야기가 따라 나오는 것도 이 스토리의 필수 코스다. 유니콘 기업들 더 많이 나오게 규제 혁신하자고 한다. 대부분은 노동권이나 환경권을 해체하자는 것이 적지 않은데도. 노동권이나 환경권 지키다가 선진국에 뒤처진다고 재촉한다. 그런데 이런 스토리는 21세기 이후 지난 20년 동안 계속 반복되던 거 아닌가? 그런데 왜 불평등은 심화되고, 일자리와 소득은 불안해지고 미래전망은 계속 어두워지는 건가?

그러면 어떤 혁신이 또 있단 말인가? 있다. 앞서 말했지만 그것이 '그린 혁신'이다. 그린뉴딜은 혁신을 반대하고 원시적 자연으로 돌아가자고 절대 주장하지 않는다. 오히려 반대다. 혁신이 없다면 그린뉴딜은 불가능하다. 단, 지금 우리 정부가 말하는 것과는 방향이 다르다. 예를 들어 "1980년대에 미국은 컴퓨팅, 정보통신 기술을 그 방향으로 선택했다. 마찬가지로 오늘날 독일과 덴마크, 그리고 중국은 '녹색'기술을 선택했다."(마이클 제이콥스 외 2016)

## 진짜 결정적 혁신은 누가 만드는가?

이 대목에서 혁신은 누가하는가 하는, 전혀 뻔하지 않은 질문을 먼저 던져보자. 대부분 경제전문가들은 거의 한목소리로, 혁신은 사기업들이 당연히 맡고 정부는 규제나 치우라고 얘기한다. 하지만 결정적으로 중요한 혁신의 시작은 거의 국가로부터 나왔다는 것이 최근 주목받는 네오슘페터리언들의 지적이다. 사실 결정적 혁신은 반짝하는 비즈니스 모델 한두 개 떠올려서 나오는 게 아니다. 통상 15년에서 20년 정도의 호흡이 있어야 한다. 그런데 벤처캐피탈 등은 3~5년의 호흡밖에 없는 비–인내자본(impatient capital)이다.

예를 들어보자. 모험 자본가들은, 주로 정부가 가장 위험이 크고 자본집약적인 발전단계에 돈을 댄 후 20년쯤이 지나서야 들어왔을 뿐이다. 재생에너지 기술에서도 똑 같은 일이 반복되고 있다. 미국, 중국, 독일, 그리고 덴마크 등 재생에너지 기술 분야의 선도 국가들 대부분에서 국가는 이 분야 내에서 기술적 위험과 자본집약도가 가장 높은 특정 영역에 돈을 댔다. 가장 혁신적인 기술적 돌파를 수행하기 위해 장기적 안목으로 위험을 감수하고 '인내자본' 투자를 단행한 거의 유일한 주체가 '공공자본'이다.(마리아나 마추카토 2012)

이는 2008년 글로벌 금융위기 이후 독일재건은행(KfW)이 재생에너지 분야를 거의 도맡아 투자해서 인상적인 성과를 남긴 데서 잘 드러난다. 특히 혁신분야의 공공투자는 민간투자를 배척(crowding-out)하기는커녕, 유인(crowding-in)하는 방향으로 작용할 수 있다. 추가적인 민간투자를 불러일으킨다는 것이다. 국가는 대규모 기초투자를 할 뿐 아니라 국가의 투자 방향(direction)을 정해야 한다. 장기적 관점에서 혁신적인 시장 창조자(Market Creator)이자 미션 제시자(Mission Director)로서 사회적 임무를 달성할 목표를 제시해야 한다. 특히 단기시야에 몰입하는 시장이 확실히 실패하는 기후변화 대처에서 국가의 중요성은 최고에 달한다.(마이클 제이콥스 외 2016)

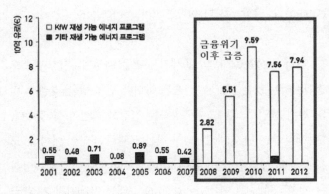

독일재건은행(KfW)의 녹색투자 추이
(출처 : Mazzucato & Penna(2014). KfW의 연례보고서 데이터에 근거)

## 21세기는 '녹색산업혁명'시대다.

지금 한국사회는 실체도 불분명한 '4차 산업혁명'에만 온통 관심이 좁혀져 있는 것 같다. 그러나 지금은 오히려 '녹색산업혁명'으로 혁신의 방향을 바꿀 필요가 있다. 첨단 ICT나 인공지능 기술도 녹색산업혁명과 융합해야 한다. 일찍이 버락 오바마도 "청정 재생에너지에 의한 전력을 사용하는 국가가 21세기를 리드하게 될 것"이라고 공언 바가 있다. 사실 납을 자본주의 생산에서 빼버리는 것처럼 탄소를 빼기는 쉽지 않다. 탄소는 자본주의 경제 근본기초에 들어가 있다는 점에서 다른 공해물질과 근본적으로 다르기 때문이다. 그래서 젱겔리스는 "자본주의는 탄소위에서 세워졌다.(Capitalism was founded on carbon)" 고 말할 정도다.(마이클 제이콥스 외 2016)

결국 화석연료기반의 20세기 문명을 재생에너지 기반으로 전환시키는 것은, 개별적 기술뿐 아니라 전체 생산, 분배 소비의 전체 산업시스템을 재구성하는 진정한 혁신이 될 것이다. "'녹색방향'은 단지 재생에너지 전환에 관한 것만이 아니라, 모든 부문의 새로운 생산, 분배, 그리고 소비체제 전체에 해당하는 것"이다.(마이클 제이콥스 외 2016) 그래서 21세기의 가장 극적이고 광범한 혁신은 바로 녹색산업혁명인 것이다. 이 과정에서 에너지, 산업, 교통과 도시, 건축, 농업 전반의 대대적 혁신이 일어날 것이고, 이를 위해 정책적으로 "명확한 가격 신호, 신뢰할 만한 사명 지향 목표들, 그리고 저탄소 방향으로의 혁신추구를 향한 집중, 현재의 고 탄소 인프라와 제도에 대한 경로 의존성 극복"이 요구될 것이다.

이 이야기의 결론은 이렇다. "현재 생산과 유통의 화석기반 인프라를 대체하는 과제는 탈-탄소화라는 명확한 목표를 가진 강력한 정부정책을 필요로 한다." "많은 경우에 이 정책은 정치적 저항을 불러일으킬 초기의 고비용을 극복해야 한다. 그러나 투자와 정책의 임계점에 도달하면 되먹임 고리와 네트워크 효과가 작동하기 시작하고, 변화의 과정은 빨라지며, 양의 흘러넘침이 나머지 경제에 일어난다. 이러한 상호강화 메커니즘은 급격한 단계변화로 이어질 수도 있다."(마이클 제이콥스 외 2016)

# 12
## 누가 그린 혁신을 리드해야 할까?

　많은 경제전문가들은 경제정책의 핵심으로 혁신을 내세우면서 목표가 그저 '국제경쟁력 강화' 정도가 전부인 것처럼 보인다. 정책수단도 '민간기업 지원'과 '규제완화'로 단순화 되어있다. 이 대목에서 기술사회변화를 촉발하는 결정적인 혁신이 실제 어떻게 일어나는지 한 번 더 확인해보자. 유명한 인텔공동 창립자 고든 무어는 "스타트업이 새로운 것을 '창조'하는데 더 낫다고 한다. 그러나 아니다. 스타트업은 새로운 것을 '활용'하는데 더 나은 것이다." 그러면 새로운 것의 '창조'는 누가 하는가? 여기에 '공공과 비영리'의 역할이 있다. 한 마디로 혁신은 공공이 웬만한 위험을 다 흡수하고, 핵심기초기술을 다 만들고 판 깔아야 사기업들이 수익성을 계산하면서 들어온다. 정말 혁신이 자유롭고 창의적인 민간 벤처기업이 아니라, 관료

적이고 따분한 공공기관이나 비영리조직에서 나오는가? 수많은 사례 중에서 21세기 인공지능 상업화에 결정적인 분기점이 된 두 개의 사례만 들어보자.

## 21세기의 혁신, '자율주행자동차'는 어떻게 세상에 나왔을까?

인공지능이 현실에 결합되어 위력을 발휘한 것은 '자율주행자동차'다. 그런데 그 중대한 계기가 2004~2007년 사이에 열린 미국 국방성 고등연구계획국(DARPA)의 챌린지 대회였다. 2001년 미국 의회는 DARPA에게 핵심기술 개발을 선도하고 새로운 자율주행 기술을 내놓은 이들에게 상금을 지급할 권한을 부여했다. 이에 DARPA는 상금이라는 매력적인 동기와 함께 새로운 계획을 발표했다. 대학과 기업 연구팀들이 저마다 개발한 로봇 자동차를 가지고 경쟁을 벌이는 다양한 대회를 후원하겠다고 선언한 것이다.

DARPA는 2004년, 2005년, 2007년 세 차례에 걸쳐 챌린지 대회를 주최했다. 첫 대회에서는 100만 달러 상금을 걸고 미국 모하비 사막 240킬로미터 구간을 자율주행자동차로 달리는 경주를 했는데, 15대 자율주행차 중 15킬로미터 이상을 제대로 주행한 자동차가 하나도 없었다. 두 번째 대회에서는 상금도 200만 달러로 하고 사전 자격심사도 하여 23개 팀을 선발해서 경주했는데, 역사상 처음으로 5대의 무인자동차가 결승점을 통과했다. 이 대회에서 우승한 스탠퍼드 팀은 기계학습이 적용된 인공지능의 위력을 보여주었다.

세 번째 역시 200만 달러 상금을 내걸고 챌린지를 열었는데 11개 참가 차량중 6대가 좋은 성적을 내고 결승점에 도착했고, 그래서 DARPA는 더 이상 챌린지 대회가 필요 없다고 생각하여 종료했다. 이 대회에서 돋보였던 핵심 인재들은 이후 구글 등으로 스카웃되어 2010년대의 자율주행 자동차 개발을 선도하게 된다.(호드 립슨 외 2017) 국가와 공공이 초기의 어려운 혁신의 길을 내고, 수익성이 보이면 비로소 사기업들이 본격적으로 진출하여 상업화하는 코스의 전형을 볼 수 있다.


**인공지능의 화려한 무대로 올려놓은 '신경망 인공지능'은 어디서 왔나.**

신경망 이론이나 알고리즘 등이 오랜 역사를 가지고 있다고 하지만, 이들이 현실세계에 활용된 결정적 계기중의 하나는 2012년 이미지-넷 대회였다고 꼽는다. 우선, 페이페이 리 (Fei-Fei Li) 스탠퍼드 대학 컴퓨터과학 교수 등이 플랫폼 노동자들을 고용해서 약1,500만개의 레이블이 붙은 이미지 데이터를 구축한 이미지넷(ImageNet) 프로젝트를 수행한다. 그리고 그 결과를 누구나 활용할 수 있도록 오픈소스로 공개한다. 또한 2010년부터는 이미지넷으로 구축된 이미지 데이터를 이용한 이미지 객체 식별 인공지능 경연대회를 열기 시작한다.( 마틴 포드 2019)

그런데 2012년 대회에서 GPU 컴퓨팅 파워 + 합성곱 신경망을 통합한 알고리즘을 들고 토론토 대학팀이 놀라운 혁신적 성과를 보이며 우승한다. 이 팀은 이미 역전파 알고리즘으로 인공지능분야에서 명성이 있는 제프리 힌튼 교수가 지원하는 두 명의 대학원생들이었다. 이들은 '슈퍼비전'이라는 신경망 알고리즘으로 85퍼센트의 이미지 인식 정확도라는 당시로서는 획기적인 성능을 보여준다. 이 슈퍼비전은 인공뉴런의 배열이 30개 층으로 이루어진 거대한 신경망 알고리즘이 탑재된 인공지능이었다.

더욱 돋보인 것은 토론토 팀이 특허를 내서 기술을 독점하기는커녕, 과감하게도 누구나 슈퍼비전을 사용하고 수정할 수 있도록 오픈소스 형태로 코드를 개발했으며, 이를 통해 인공지능의 급격한 확산에 거대한 영향을 준 것이다. 이를 결정적 분기로 이 대회는 2015년 마이크로소프트팀이 96%가 넘는 정확한 인식률을 기록할 때까지 계속 발전한다. 이런 식으로 지난 10년 동안 신경망 알고리즘에 기초한 인공지능의 눈부신 진화가 우리 곁에 다가온 것이다.

다시 한 번 확인하지만, 여기서 두드러진 것은 무엇인가? 비영리 대학의 공개적인 경연대회, 1,500만개 이미지넷 데이터의 개방을 통한 자유로운 활용, 토론토 대학 우승팀이 자신의 인공지능 알고리즘 소스코드의 공개 등, 비영리 부분의 개방과 공유를 통한 확산이었다.(마틴 포드 2019) 놀라운 혁신은 이렇게 21세기에 꽃피웠다.


## 미국 그린 혁신을 주도한 에너지고등연구계획국(ARPA-E)

탈-탄소를 향한 에너지 전환, 녹색산업혁명은 어떨 것인가? 당연히 유사한 궤적을 밟을 것이다. 그린 혁신은 '탄소에 기초한 20세기 문명'을 '재생에너지 기반의 새로운 경제사회'로 대 전환하는 것이다. 에너지만 해도 발전기술(태양광 셀), 저장기술(배터리, 수소 등), 제어기술(스마트 그리드, 전력송전)등에서 넘어야 할 과제가 정말 숱하고, 지금도 굉장히 폭발적으로 혁신이 일어나고 있는 중이다. 누구는 말한다. 이미 중국이나 미국에서 선점해서 어렵다고. 그러나 앞으로 시장이 5배, 10배, 100배 이상 커질 것을 생각하면 이 분야의 기술과 시장은 앞으로 엄청난 변화와 이합집산을 겪을 것이다. 지금 강자라고 해서 시장을 모두 장악할 수도 미래가 보장되지도 않는다.

또 누구는 말한다. 대기업과 스타트업들을 적극적으로 지원해야 한다고. 하지만 앞서 확인한대로 현재 시장구조에서 기업들이 뛰어드는 것은 일부 수익성이 있는 분야에 국한된다. 공공이 선도해야 한다. 최근 세계 재생에너지 혁신을 선도하는 것은 4대 공공투자자인 독일재건은행(KfW), 중국개발은행(CDB), 유럽투자은행(EIB), 브라질 개발은행(BNDES)이 돋보인다고 한다. 한국은 에너지전환을 위한 공적 책임부서조차 모호하다. 공공연구개발 기관들도 조직과 예산이 모두 부족하다.

이 대목에서 오바마 행정부가 2009년에 에너지 분야의 공공연구개발을 전담하기 위해서 미국 행정부의 에너지부(DoE) 산하에 설치한 '에너지 고등연구계획국(Advanced Research

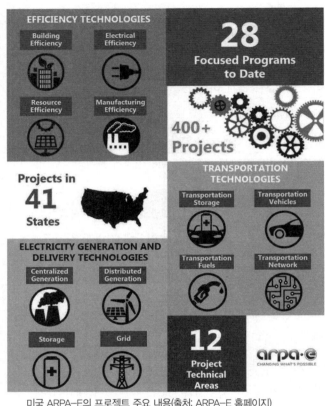

미국 ARPA-E의 프로젝트 주요 내용(출처: ARPA-E 홈페이지)

Projects Agency - Energy: ARPA-E)'은 에너지 전환과 녹색 혁
신을 위해 국가와 공공의 역할이 어떠해야 하는가에 대한 상
당한 시사를 준다. 오바마 정부가 이 조직을 설치한 것은 한마

디로 말해서, 실패할 위험성이 매우 높아서 사기업들은 도전할 가능성이 거의 없지만, 국가적 에너지 전환을 위해서는 꼭 필요한, 위험성이 매우 높은 기술에 투자하기 위함이었다. 미국 행정부에는 '에너지 효율과 재생에너지국(Office of Energy Efficiency and Renewable Energy :EERE)'이라는 별도 조직도 있는데, 이 조직이 주로 점진적인 기존 기술 개선을 지원하는 데 비해 에너지고등연구계획국은 보다 혁신적이고 모험적인 연구개발 사업을 지원하고 있다.

즉 기술적인 추동(technology push)을 강력히 하면서도 시장을 창출(market pull)할 수 있는 분야에 지원을 집중한다는 점에 정체성을 둔 것이다. 에너지고등연구계획국은 설립하면서 약 1억 5천만 달러를 투자하여 37개 프로젝트를 가동하면서 활동을 시작했고, 그 이후 2차, 3차, 4차 펀딩을 이어가고 있다. 또한 2010년부터 매년 '에너지 혁신 서밋'을 개최하는 등 활동을 했으나 트럼프 정부 들어와 예산 삭감 등으로 고전하고 있다고 한다. 다시 강조하지만 지금 한국사회에서 혁신은 '그린 혁신' '녹색산업혁명'이어야 한다. 그리고 그린 혁신의 핵심 책임 주체는 '스타트업이나 민간 대기업' 이전에 '국가와 지방정부, 공공조직'들이어야 한다. 만약에 그런 조직이 없다면 만들어야 한다.

# 13
## 배터리인가 수소인가?

**그린뉴딜의 도전과제, 어떻게 에너지를 저장할까?**

그린뉴딜로 바꿀 세상은 대체로 태양과 바람에서 만들어지는 전기에너지로 움직이는 세상이다. 그런데 태양과 바람은 늘 일정하게 내리 쬐거나 불어오지 않는다. 태양과 풍력 에너지가 가지고 있는 이와 같은 결정적인 단점인 간헐성(intermittence)을 해결하기 위해서는 에너지를 저장해두었다가 태양이나 바람이 없을때 사용하는 저장장치(ESS: Energy Storage System)가 아주 중요하다. (간헐성 약점을 보완하기 위해서는 저장장치 외에도, 스마트 그리나 슈퍼그리드를 통해서 수요와 공급의 불일치를 탄력적으로 조정해 줄 수 있다.)

그런데 전기 저장장치의 또 다른 중요성이 있다. 바로 효율적인 저장장치 개발이 전기자동차 전환에 결정적이라는 점이다. 현재 전기차 가격의 약 40%는 배터리 가격일 정도로 전기차에서 배터리는 가격뿐 아니라 충전시간, 주행거리, 무게, 안정성 등 모든 측면에서 결정적인 영향을 준다. 사실 지난 20세기는 가솔린과 경유로 움직이는 내연기관 자동차가 세상을 지배했다. 그것은 단순히 운송 교통을 넘어 각 개인의 자산이기도 했고 문화이기도 했다. 이는 석유가 가진 압도적인 에너지 밀도(1배럴이면 17,000시간 즉, 인간노동력 10년에 맞먹는다고 한다)와 이동하고 관리하기 편리한 특성 때문이다.

에너지 밀도(energy density:Mj/kg)란 에너지원의 무게당 얼마나 많은 에너지를 보유하고 있는가를 말해준다. 석탄은 20~35이고 천연가스는 55, 석유는 약 42 정도이다. 하지만 아직 배터리가 담고 있는 에너지 밀도는 0.1~0.5Mj/kg정도에 그친다. 동일한 무게면 석유가 약 100배 더 많은 에너지를 담고 있다는 것을 뜻한다. 석유나 화석연료는 태양을 에너지로 변환시킨 식물이 약 5억 년에 걸쳐 땅 속에서 고동도로 압축된 에너지이기 때문에 에너지 밀도가 엄청나게 높을 수 밖에 없다. 따라서 현대적 첨단 기술로도 10~20분 충전으로 농도 높은 에너지를 압축시키는 것은 결코 간단한 과제가 아니다(Heinberg 2016).


## 에너지 저장방법은 의외로(?) 다양하다.


이 대목에서 에너지 저장방법에 관해 확인을 해보자. 화학적 배터리가 현재 각광을 받고 있지만, 사실 현재 전 세계적으로 에너지 저장방법의 95%를 차지하고 있는 것은 '양수발전'이란다. 낮은 지대의 저수지에서 물을 끌어올려 에너지를 저장했다가, 필요할 때 물을 다시 아래로 떨어뜨려 발전 터빈을 돌리는 잘 알려진 방식이다. 한편 한국에서 특히 잘 알려진 '압축수소'가 에너지를 저장하는 또 다른 방법으로 알려졌다. 지금은 천연가스등으로 부터 얻는 부생수소라서 그린뉴딜 프로젝트에는 적합하지 않은 방식이다. 재생에너지를 전기분해해서 그린 수소를 얻으면 녹색전환시대에 유용한 에너지가 될 것이다.(바룬 시바람 2018)


하지만 아직 물을 전기분해해서 얻는 수소의 효율이 65%에 불과하여 아직 에너지 손실이 상당하고 일정하게 에너지 밀도를 유지하기 위해서는 수소를 고농도로 압축해야 한다. 전문가들은 수소라는 저장장치가, 배터리로는 현재 불가능하다고 여겨지는 비행기나 선박 등 중형 수송수단 에너지로 고려할 수 있는 정도가 현실적이라고 평가하고 있다. (반면, 한국에서는 '수소경제'라는 이름으로 효율적인 수소 전기분해 방법이나 압축 기술에 대한 타당성 평가 없이, 녹색경제의 상징인 것처럼 엄청나게 부풀려져 있다. 수소는 현재에는 매우 제한적인 용도로 사용될 수 있는 에너지 저장방법으로 봐야 한다.) 이밖에도 압축공기, 고에너지 콘덴서, 초전도 에너지 저장장치 등 많은 방법과 기술이 있다고 한다. (바른 시바람 2018)

**배터리 기술의 비약, 수년 안에 전기자동차가 더 경제적이다?**

하지만, 2020년대 안에 전기자동차 전성시대를 예고해주고 있는 기술은 당연히 리튬이온 배터리와 같은 화학 배터리인 것 같다. 특히 리튬이온 배터리는 인화성과 성능저하의 약점이 있음에도 불구하고 상대적으로 높은 에너지 밀도와 충전과 방전의 신뢰도로 인해 당분간은 대세가 될 것 같다.(물론 이후 긴 시간 시야를 염두 해 둔다면 완전히 초기 시장이기 때문에 엄청나게 많은 대안들에게 길이 아직 열려 있다.)

특히, 테슬라가 리튬 배터리를 자동차에 전격적으로 장착하여 상업화에 성공한 후, 최근에는 네바다 사막 한가운데 '기가팩토리'공장을 세우고 글로벌하게 세계가 지난 5년 동안 생산한 것보다도 많은 배터리를 생산하기 시작했으니 당분간 전기 자동차는 배터리 자동차라고 봐도 무방하다. (수소충전 전기자동차는 현재 배터리 전기자동차 수량의 1/1000수준밖에 생산되지 않는다.) 지금 태양광 시대를 열고 있는 것이 실리콘 태양광 셀의 가격대비 성능이 비약적으로 향상되고 있는 덕분이듯이, 배터리도 거의 유사한 성능향상의 곡선을 그리고 있다.

블룸버그 보고서에 따르면 2010년 배터리팩 가격은 1,183달러/kWh였다. 그런데 2019년 현재 156달러이다. 90%가까운 하락추세이다. 이 가격은 대체로 2023년(블룸버그) 또는 2025년(맥킨지) 안에 100달러 미만으로 떨어질 것으로 예측된다. 100달러가 중요한 것은 이 가격대이면, 기존 내연기관 자동차 가격과 전기 자동차 가격 수준이 같아지는 시점이기 때문이다. 따라서 2023~2025년 이후에는 가격 면에서도 내연기관 자동차를 사야할 이유가 적어진다.

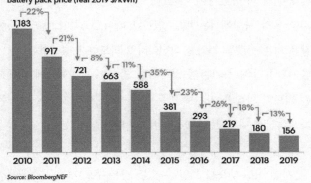

**Lithium-ion battery price survey results: Volume-weighted average**

Battery pack price (real 2019 $/kWh)

Source: BloombergNEF

리튬이온 배터리 가격하락 곡선(출처: 블룸버그)

## 다시 한 번 혁신의 방향에 대해서.

이렇게 가격대비 성능의 비약적 향상은, 태양광과 풍력이 주력 발전으로 등장하는 시대의 저장시스템(ESS) 성능개선을 획기적으로 도와줌으로서 전력생산 재생에너지 100% 시대에서 중요한 역할을 할 뿐만 아니라, 적정 수준 가격대의 전기자동차 시대를 여는 결정적 계기가 될 수 있다. 그리고 이는 현재 기술수준의 자연스런 발전만으로도 충분히 가능하다. 더욱이, 에너지 저장과 관련된 기술은 앞으로 무궁하게 혁신되고 개발될 개연성이 있는 중요한 연구개발 분야다.

이 대목에서 그린뉴딜을 염두에 둔다면, 미래를 대비해 주력해야 할 혁신 방향이 어디인지 다시 한 번 생각해보게 된다. 지금 우리 사회에서는 배달 앱이나 타다 등 차량호출 플랫폼 같은 기존 플랫폼 기업을 혁신이라고 과도하게 평가하는 것 같다. 다시 말해서 기존의 일자리를 줄이는 ICT혁신에 대해서는 과도한 환상을 가지고 있는 반면, 에너지와 자원을 줄이는 녹색혁신에 대해서는 과도한 비관주의가 넘친다.

사실 이런 태도를 보일 수 있는 것은 주로 기존 시스템에서 이익을 보는 기업들이다. 이들 기업들은 ICT혁신을 통해 노동 비용을 줄이면서 더 많은 이익을 창출하는데 매우 관심이 많다. 그런데 아무리 첨단 ICT장비나 인공지능 장비들이라고 하더라도 많은 에너지를 쓴다. 하지만 이들이 필요로 하는 에너지가 석탄에서 나오든 석유에서 나오든 아니면 태양광에서 나오든 이들 기업들은 개의치 않는다. 이 에너지 사용으로 인해 탄소 배출이 얼마나 늘어나든 신경 쓰지 않는다. 아무도 탄소 배출에 과도한 비용부담을 안기지 않으므로. 그래서 이들은 플랫폼 비즈니스만큼 녹색혁신에 관심이 없다.

또한 녹색혁신은 기존의 핵심 석유메이저들이나 기존 중화학공업 기업들에게 설비투자를 전환할 것을 요구한다. 또한

기존 투자자산이 조만간 쓸모없는 '좌초자산(stranded assets)'
이 될 것을 경고한다. 그러므로 기존 화석연료기반 발전산업,
석유화학이나 탄소 다배출산업들이 녹색혁신을 반길 리가 없
다. 그래서 이들에게는 녹색혁신을 확실히 깎아 내려야 할 중
요한 이유가 있다.

# 14
## 그린뉴딜이 바꿀 교통 · 운송 혁신

### 전기 자동차에 앞서, '자동차 없어도 편안한 세상'

화석연료를 버리고 태양과 바람에 얻은 에너지만으로 경제와 사회를 움직이는 세상을 조기에 만드는 것은, 기후변화를 막아줄 뿐 아니라 21세기 사회를 만드는 가장 중요한 비전이자 그린뉴딜의 핵심 과제다. 하지만 그에 못지않게 우리의 삶과 경제 산업을 뒤바꿀 그린뉴딜 대형 프로젝트는 운송과 교통에서의 완전한 전환이다.

그린뉴딜이 추구하는 목표는 도시와 도로에서 내연기관 자동차를 조기에 완전히 없애는 것이다. 지금 전 세계에는 12억 대의 자가용, 버스, 트럭 등이 도로를 가득 채우면서 탄소 배출을 하고 있는 중이다. 이런 상황에서 굳이 그린뉴딜이 아니더라도 이미 네덜란드, 이스라엘, 아일랜드, 인도, 오스트리아 등 국가에서는 앞으로 10년 안에 내연기관 자동차 신규 판매를 중단 하거나 수입을 중단하기로 계획하고 있다(Burch 2018). 더욱이 이미 탄소 배출규제와 벌금부과로 인해 사실상 2021년부터 내연기관 자동차 판매에 제동이 걸리는 '내연기관 엔진 종말'의 초읽기가 시작됐다는 분석도 있다. 전 세계 석유 소비의 62.5%를 이들 자동차들이 하고 있으니, 내연기관 자동차의 감소에 따라 글로벌 석유수요도 2030년이 정점이 될 것이라는 전망들이 괜한 얘기는 아니다(블룸버그 2019).

그런데 여기서 한 가지 잊지 않아야 할 것은, 그린뉴딜의 목표가 내연기관 자동차(ICV)를 전기 자동차(EV)로 단순히 대체하는 것이 아니라는 점이다. 내연기관 자동차 운송 시스템의 문제점은 단지 이들이 화석연료로 운행한다는 데만 있는 것이 아니라, 지나치게 개인용 자가용을 비효율적으로 많이 소유하고 있고, 이 때문에 자동차 도로와 주차장 공간을 과도하게 점유하고 있다는 데에도 있다. 개인 자가용은 통상 5좌석 중에서 1.5좌석만이 활용되고 있고, 전체 24시간 가운데 5%만이 실제 주행을 한다는 사실만 봐도 개인 자가용의 비효율성을 단번에 알 수 있다.

따라서 그린뉴딜의 전략은, 자동차를 덜 타도되는 도시, 걷거나 자전거로 이동하기 편한 도로와 도시, 대중교통으로 편리하게 이동이 가능한 도로와 도시를 우선한다. 개인 자동차가 필요하다고 해도 개인 소유 자동차보다는 자동차 공유 시스템의 도입을 선호한다. 자동차 공유서비스는 도로위의 자동차를 80%까지 줄일 수 있다고 한다.(물론 지금 우버 등의 차량호출서비스는 자동차를 줄이기보다는 오히려 늘리고 있어 이런 종류의 공유서비스와는 다른 모델을 개발해야 한다.) 개인 소유 자동차는 마지막 선택사항으로서 그 조차도 내연기관차가 아닌 전기자동차로의 완전한 전환을 요구한다.(추가적인 에너지 소모를 요구하는 자율주행자동차는 우선순위로 보면 어쩌면 이 다음일 수도 있겠다.)

그린뉴딜 전략으로서 이와 같은 내용을 현재 가장 충실히 담은 것은 미국 도시 LA의 그린뉴딜전략이다. 이 도시는 첫째로, 2035년까지 도시에서 이동하는 전체 거리 중 절반을, 걷고 자전거타고 스쿠터 등을 타고 이동할 수 있도록 하겠단다. 둘째로, 각 개인이 자동차를 타고 다니는 마일수를 2035년까지 39%까지 줄이겠다고 한다. 세 번째는, 2030년까지 대중교통 버스를 100% 전기화 시키겠단다. 그리고 마지막으로 탄소 제로 자동차 비중을 2035년까지 80%비중으로 만들겠단다. 생각해볼 수 있는 가장 모범적인 전략이 될 수 있다. 이처럼 개인 소유 자동차의 총량을 줄이는 고려를 먼저 해야 한다. 그 다음으로 내연기관 자동차의 전기 자동차 대체를 고민해야 한다.(Eric Garcetti 2019)

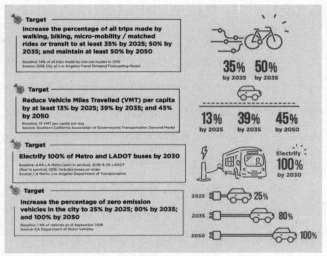

그림9 미국 LA 그린뉴딜 교통전환 전략

## 전기 자동차 전환은 벌써 시작되었다.

내연기관 자동차의 전기 자동차 전환은 단지 운송과 교통수단의 교체만을 의미하지 않는다. 이는 자동차 중심으로 편성된 기존 도시 인프라의 상당한 교체를 수반해야 하며, 제조업의 핵심분야 중 하나인 자동차 산업의 큰 변화를 의미하기도 한다. 에너지 산업의 변화가 시민들의 일상의 약간 뒤에서 일어나는 변화를 상징한다면, 어떤 의미에서 보면 자동차 산업의 변화는 일상 그 자체의 큰 변화를 가져올 수 있다는 것이다.

그런데 확인해야 할 점은, 그린뉴딜 전략을 말하기 이전에 이미 자동차 산업의 변화는 시작되었고, 2020년대를 통틀어 매우 가시적으로 빠른 변화를 보일 전망이다. 특히 2019년에 세계 자동차 시장에서 내연기관 자동차 판매가 전년대비 4.7% 줄어들어서(435만대) 총 판매량이 9천만대로 주저앉았다고 한다. 이제부터 내연기관 자동차 시장은 줄어들 일만 남은 것이다. 반대로 전기차 시장은 팽창일로에 있다. 전기차는 단지 탄소 배출을 하지 않을 뿐 만 아니라 에너지 효율도 뛰어나다. 동일한 에너지로 전기차는 2.94마일(1kwh)을 주행할 수 있지만 내연기관차는 0.83마일 밖에 가지 못한다.

물론 전 세계적으로 전기차 판매는 아직 200만대(2018년 기준) 정도라서 전체 자동차 판매의 2%밖에 안 되니 매우 우스울 수 있다. 하지만 전기차 시장 성장률은 무서운 속도로 팽

창할 것인데, 2024년경에는 보조금 없는 전기자동차(EV) 가격
이 내연기관 자동차와 경쟁력을 갖게 될 것이라고 전망되고 있
고, 앞으로 10년 동안 배터리가격이 60%이상 하락할 것을 감
안하면 전기차의 경쟁력은 점점 올라갈 것이다. 그 결과 2025
년까지 전체 탑승용 자동차의 19%(중국), 14%(EU), 11%(미국)
이 전기 자동차가 될 것으로 예상하고 있다. 또한 2030년이 되
면 신규차 판매의 40%는 전기차(뱅크오브 아메리카 전망)가 될
것이며 2030년에는 전기차 연간 판매규모가 대략 3,000만대
(블룸버그) ~3,500만대(딜로이트)까지 예상되고 있는 상황이다.


## 2020년대는 한국의 '스푸트니크 모먼트(Sputnik Moment)'가 될 것인가?

2011년 오바마 대통령은 중국과 독일에 뒤진 재생에너지
투자를 독려하면서, "청정에너지 투자는 우리 시대의 스푸투
니크 모먼트"라고 불렀다. 1957년 소련 위성 스푸트니크 발사
에 충격을 받은 미국이 국가적 역량을 총 투입해 우주개발에
박차를 가한 결과 기술적으로 소련을 따라잡았던 사건을 상
기한 것이다. 하지만 오바마 대통령은 초기에 의욕적으로 시
작했던 청정에너지 투자를 중간에 흐지부지하면서, 주요 미국

태양광 기업들은 투자부족으로 인해 죽음의 계곡(death valley)을 넘지 못하고 파산했고 결국 중국이 당분간 주도권을 주는 것을 막지 못한다. 스푸트니크 모먼트를 이번에는 만들지 못했던 것이다(Mulvaney 2019).

지금 한국도 어쩌면 이런 상황일 수 있다. 그 동안 반도체와 함께 자동차산업에서 강력한 경쟁력을 기반으로 국제 경쟁력을 유지해왔던 한국이, 세계적인 녹색전환과 전기차로의 대전환시기에 추격자가 아닌 선도자가 될 것인지 아니면 또 추격자 위치에 머무를 것인지 기로에 서 있을 수 있다는 뜻이다.

물론 한국의 자동차 기업인 현대 기아차도 이런 전환 기류에 일단 합류하고 있는 것 같다. 언론보도에 따르면, 현대차그룹은 2019년 11월까지 전기차 12만9950대를 팔아 지난해 전체(9만860대)보다 40% 이상 판매를 늘렸는데, 내수 2만2798대, 해외 10만7152대 매출실적이란다. 이로써 테슬라와 BYD에 이어 글로벌 전기차 시장 점유율 3위를 달성했단다. 현대그룹은 2025년까지 61조 원가량을 전기차 전환에 투자할 예정이고, 현대차와 기아차 각각 11개의 전기차 전용 모델을 출시하겠다는 계획을 세워놓고 있기도 하다. 한편 옛GM의 철수로 무너진 군산 자동차산업 단지에서는 군산형 일자리에 참여하는 다섯 개 기업이 새만금에 '전기차 클러스터'를 조성하여 직접 1,900명을 고용하기로 예정되어 있다는 소식도 들린다.(중앙일보 2019.12.31)


## 한국의 그린뉴딜이 바꿀 운송과 교통, 자동차 산업 분야

그러나 아직 한국은 2,300만대가 넘는 자동차 보유국임에도 불구하고, 내연기관차에 대해서는 에너지 효율이 떨어지는 일부 경유차를 제한하는 수준이고, 전기차 수요도 2030년까지 300만대 정도를 예상하는 등 매우 소극적인 목표를 가지고 있는 상황이다. 그런데 산업적 측면에서 내연기관 자동차 생산시스템에서 전기자동차 생산시스템으로의 전환은, 부품 및 공급체인에서 상당한 변화를 가져올 것으로 예상되며, 일부 일자리 감소도 예상된다. 예를들어 독일에서는 "내연기관 엔진의 유압 부품 생산공장, 디젤엔진 부품 생산공장 등이 폐쇄돼 일자리가 대폭 줄어들 것"을 포함해 전체적으로 10년 동안 1%정도 일자리 감소를 전망하고 있기도 한다.(파이낸셜 타임스 2020년 1월 13일자)

물론 전기자동차로의 전환에 따라 새롭게 추가되는 기능

과 모듈이 생기고 내연기관 자동차에 없던 새로운 부품과 소재 수요도 발생할 것이다. 그에 따라 한편에서 기존 내연기관 부품 공급업체들의 타격이 예상되지만, 다른 편에서는 새로운 전기차 부품업체들이 떠오르고 있다. 과거에도 그랬던 것처럼 이번에도 가장 최신의, 가장 트렌디한 기술은 다 전기자동차에 탑재되거나 새롭게 어울릴 전망이다.

한국에서 운송과 교통분야의 그린뉴딜 전략을 세운다면, '자동차 없어도 이동 가능한 도시'전환을 최우선적으로 고려하는 가운데, 파격적으로 낮은 비용과 높은 편의성을 가진 대중교통의 전기화 100%를 먼저 실현해야 한다. 그것은 도로 위를 달리는 총 자동차 대수의 감축을 의미하게 될 것이다. 이런 전제 아래 기존 내연기관 자동차의 신속하고 대규모적인 전기자동차로의 전환을 유도하기 위한 규제와 인센티브 제도를 적절히 설계해야 한다.

한국의 자동차 산업은 이와 같은 국내적 그린뉴딜 정책에 부합하는 방향으로 전환을 서두르는 한편, 전기자동차가 대세가 되는 국제적 환경에도 대응하면서 경쟁력을 확보하도록 하는 것이 필요할 것이다. 이 과정에서 필요한 전기 충전소를 비롯한 인프라의 대대적 전환이 정부의 주도적 계획아래 추진

될 수 있을 것이다.


**대중교통 전기차 전환, 그리고 플러스**


한겨레 신문 2020년 1월 15일자는 흥미 있는 뉴욕타임스 외신을 인용했다. 미국 메사추세츠주 로런스시가 2019년 9월부터 3개 노선 버스요금을 무료로 해주는 시범서비스를 시작했다는 것이다. "주민들에게 소득·인종 등에 상관없이 자유롭게 이동할 수단을 마련해주는 한편, 버스 이용을 통해 차량 운행을 줄여 이산화탄소 감축에 기여하겠다는 명분"이란다.

버스 요금 면제를 해주자 이용률이 24%까지 증가할 정도로 호응이 좋은 모양이다. 무료 운행으로 버스회사가 입을 손실은 시 재정으로 충당해주기로 했는데 이미 버스회사에 보조금이 지급되는 상황이라 추가 부담이 예상만큼 큰 것은 아니라고 한다. 매사추세츠 주의 다른 도시인 우스터시도 곧 무료버스 시범운행을 할 계획이란다. 사실 이미 전 세계적으로 약 100여개 도시들이 무료 대중교통 서비스를 제공한다고 한다.

한편 런던 등에서 이미 보편화된 교통혼잡세가 확대되는

추세도 보인다. 특히 미국에서는 최초로 뉴욕시가 오는 2021년부터 맨하탄 60스트릿 남단 상업지구에 진입하는 차량에 교통혼잡세를 부과할 것이라고 한다. 혼잡세는 11~14달러 전후로 알려졌다. 자가용 승용차에 대한 도시 진입에 대해 혼잡세를 부과하는 대신, 이를 재원으로 버스와 지하철 등의 대중교통 시스템을 더욱 편리하게 개선하고 확장하는 한편, 탑승 비용을 무료, 또는 무료에 가까운 파격적인 비용으로 낮추는 방안은 그린뉴딜을 위한 교통전략이자 복지전략으로 적극적으로 고민할 만 하다. 아직 기존 그린뉴딜 정책 문서에서 이런 사례에 대해 구체적인 기획이 나온 것은 없지만, 그린뉴딜이 추구하는 방향에 가장 부합하는 정책일지도 모른다. 특히 이와 같은 정책은 지방정부별로 현실에 맞게 차별적으로 적용할 수도 있을 것이다.

# 15

## 그린뉴딜의 하나의 염려,
## 제본스 역설?

**비용 낮추고 효율화 하면 소비도 줄어드나?**

저탄소 또는 탈-탄소 에너지나 교통수단들 개발에 필요한 기술혁신을 이루고 에너지 효율이 높은 주택을 짓거나 개량하는 일차적인 이유는, 그로 인해 에너지도 적게 쓰고 탄소 배출을 획기적으로 줄이자는데 있다. 그런데 실제로 이렇게 기술혁신이나 효율화 덕분으로 줄어든 만큼 소비가 멈춰질까? 그렇지 않을 수 있다는 것이 그 유명한 경제학자의 이름을 딴 '제본스 역설'이다.

'제본스 역설(Jevons paradox)' 또는 '반등효과(rebound effect)'란, "자원을 이용해 효율성을 높이는 기술변화는 자원

소비율을 낮추는 게 아니라 오히려 높인다"는 것이다.(자코모 달리사 외 2018) 이런 상황은 우리가 일상에서도 많이 경험하는 데, 물건 값이 싸졌다고 그 만큼 돈을 절약하기 보다는, "남는 구매력을 생활 도구나 옷 또는 비행기 표를 사는데 이용한다." 따라서 통상적으로 가격이 떨어지거나 효율화가 되었다고 자동으로 소비가 줄어들지는 않는다. 기껏 에너지 효율화를 해봐야 그만큼 에너지 소비를 더 늘려버리면 탄소 배출은 전혀 줄어들지 않게 될 것이라는 말이다. 그래서 이런 이야기들이 나오게 된다. "어떤 이가 실제로 기술 효율성 제고를 통해 절약했다는 주장은 믿기 어렵다." "효율성 증가가 단 한 방울의 석유 소비도 줄이지 않았다."

## 카본프리 아일랜드 2030을 지향했던 제주의 사례

어쨌든 "공급자들이 가격이 낮아진 만큼 공급을 줄이지 않는 한" 기존 소비자들은 추가적인 소비의 욕구를 분출시키는 '반등소비'를 계속 할 것이고, 이는 에너지 전환 등 그린 분야에서도 어김없이 나타나게 될 것이 확실하다.

그 사례의 하나로 카본프리아일랜드(Carbon Free Island)

2030을 선언한 제주시를 살펴보자. 우선 제목대로 탄소 없는 섬을 목표로 2013년부터 본격적으로 제주도는, 풍력과 태양광 중심의 재생에너지 100% 전력 생산, 2030년까지 37만 대 전기자동차 보급, 그리고 제주 전역에 최첨단 스마트 그리드 구축이라는 구체적인 실행과제를 내걸고 7년째 사업을 진행 중이다. 카본프리아일랜드 정책은 주민참여의 부족이나 '정의로운 전환'계획이 생략되어 있는 등 여러 가지 문제점이 발견되고 있지만, 그 가운데 제본스 역설이 발생하는 것을 제대로 통제하지 못한 것도 중요한 이슈다. 예를 들어 제주에서 재생에너지 전력생산이 늘고 있지만 전체 전력소비량이 더 빨리 증가하는 현상을 통제하지 못하고 있는 문제가 대표적이다.

전기자동차도 마찬가지다. 2019년 말 기준으로 제주도 내 전기차 등록 현황은 1만 8,178대로 점유율은 4.7%대에 달하여 전국(0.37%)에서 가장 높은 비중을 자랑한다. 그러나 이 과정은 내연기관 자동차를 전기자동차가 대체한 것이 아니라, 둘 다 함께 늘어났다는 문제가 있다. 최근 제주 인구가 늘어난 것(최근 10년 동안 7만 명 증가)을 감안하더라도, 자동차 대수가 2011년만 해도 26만대를 밑돌 던 것이 2019년에는 59만 6천 대까지 늘었다. 지난해 한 해 동안만 승용차가 4만 3천대가 늘었으니 전기 자동차 증가규모가 무색할 만하다.

이처럼 제주도가 재생에너지 발전과 전기자동차 전환을 다른 지자체보다 앞서서 추진하고 있음에도 불구하고, 에너지 소비 총량도 줄지 않고 내연기관 자동차도 급증하는 상황에서 과연 탄소 배출 감축효과가 얼마일지 의문을 갖게 된다. 제본스 역설의 정확한 사례라고 보기 힘들 수도 있지만, 총량에 대한 적절한 제어 없이 재생에너지 전환이나 전기자동차 전환이 큰 효과를 내기 어렵다는 것을 매우 분명하게 암시해주고 있다.

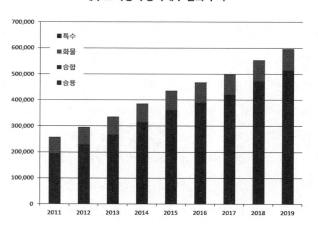

제주도 자동차 등록대수 변화 추이(출처 : 통계청)

## 공유차가 왜 교통혼잡의 주범?

앞서 확인했듯이 그린뉴딜은 대중교통 전기차 전환을 선호하고, 개인 자가용이라도 하더라도 기존처럼 개인소유가 아니라 공유자동차 모델을 선호한다. 제레미 리프킨은 자동차 공유서비스는 도로위의 자동차를 80%까지 줄일 수 있다고 장담하기도 했다.(리프킨 2019) 그러면 실제 우버나 리프트 같은 공유차 비즈니스가 현실에서 도로위의 자동차를 줄였을까? 우버 등이 진정한 의미의 '공유 모델'인지, 아니면 그저 '차량호출 서비스'인지는 일단 여기서는 묻어두자.

미국의 샌프란시스코나 뉴욕시 사례 등은 우버 등 공유차 서비스 또는 온디멘드 차량 서비스가 시내교통 혼잡을 줄이기는커녕 늘렸다고 진단한다. 공유차가 개인 자가용 탑승자를 흡수한게 아니라 대중교통 이용자를 흡수했기 때문이란다. 이런 결과의 연장선에서 2019년 뉴욕 시의회는 뉴욕시가 교통혼잡을 줄이기 위한 방안을 연구하는 1년 동안 새로운 차량공유등록을 막도록 했다고 밝혔다.

한편 2010년 11월~12월(우버 초창기 시기)과 2016년 11월~12월(우버가 영업을 한창 하던 시기)의 데이터를 종합해 비교분석한 보고서에서 샌프란시스코 카운티 교통국은 다음과 같은 결론을 냈다. 차량공유서비스가 운영하는 차량 대수와 도로에서 승객을 태우고 내리기 위해 정차하는 행위 등이 종합적으로 교통 체증에 기여했는데 이 시기 전체 교통체증의 절반을 공유차가 기여했다고 평가했다.(한국일보 2018년 10월 19일)

제주의 경험이나 미국 공유차의 경험이 말해주는 것은 무엇일까? 기술혁신이나 효율화 그 자체만으로는 탄소 배출이 자동적으로 줄지 않는다는 것, 탄소세 등을 통해 내연기관 이용의 비용을 크게 높임으로써 사용을 억제하거나 공급측면이나 수요 측면에서의 명시적인 제한 등 법적 형식과 같은 방법으로 총량에 대한 제어가 적절하게 관리되지 않는 한 제본스 역설을 피하기는 어렵다는 것을 말해준다. 기술혁신 그 자체만으로는 녹색전환에 아무런 긍정적 영향도 줄 수 없다는 것을 위 사례들은 잘 보여준다.

# 16
## 그린뉴딜이 바꿀
## '탈-탄소' 주택과 도시

### 그린 뉴딜 주택전환 정책은 뭐가 다른가?

그린뉴딜은 10년이라는 전략적 기간 안에 일상적 시기에는 도저히 할 수 없을 것 같은 전환, 즉 화석의존 경제에서 '탈-탄소 경제 ➡ '탈-탄소 산업 ➡ '탈-탄소 도시'로의 급격한 전환을 이루자는 것이다.

물론 그렇다고 해서 그동안 제한 없이 확장되었던 우리의 경제 사회 시스템이, 그린뉴딜만으로 자연 생태의 감당 범위 안에서 안전하게 자리 잡는 것은 아닐 것이다. 그린뉴딜은 특히 생태계 파괴 중에서 온실가스 감축에 집중적으로 초점을 맞추었기 때문이다. 그리고 이 목표달성을 위해서 특별히 탄소

제로 전력, 탄소제로 교통, 그리고 탄소제로 주택(빌딩)에 집중한다. 그러면 이제 우리가 생활하는 주택과 공공. 상업용 빌딩들로 주제를 이동시켜보자.

그런데 에너지 전환이나 운송 교통전환과 달리, 주택과 빌딩의 탈-탄소화를 추구하는 그린뉴딜 정책은 몇 가지 특징이 있다. 첫째 국가마다 구체적 정책 내용이 다양한 편이다. 이유는 주택의 건축연도나 형식, 소유방식 등이 워낙 다양해서, 같은 그린뉴딜 탄소제로 주택정책이라고 해도 해법은 상당히 다양할 수밖에 없기 때문일 것이다.

두번째로 에너지 전환이나 교통전환과 달리, 주택전환에 고유한 특징이 있다면, 주택에 대한 그린뉴딜 정책은 단순하게 탈-탄소화 또는 그린 리모델링을 좁게 해석되지가 않고 주거복지라는 큰 틀 속에서 디자인된다는 점이다. 이는 사회복지의 핵심 정책의 하나가 바로 주거복지이며, 따라서 탈-탄소 정책과 불평등 해소 정책을 통합해야 진정한 취지의 그린뉴딜 주택정책이 될 수 있기 때문이다.

세번째 특징은, 빌딩이나 주택의 탄소 배출 순제로 달성이 통상 개별 주택이나 건물단위로 이뤄지지 않는다는 것이다. 일정한 소지역 단위로 재생에너지생산 공유, 공동 에너지 저장 시스템 활용, 공동 이동수단 설계, 공동 에너지 효율화를 할 수 있다는 것이다. 나아가서 해당 지역 단위로 네트워크화 하여 이른바 스마트 빌딩과 스마트 주택으로 진화하는데 까지 생각해볼 수 있을 것이다. 리프킨은 이를 지역 네트워크에 '노드로 연결된 사물인터넷 빌딩(nodal Iot Building)'이라고 거창하게 표현했다.(제레미 리프킨 2019)

여기에 네번째 특징을 덧붙이면, 에너지 전환이상으로 그린리모델링의 일자리 창출효과가 두드러진다는 점이다. 주택의 그린리모델링 사업은 통상 10억 원(1백만 달러) 당 16.3개의 직간접 일자리를 창출할 정도로 일자리 창출, 그것도 지역 일자리 창출에 큰 기여를 하는 것으로 알려졌다.(제레미 리프킨 2019)

**미국의 그린뉴딜 주택정책이 강조하는 것**

그린뉴딜이 설계하는 주택정책을 구체적으로 확인하기 위해 우선 그린뉴딜정책의 진원지인 미국을 살펴보자. 버니 샌더스 상원의원이 2019년 8월 자신의 포괄적인 그린뉴딜 정책을 발표한 후 첫 분야별 정책을 구체화한 것이 바로 주택정책이다. 샌더스 의원이 2019년 11월 코르테스 하원의원과 함께 발의한 그린뉴딜 공공주택법(The Green New Deal for Public Housing Act)이 그것이다. 샌더스 의원은 공공임대주택의 대규모 신규공급, 임대료 규제, 홈리스 종식, 주택 바우처 확대와 함께, 특히 기존 공공임대주택에 대한 대규모 투자를 통해 그린리모델링을 달성하자고 제안한다.

즉, 그린뉴딜 10년 기간에 걸쳐서 공공임대주택 그린리모델링에 약 1,190억(138조원) ~ 1,720억(200조원) 달러를 투자하면 100만 채 이상의 공공주택을 전기화하고 탈−탄소화시킬 수 있다는 것이다. 이는 매년 120만대의 자동차를 도로에서 제거하는 수준이란다. 이 같은 그린 리모델링은 미국의 공공주택에 거주하는 거의 200만 명에게 혜택을 줄 수 있다. (현재는 매년 10,000호가 넘는 낡은 공공주택들이 종종 열악한 환경이라는 이유로 철거되고 사라진다고 한다.)

그린 리모델링은 사실상 주택의 전면적인 개조를 동반하는데, 이를 테면 고효율의 조명 시스템 및 플러그인 장치를 마련하는 것부터, 건물을 대기 환경과 외기냉각(free cooling), 태양열 난방, 자연조명 등을 활용하도록 개조하여 에너지 저장 능력이 큰 건물(thermal mass)로 만들고 공조시스템(Heating, Ventilation, Air Conditioning System : HVAC) 효율을 극대화하는 것 등이 포함된다. 아울러 전력을 추가로 공급해줄 태양광 패널을 지붕에 설치하는 한편, 여기에 전력 저장장치(ESS)까지 통합 설치하는 것을 고려한단다. 이처럼 미국은 기존 공공임대주택을 일차 타깃으로 그린리모델링 하는 것에 우선순위를 두고 있는 것 같다.


## 영국 노동당이 제안하는 그린뉴딜 주택정책

다음으로 영국 노동당의 경우는 어떤가? 영국도 고품질 사회주택 대규모 공급(10년 동안 100만 호), 물가인상 수준 안에서의 임대료 규제, 홈리스 문제 해결, 부담가능한(affordable) 주택 임대료의 추가 인하 등 포괄적인 주거복지와 병행해서 그린리모델링 정책을 추구한다는 점은 미국과 다르지 않다. 다만 미국과 달리, 그린뉴딜 주택 정택을 공공임대주택에 집중하기보다는, 기존 주택 전체에 대해서 에너지 효율화작업을 하겠다며 보다 의욕적인 안을 제시하고 있다. 즉 신규로 주택을 건축할 경우에 대해서는 엄격한 탄소 제로(zero-carbon) 주택 표준을 도입하는 한편, 에너지 효율이 낮은 기존주택 약 270만

채를 그린 리모델링하여 탈-탄소화와 주거복지를 동시에 실현하겠다는 것이다.

## 한국의 그린뉴딜 주택정책의 차별적인 방향은?

미국과 영국의 그린뉴딜 주택정책이 공통성과 차별성이 있는데, 그러면 한국은 어떤 선택을 해야 할까? 아마도 영국에 조금 더 가까울 수 있을 것이다. 한국 역시 여전히 부족한 공공임대주택 확대와 집 없는 시민들의 임대료 안정화, 홈리스 해결에 역점을 두어야 한다.(정의당은 물가인상 수준 이내로 임대료 억제와 9년 임대차 연장을 이미 공약으로 제시했다.) 그러면 이와 연동된 그린 리모델링 전략은 무엇이어야 할까?

2018년 통계청의 인구주택총조사에 따르면, 한국은 전국 단독·다가구 주택의 74.8%가 2000년 이전에 지어진 외벽 단열 50mm 이하의 추운 집이며, 단열이라는 개념이 없었던 1980년 이전에 지어진 주택 비율도 35.0%나 된다고 한다. 아파트를 포함해도 2000년 이전에 지어진 주택이 절반을 넘으니 사실상 대한민국 주택의 50%는 그린 리모델링 대상이 된다. 주택부문에서 탄소 배출을 줄일수 있는 여지가 상당하다

는 것, 아울러 기존 도시재생사업을 뛰어넘는 대규모 인프라
전환이 필요하다는 것을 알 수 있다.

(단위 : 호, %)

| 구분 | | 계 | | 단독·다가구주택 | | 아파트 | | 연립·다세대주택 | |
|---|---|---|---|---|---|---|---|---|---|
| | | 주택 수 | 비율 | 주택 수 | 비율 | 주택 수 | 비율 | 주택 수 | 비율 |
| 전국 | 2010년~ | 4,065,107 | 23.1 | 496,179 | 12.6 | 2,688,456 | 24.8 | 848,676 | 32.0 |
| | 2000년대 | 4,618,482 | 26.2 | 497,942 | 12.6 | 3,390,404 | 31.3 | 691,604 | 26.1 |
| | 1990년대 | 5,470,938 | 31.0 | 912,276 | 23.1 | 3,740,599 | 34.6 | 748,780 | 28.3 |
| | 1980년대 | 1,917,485 | 10.9 | 660,412 | 16.7 | 895,101 | 8.3 | 317,145 | 12.0 |
| | ~1979년 | 1,561,315 | 8.9 | 1,382,175 | 35.0 | 111,484 | 1.0 | 42,344 | 1.6 |
| | 합계 | 17,633,327 | 100.0 | 3,948,984 | 100.0 | 10,826,044 | 100.0 | 2,648,549 | 100.0 |

건축 시기별 주택 재고현황(2018년도 조사)

하지만, 복지 차원에서 접근한다면 한국에서도 미국처럼
공공임대 주택을 먼저 들여다봐야 한다. 우선 공공임대주택
의 운영·관리에 정부의 재정을 적극적으로 투자해야 하는데,
공공임대주택을 탄소 제로 주택으로 개조하기 위한 정책을 마
련할 필요가 있다. 아울러 민간임대 주택에 대해서도 정책적
인 접근을 해야 한다. 민간임대차에서의 주거 품질 규제가 없
는 한국의 제도를 바꿔서, 주거 품질에 대한 규제를 도입함과
동시에, 직접적으로 수선 의지나 능력이 없는 임대인을 대상
으로 주택 품질 개선에 대한 비용을 공공이 책임지는 대신,
임대기간을 늘리고 임대료가 낮은 공공성 있는 모델을 도입할
수도 있을 것이다.

아울러 단열상태나 열효율이 떨어지는 저소득 주택들이 밀집한 지역 또는 지구를 지정하여 공공의 일정한 보조금이나 무이자 융자를 통한 그린 리모델링을 수행하고, 이를 기존의 도시재생정책과 연계시키는 방안도 고민해 볼 수 있을 것이다. 그리고 미국이나 영국사례에서 생략한 대목이 있다. 사실 주택보다 더 중요한 대상은 공공 건물과 상업용 건물일 수 있다. 건물에서의 탄소 배출중 56%는 상업용에서, 44%가 주거용에서 발생하기 때문이다(정의당 그린뉴딜경제위원회 내부 보고서).

캘리포니아 사례를 보면, 2020년까지 모든 신규빌딩을 탄소 배출 순—제로 빌딩으로, 2030년까지는 모든 상업용 빌딩을 순—제로로 리모델링하기 위한 프로젝트를 준비하는 등 공공건물과 상업용건물에 대한 그린 리모델링 추진은 이미 다양하게 이뤄지고 있다. 우리나라는 현재 겨우 '공공건축물 그린 리모델링 지원 사업'을 공모를 받아 수행하는 소극적 수준이지만, 그린뉴딜 추진을 한다면, 적어도 수년안에 공공건물을 100% 탄소 배출 순제로 건물로 전환하고, 상업용 건물에 대해서도 10년 안에 동일한 목표를 달성하도록 하는 것이 맞을 것이다.

# 17

# 노동자와 시민의 '정의로운 전환'

이번에는 산업전환, 전환위험에 대한 노동자의 대처, 그리고 관련된 복지를 아주 짧게 각각 짚어보기로 하자.

**탄소집약형 산업에서 청정산업으로의 다양화, 얼마나 어려운가?**

전 세계적으로 산업분야가 총에너지 소비의 1/4, 탄소 배출의 18%를 차지하는 만큼, 탄소 집약형 산업에서 탈-탄소 청정산업으로 방향을 전환하는 것은 엄청나게 중요한 과제다. 그만큼 만만치 않을 것인데, 전체 화석기반 산업과 산업 가치 사슬을 탈탄소산업으로 전환시키는 데는 약 25년(한 세대)

이 걸릴 것으로 유럽연합은 예측하고 있을 정도다(EU 2019). 특히 문제가 되는 대표적인 탄소 집약형 산업은 우리나라 주력산업이기도 한 철강(탄소 배출 비중 32%), 석유화학(13%), 그리고 시멘트(7%)이다. 우리나라 산업전환이 특히 험난할 것을 예고한다.

상식적으로 알고 있는 것처럼, 20세기 방식의 경제성장을 이루려면 당연히 철강, 시멘트, 플라스틱이 필수적이다. 이 세 가지 원료 없이 사회 인프라와 건축을 비롯해서 산업생산을 상상하기 어렵다. 그러면 이들 산업을 포기하지 않는 이상, 철강과 시멘트와 석유화학제품과 플라스틱을 일상적으로 사용하면서도 탄소를 줄이고 경제를 운용할 방안이 있기는 한 것일까? 이 대목은 상당히 전문적인 연구가 필요하므로 여기서는 에너지 전환위원회가 2018년 발간한 보고서 〈가능한 미션: 2050년까지 감축이 어려운 분야에서 넷 제로 탄소 배출 달성하기〉 정도를 참조해보자.

우선, 재활용과 재사용을 높여서 탄소 배출을 줄일 수 있다는 것이다. 이를 테면 철강은 이미 83%이상 재사용되고 있지만 여전히 더 여지가 있고, 시멘트도 건축을 효율적으로 구성함으로써 줄이거나 재사용여지가 있으며, 플라스틱은 재생을 잘하면 크게 자원낭비와 탄소 배출을 줄일 수 있다는 것이다. 이는 경제 영역에서 '순환경제(circular economy)'를 얼마나 제대로 구축하는가에 달려 있다고 한다. 철강/ 시멘트/ 플라스틱 분야에서 순환경제를 규모 있게 고민할 필요가 있다는 것이다.

두 번째 방법은, 이들 산업에서 사용되는 에너지 효율을 높일 여지가 아직도 약 10~20% 더 있다는 것이다. 혁신기술 적용과 자본투자가 동반된다면 철강분야에서는 15~20%, 시멘트 10%, 그리고 플라스틱도 15~20% 에너지 효율화를 달성할 수 있다고 한다. 나아가서 이들 분야에서 사용되는 에너지를 전기로 바꾼다든지, 탄소포집기술을 적용한다든지 수소연료를 사용함으로써 획기적으로 효율을 높일 여지도 있다고 한다. 그리고 이외에도 다양한 연구와 실험이 있는 것으로 판단된다.

문제는 이런 전환의 기술적 가능성이 있다고 하더라도, 기업들이 어떤 동기로 전환을 서두를 것인지에 달려 있다. 우선 탄소세를 강력하게 부과하여 시장 가격기제 유인에 따라서 기업들이 에너지 효율화를 하도록 유도하는 방법이 있을 것이다. 아울러 기존 화석연료 관련 보조금이나 지원을 대폭 줄이든 대신, 청정산업이나 순환경제에 공적 투자와 지원을 늘리는 방안이 자연스럽게 고려될 수 있다. 물론 이 대목은 국가의 강력한 의지가 없다면 작동 불가능 할 것이다.


**할 수 있을 때 신속히 전환하자.**


또 하나의 유인은, 국제적으로 탄소 집약형 산업에 대한 규제가 강화되면서, 이들 산업에 대한 투자매력이 떨어지고 시장 규모가 줄어들게 되면, 기업들은 시장에서의 생존을 위해서 청정산업으로 앞 다퉈 뛰어들게 될 것이다. 예를 들어, 최근 전기자동차 전환에 따라 배터리 시장이 갈수록 커지고 있는 것을 볼 수 있다. 그 결과 2019년 현재 "메모리반도체 산업은 200조 원대 선에 정체하고 있으나 전기차 배터리가 현 성장세를 이어가면 2025년 메모리반도체를 넘어설 것"이라는 전망이 나오고 있다(디지털 데일리 2019.8.28.). 그렇게 되면 배터리 산업과 시장의 선점을 위한 기업들이 경쟁이 치열해질 수밖에 없다. 이는 최근 서서히 선점 경쟁 조짐이 보이고 있는 전기 자동차 시장도 마찬가지다. 정부의 강력한 규제가 아니더라도 자동차 업체들이 '생존'을 위해 내연기관 자동차 생산에서 전기차 생산으로의 전환을 서두르게 될 것이다.

약간 다른 사례이지만, 전통적으로 화석연료에 전적으로 의지해서 경제를 일궈온 산유국들의 움직임도 시사적이다. 이들은 석유가 잘 나올 때 확보된 자금으로 미리 그린전환을 서둘러서 나중에 석유가 시장성이 없을 때를 대비하겠다는 전략을 세우고 있다.

예를 들어서, 화석연료로 먹고 살아가는 사우디아라비아는 탈석유 시대의 사회·경제 장기 계획인 '비전 2030'에 따라 석유에 지나치게 의존하는 산업 구조를 벗어나려고 하고 있다. 현재 60GW의 태양광발전용량을 보유한 사우디아라비아는 지난 2018년, 2030년까지 발전량 200GW 규모의 태양광발전 단지를 건설할 계획을 세웠다. 이 건설작업에는 약 10만 개 일자리가 만들어지고 200조 원의 투자금이 들어갈 예정이다. 화석연료 혜택을 가장 많이 보는 산유국조차도 그린 전환을 서두르는 이유가 뭔지 심사숙고해 볼 필요가 있지 않을까?(송상현 2019)

## 정의로운 전환이라는 큰 숙제

언제나 그렇듯이 전환이 아무리 꼭 필요하고 불가피하다

고 해도, 시장논리에만 맡겨두면 언제나 약자가 전환비용과 부담을 뒤집어 쓸 가능성이 높다. 그래서 국가가 나서서 전환과정의 이익과 손해가 공정하게 부담되도록 개입을 해야 하는 것이고 이를 통상 '정의로운 전환'이라고 불렀다. 특히 대부분 탄소 배출에 책임이 있는 부자나라 상위계층들이 전환의 부담을 가장 많이 져야 하고, 반대로 탄소 배출에 적게 영향을 미친 선진국 서민들이나 개발도상국들이 피해를 보지 않도록 해야 한다.

이런 원칙의 전환을 유럽연합은 다음과 같이 표현한다. "우리 앞의 전환은 전례가 없는 것이다. 이 전환은 정의로워야 하고, 모두를 위한 것으로 되어야 한다. 우리는 이 전환과정에서 더 많은 어려움을 겪게 될 시민들과 지역들을 지원해야 한다. 그래서 아무도 뒤쳐지지 않도록 해야 한다."

이런 취지에 따라서 유럽연합은 2020년 1월 유럽 그린딜 과정에서 악영향을 가장 크게 받을 수 있는 노동자, 지역, 산업들 지원하기 위해서 "정의로운 전환 메커니즘(Just Transition Mechanism)"을 기획하여 약 1천억 유로(140조)를 조성하기로 했다고 발표한다. 그에 따라 전환과정에서 취약하게 된 노동자와 시민들을 위한 고용기회 제공과 기술교육, 에너지 빈곤에 대한 지원 등을 약속하고 있다. 또한 탄소 집약형 산업이나 지역이 저탄소기술 기반 산업으로 이행하는 것을 돕기 위해 금융지원이나 창업, 연구개발 지원을 하겠다고 공표했다(European Commission 2020).

미국의 샌더스도 그린뉴딜 4번째 공약인 "노동자를 위한 정의로운 전환"을 통해서, 한 세기 넘게 우리경제에 기여해왔음에도 불구하고 기업과 정치에서 외면 받았던 화석연료산업 노동자들을 우선하는 정책을 펴겠다고 발표했다. 구체적으로 전환과정에서 탈락한 노동자들의 현재 급여 5년 보장, 주거지원, 직업훈련, 건강, 연금지원, 더 이상 일할 수 없는 노동자에 대한 조기퇴직 지원을 담고 있다(Sanders 2019).

과거 외환위기를 포함하여 '산업구조조정'과정에서 반복적으로 사회적 약자들이 전환 부담을 안아야 했던 한국도, 이번에는 국가가 무엇보다도 먼저 전환이 정의롭게 이뤄질 수 있도록 전환비용 부담 배분 및 순조로운 전환 지원을 할 필요가 있다. 예를 들어, 자동차 산업전환이 본격화되면서 벌써부터 인력감축과 부품사 도산 위협 등이 거론되고 있는 상황이다. 석탄화력 발전을 포함한 화석연료 기반 발전산업의 전환 경우에도 마찬가지다. 하지만 이들에 대한 적극적인 대책이 아직은 준비되고 있지 않은 것 같다. 전환과정에서 에너지 산업의 공공성을 더 강화시켜 불평등 악화를 방지함은 물론, 노동자들의 안전한 전환을 공공이 책임질 수 있어야 할 것이다.

## 전환시기일 때 더욱 강조되어야 할 복지

탄소경제에서 탈−탄소 경제로 대규로 전환하는 과정에서 기존 복지시스템이 얼마나 탄탄한지가 매우 중요할 수 있다.

생태경제, 청정경제는 자원 집약적 서비스가 아니라 반대로 노동집약적 서비스에 대한 선호가 높다. 따라서 사회서비스의 확대와 다양화는 전환과정을 뒷받침할 사회 안전망으로서 뿐만 아니라, 청정경제의 확대를 위해서도 전략적으로 중요하게 위치설정이 다시 매겨진다. 또한 앞서 지적한 것처럼 "하위계층일수록 전환에 대비하는 자원이 부족해 더욱 불평등이 심화"될 수 있기 때문에 그린뉴딜은 전환과 복지의 결합을 튼튼히 하는 전략을 반드시 담아야 할 것이다.

한국의 경우 사회적 약자와 하위계층의 복지강화에 추가적인 노력을 기울일 필요가 있다. 이를 위해 우선 공공부조를 대폭 보강하고(실업부조제도 도입이나 기초연금 인상), 아동 기본소득, 청년 기본소득, 농민기본소득, 노인기본소득 등을 종합해 생애주기별 사회수당 프로그램을 구축하는 것이 필요할 수 있다. 아울러 그린뉴딜 프로젝트 과정의 일부로서 사회서비스 인프라의 확충을 포함하는 것도 필요하다.(정의당 그리뉴딜경제위원회 내부 보고서)

# 그린뉴딜의
# 이해관계자들

# 18

## 그린뉴딜의 플레이어들

**그린뉴딜이 만들어낼 새로운 '그린뉴딜 동맹'**

자 이제 누가 어떤 사람들과 협동해서 그린뉴딜 정책을 지지하고 참여하고 이끌어 나갈 수 있을지 점검해보자. 이 주제는 미국 오카시오 코르테스 의원이 했던 얘기에서부터 시작하겠다. "우리 스스로가 꽤 크고 대담하다고 생각하는 해법들조차도, 사실 기후위기가 우리에게 던져준 문제의 진짜 규모에 비슷하게라도 접근한 적이 없습니다."

그렇다. 기후위기 대처를 전시상황에 비유하는 것은 괜한 얘기는 아니다. 사실 그린뉴딜이 '뉴딜'이라는 개념을 빌려오는 순간, 그 때부터 전사회적 동원(?)을 전제로 하는 국가적 프로젝트라는 것을 암시해준다. (난감하게도 한국에서는 그냥 일자리 만들기 프로젝트라면 아무거나 뉴딜이라고 이름붙이는 습관이 되어 있는데, 원래 뉴딜은 사회적 난국에 맞선 국가적 자원동원 프로젝트라고 보는 것이 그 기원에 비추어 정당하다고 본다.) 다만 원조 뉴딜이라고 할 1930년대 루스벨트 뉴딜 당시에는, 당대의 시대적 한계 때문에 대체로 탑다운 방식의 국가프로젝트, 즉 동원방식의 특성을 띠었다고 볼 수 있다. 하지만 지금은 훨씬 더 참여적이고 분권적으로 수행할 수 있는 시민적 역량이 되었다는 점이 다르지 않을까?

그럼에도 불구하고 '전시에 준할 만큼' 위기의식을 가지고 전사회적 집중을 한다는 사실은 달라지지 않았다. 때문에 그린뉴딜을 지지하는 영국 경제학자 앤 페티포는 "〈그린뉴딜〉이라는 통일된 기치아래 수백만이 뭉쳐야"한다고 강조하지 않는가? 똑같이 나오미 클라인도 그린뉴딜이 대규모 지지자를 모을 수 있어야 한다고 진단한다. 이런 이유로 일부 환경운동가들이 그린뉴딜을 비판하면서 "탄소 배출을 줄이기 위한 계획에 집중하지 않고, 경제적 사회적 정의를 추구하는 데까지 관심을 확장함으로써 기후위기 행동을 어렵게 만드는 것이 아닌가 의심"하는데 대해서도 나오미 클라인은 적극적으로 반박한다. 오히려 그린뉴딜이 노동자나 지역커뮤니티 주민들과 탄소 배출 문제를 적극적으로 결합시킴으로써, 기존 시스템을 개혁하고자 하는 광범위한 계층의 대중운동으로 추진될 수 있다는 것이다. 그린뉴딜은 그냥 헛소리가 아니라 수많은 일자리를 만들어내고 그린 인프라를 구축하게 될 것이고 그렇게 되면 많은 시민들이 동참하게 될 것이라고 나오미 클라인은 역설한다.(Klein 2019)

사실 이 대목이 한국사회 그린뉴딜 초기 동력을 만드는데 가장 어려움을 겪을 것 같다. 그러나 단서는 있다. 청년, 심지어 청소년 등 미래세대가 기후위기 감수성이 훨씬 뛰어나기 때문에 외국에서와 마찬가지로 한국에서도 이들이 먼저 움직일 개연성이 높다. 또한 기후 위기 감수성이 높은 특정 지역 커뮤니티가 먼저 움직일 개연성도 높다. 이를 테면 석탄화력이 집중된 충남이나, 아니면 아예 태양광 발전이 꽤 진도가 나간 호남에서 반응이 높을 수 있다. 어쩌면 자동차산업에서 전기차 전환이 얼마나 빠르게 진행되는지에 따라서 자동차 산업부문에서 움직임이 커질 수도 있다. 그러나 초기단계이므로 어떤 가능성도 열어놓는 것이 좋지 않을까?

## 현재의 행동 없이 미래를 말하는 자들을 믿지 마라?

그러면 기후위기는 범지구적 문제이기 때문에 아무도 반대하지는 않을 것인가? 물론 그럴 리는 없다. 사실 환경문제에 대한 일반의 흔한 오해중의 하나는, 모든 시민들이 탄소 배출에 책임이 있으며 모든 시민들이 해결을 위해 의지를 모아야 한다는 사고발상이다. 엄청난 자원과 엄청난 참여를 요구하기 때문에 두리뭉실하게 1/N이 책임이 있으며 모두가 1/N 만큼 참여하자는 논리, 그래서 대충 '무임승차'를 해도 눈에 띄지 않는 이런 방식을 그린뉴딜은 지지하지 않는다.

그린뉴딜은 탄소 배출의 책임이 명확히 비대칭적이라고 단언한다. 세계인구의 단 10퍼센트가 전체 탄소 배출의 절반을 만들어내고 있으니, 이들이 탄소 배출 감축에 더 많은 비용을 내야 한다고 요구한다. 특히 세계 석유메이저 회사들이 매우 큰 책임을 질 것을 요구한다.(심지어 경제학자 앤 페티포는 탄소세를 일부 탄소경제 자산가에게 국한해 과세하자고 하기도 한다.) 세계인구의 절반이상은 탄소 배출의 20% 미만밖에 책임이 없으므로 이들이 전환과정에 피해를 봐서도 안 된다고 주장한다.(Petiffor 2019)

따라서 그린뉴딜 전환과정에서 일부 기존 탄소 집약 자본의 '좌초 자산(stranded assets)화'나 조기 매몰을 불가피한 것으로 보며, 반대로 새로운 청정산업이나 청정자산은 공유재로 만들거나 지역주민자산으로 만들 것을 요구한다. 심지어 유엔이 경고한 대로 1.5도 이하로 지구온난화를 억제하려면 화석연료의 84%는 사용하지 않고 영원히 땅에 묻어둬야 한다는 진단까지 나오고 있는 상황이다(파이낸셜 타임스 2020.2.14.) 이 대목에서 그린뉴딜은 불평등 해소와 적극적으로 결합하려고 노력하는 것이다.(물론 구체적 방법이 뭔지에 대해서는 아직 모호한 지점이 많은 것 같다.)

Fossil fuel economics

84%
Of the remaining fossil fuels would need to remain in the ground to meet the 1.5C global warming target and put a brake on climate change

59%
Of fossil fuel reserves would have to be left untouched to meet the 2C global warming upper limit set for countries in the 2015 Paris climate deal

4%
Of the remaining carbon stock would be left untouched in the unlikely event that the warming target was revised up to 3C

온난화 목표에 따른 화석연료 좌초자산 비율(출처 : Financial Times)

당연히 말로만 기후변화 대응에 동의해왔던 소수 엘리트 기득권들이 그린뉴딜을 찬성할리가 없다. 나오미 클라인은 이 점이 보수주의자들로 하여금 그린뉴딜이 사회주의 정책이라면서 베네수엘라처럼 갈 거라고 비난하는 이유라고 한다. 따라서 어떤 대목에서 보면, 그린뉴딜은 기존의 탄소경제에서 자원을 독점한 기득권 집단과의 일종의 계급투쟁을 동반할 수밖에 없지 않을까? 모두에게 좋은 정책이라고 말하는 것은 실상 아무에게도 도움이 되지 않는 정책일 가능성이 높고 결국에는 기존에 많이 가진 사람이 이익을 얻을지 모른다.(Klein 2019)

그렇다면 그린뉴딜과정에서 기업의 역할은 없단 말인가? 흔히 말하듯이 탈-탄소가 대세이고, 전기자동차처럼 탈-탄소산업으로의 전환이 가시화되면 자본 역시 경쟁적으로 이 방향으로 뛰어들 수도 있다. 그러면 이런 동기와 자극을 좀 더 적극적으로 주어 그린뉴딜 전환에 기업이 열성적으로 참여하게 할 수 있나? 한 가지는 유념해야 한다. "탄소 제로 경제에서도 이윤을 올릴 여지는 충분하다. 하지만 이윤 동기가 탄소 제로 경제를 향한 대대적인 변혁을 이끄는 산파 노릇을 할 수는 없다."(클라인 2014:356)

## "우리는 이 순간을 위해 태어난 거다"

그러면 기존 탄소경제 기득권이 강력히 반발하는 가운데, 그들에게 전환비용을 부담하게 하면서, 환경운동가들 뿐 아니라 노동자와 지역 커뮤니티까지 광범위한 그린뉴딜 동맹을 만드는 것이 정말 가능하기는 할까? 아마 쉬운 일은 아닐 것이다. 더욱이 한국에서 '기후위기'에 대한 공감대가 아직은 많지 않다. 그리고 환경운동과 노동자, 지역 공동체가 함께 환경정의와 경제정의를 교감하면서 개혁에 참여한 경험도 적지 않은가?

하지만 이 지점에서도 나오미 클라인은 다시 말한다. 지금 가장 큰 장애물은 '희망을 잃는 것'이고 기후위기에 대처하기에는 너무 늦은 것이 아닐까 하는 두려움을 갖는 것이라고. 이어서 "세계 곳곳에서 이미 오랜 동안 지역에서 기후변화 대처를 위한 운동과 노력이 있어왔고, 지금은 거리에서, 학교에서, 직장에서, 그리고 정부안에서도 그러한 운동이 일어나고 있다. 우리의 미래에 관한 것이라면 우리가 이루지 못할 것은 없다"고 말한다. 실제로 세계 곳곳에서 빠르게 그런 일이 벌어지고 있다. 나오미 클라인은 비장하게 덧붙인다. "우리는 이 순간을 위해 태어난"거라고(Klein 2019)

# 19

# 금융은 기후위기를 어떻게 보고
# 있을까? '녹색백조' 이야기

## 칠면조의 비극적 운명

"칠면조가 한 마리 있다. 주인이 매일 먹이를 가져다준다. 먹이를 줄 때마다 '친구'인 인간이라는 종이 순전히 '나를 위해서' 먹이를 가져다주는 것이 인생의 보편적 규칙이라는 칠면조의 믿음은 확고해진다. 그런데 추수 감사절을 앞둔 어느 수요일 오후, '예기치 않은' 일이 이 칠면조에게 닥친다. 칠면조는 믿음의 수정을 강요받는다."

글로벌 금융위기를 목전에 둔 2007년, 《블랙스완》이라는 책을 출간하여 세계적으로 유명해진 나심 탈레브(Nassim Taleb)가 버트란트 러셀에서 빌려와 인용한 대목이다.

추수감사절에 자신의 목숨이 다하는 '예기치 않은 돌발사건'이 생길 것을 꿈에도 생각하지 못한 칠면조는, 매일 주인이 먹이를 가져다주는 일상에 적응될 뿐 아니라, 특히 추수감사절이 가까워짐에 따라 주인이 먹이를 더 친절하게 더 많이 가져다주는 것에 안심하고 그런 일상이 영원하리라고 착각한다. 그러나 그런 믿음은 추수감사절이라는 한순간의 돌발사건으로 무너진다는 뜻이다. 칠면조 요리가 주인 식탁에 올라오는 것으로.(나심 니콜라스 탈레브 2007)

이는 마치 글로벌 금융위기 직전까지 집값이 계속 오를 것이라고 착각하고, 빚 얻어서 너도 나도 주택투기에 뛰어들었지만, 그 정점이었던 2007년 주택 거품의 붕괴와 함께 한순간에 신뢰가 붕괴되는 상황을 너무 잘 그려냈다는 평가를 받았다. 아울러 미래의 불확실성이 가져올 금융이나 경제 충격을 설명해주는 개념으로 '블랙스완'을 유행시키는 계기가 되었다.


### '블랙스완'이 아니라 '그린스완'?

탄소 의존형 경제가 기후위기의 근원이 되고 있다는 점에서, 그리고 자본 편향으로 유리하게 작동하는 경제가 불평등의 배경이 되고 있다는 점에서, 기후위기나 불평등이 똑같이 경제 시스템에 뿌리를 두고 있다는 점은 앞서 얘기했다. 그런데 결과 측면에서 봐도 이 양자는 경제와 밀접히 연결되어 있다. 심각한 불평등이 적어도 중장기적으로 경제성장을 저해할 수 있다는 얘기는 이제 IMF나 OECD의 공식적인 견해에 가까울 정도로 널리 받아들여지고 있다.

그러면 또 다른 질문, 심각한 기후위기는 경제 안정에 어떤 영향을 줄 것인가? 이 대목은 비교적 최근에야 다양하게 주목받는 것 같다.

2020년 1월, 중앙은행들의 모임인 국제결제은행(BIS)은 "기후위기가 금융 위기의 원인"이 될수 있다면서 〈그린스완:기후변화시대의 중앙은행과 금융 안정성〉이라는 흥미 있는 보고서를 발표했다. 보고서는 기후변화가 다른 위험과 달리 비선형적이고 연쇄반응 효과를 불러일으키는 '복잡계적 변화'의 특징이 있다고 분석한다. 그리고 기후변화는 재산파괴나 재난을 동반할 수 있는 물리적 위험(physical risk)과, 무질서하고 혼란스런 탄소감축이 발생시킬 수 있는 전환적 위험(transition risk) 두 가지를 금융시스템에 안겨줄 것이라고 전망한다.

그 결과, 기후변화는 예기치 못한 거대충격을 몰고 올 수 있다는 의미에서 "그린스완(Green Swan)", 또는 "기후라는 블랙스완(climate black swan)" 사건이 될 수 있으며, 다음번의 금융 시스템 위기의 원인이 될 수 있다고 분석한다. 그러므로 이제부터 중앙은행들은 기후위기를 금융 위기 발생의 중요한, 매우 특별한 요인으로 보고 모니터링 방안이나 대처 방안들을 준비하라고 권고한다. (중앙은행들은 이렇게 꽤 공식적으로 화두를 던진 것 같은데, 정부 재무부들에서는 아직 어느 정도 수준의 문제의식이 있는 건지 모르겠다.)

## '그린스완'은 '블랙스완'과 다르다?

그런데 BIS는 '그린스완'이 종래의 '블랙스완'과 다를 수 있다는 점을 특히 강조해서 주목을 끈다. 우선 미래의 기후위기는 금융이나 부동산 시장 이상으로 과거 데이터들을 가지고 예상해낼 수 없다고 판단한다. 기후위기가 갖는 심각한 불확실성 때문에, 이제까지 해오던 것처럼, 역사적 추세로부터 추정된 단순한 "회고적 위험 측정모델(backward-looking)"으로는 미래 시스템 위험에 총체적으로 대응하기 어렵다고 보는 것이다. 그래서 시나리오 기반 분석에 토대를 둔 "전망적 접근법(forward-looking Approaches)"을 새로 개발할 것을 요구한다.

더욱이 기후 위기는 미래의 불확실성이 극도로 높은 점에서만 '블랙스완'과 다른 점이 있는 것이 아니라고 강조한다. 즉, 기후위기로 인한 충격이 극도로 불확실하다고 하지만, 사실 기후위기의 몇 가지 위험은 미래에 현실화될 것이 '확실'하다는 것이다. 다시 말해서 발생시점과 충격의 크기가 불확실하다고 하더라도, 위기가 터지는 것은 '확실하게 예정'되어 있기 때문에 지금 과감한 행동에 나서야 한다는 것이다. 매우 의미 있는 지적이라고 생각한다.

두 번째 '그린스완'이 '블랙스완'과 다른 점은, 기후위기가 인류 전체 생존의 위험을 초래하기 때문에 다른 금융시스템 위기보다 비교할 수 없이 훨씬 위험하다는 점이다. 즉, 기후위기와 관련된 복잡성이 블랙스완 사건에 비해 압도적으로 높을 뿐 아니라, 기후위기가 초래할 복잡한 연쇄반응이나 전파 효과는 근본적으로 예측 불가능한 환경적, 지리정치학적, 사회경제적 역학을 만들어낼 것이라는 점이다. 따라서 중앙은행만의 준비로 대처가 가능하지 않을 뿐 아니라, 한두 가지 대처로 해결될 수도 없다는 데 '그린스완' 사건의 특징이 있다고 평가한다.

## '그린스완', 탄소세(Carbon Tax) 만으로는 대응할 수 없다?

노벨경제학 수상자 윌리엄 노드하우스(William Nordhaus)를 필두로 많은 이들이 기후위기에 대처하는 가장 효율적 방법으로 탄소세를 제안해왔다(윌리엄 노드하우스 2013). 기후위기를 부정적 외부성으로 보고 탄소세와 같은 피구세(Pigouvian tax)를 부과하여 탄소의 사회적 비용을 내부화함으로써, 경제주체들이 탄소 효율화를 추구하거나 저탄소 부문으로 자본을 이동시키도록 인센티브를 부여하려는 경제학적 처방이다. 그런데 기후위기가 발생시킬 '그린스완 사건'은 탄소세만으로 해결하기 어려운 몇 가지 특징이 있다고 진단한다.

첫째, 탄소세는 회색자산(brown assets)에서 그린자산(green assets)으로 자본을 이동시키는데 충분할 만큼의 조세를 부과하는데 지금까지 실패해왔고, 더 광범위한 시민사회 압력이 없다면 앞으로도 그럴 것이라는 점이다. 둘째, 기후변화는 단지 시장 실패의 또 다른 사례로만 보면 안 되고, 전 세계가 이제까지 경험한 "가장 심각한 시장 실패"로 봐야 한다는 것이다. 따라서 장기적 시야까지 감안해서 기후변화에 제대로 대처하려면, 짧은 시간에 탄소세를 급격히 올려야 하는데, 이런 과감한 대책은 거꾸로 단기적 시야에서 볼 때 금융시장의 급격한 위축을 가져오는 이른바 '기후 민스키 모먼트(climate Minsky Moment)'를 발생시킬 수도 있다고 진단한다.

셋째, 기후위기는 시장 실패의 영역을 넘어서 시민들의 삶의 방식, 장기적인 윤리문제, 공공선을 위한 국제적 협력 등의 면에서 제도적, 사회 기술적 시스템 전반의 변화를 요구한다. 하지만 이제까지 지속되어 온 제도적, 사회기술적 관성을 탄소세라는 자극만으로 모두 변화시켜낼 수는 없다는 진단이다. 이를테면, 초기 국면에서는 적극적 재정정책으로 기반시설 투자를 진행할 필요도 있는 등, 사회적 혁신을 포함하여 통화정책과 재정정책 등 복잡한 정책조합이 필요하다는 것이다. 또한 전례 없는 방식의 국제적 공조도 매우 중요하다고 본다. 한마디로 새로운 기술, 새로운 제도, 새로운 문화 프레임 등이 나와야 하는 등 기후변화에 대응하는 싸움은 '다차원적'인 성격을 갖는다는 것이다. (탄소세가 그린뉴딜 정책에서 어떤 역할을 할지는 아직 모호하다. 미국 그린뉴딜 정책들에서는 탄소세가 아직은 중요하게 취급되고 있지 않은 것 같다. 반면 유럽 그린딜은 일정한 의의를 부여하고 있다.)

## '시야의 비극(the tragedy of the horizon)'을 넘어서?

요약하면, BIS는 금융과 경제 측면에서 기후위기를 '그린 스완'사건으로 규정하고, 중앙은행이나 정부 등 책임 있는 경제 통화정책 조직들이 여기에 대한 준비를 해야 한다고 제안한 것이다. 이는 아주 중요한 진전으로 보인다. 더구나 '그린스완'은 이제까지 재정당국이나 통화당국이 대처해왔던 여타의 위험들과 달리, 극도의 미래 불확실성뿐만 아니라, '상당한 시간 지연(large time lags)'이 발생하는 특징이 있다는 점까지 인정을 하고 있다.

국제결제은행
'그린스완' 보고서 표지

시간 지연이란, 탄소 배출로 인한 기후위기 악영향이 현실로 나타나는데 걸리는 시간이 매우 길어 현재의 경제 주체들이 해결에 나설 유인이 없다는 점을 지목한 것이다. 대부분의 정책 결정자들의 시야가 자신의 임기 이내로 한정되어 있고, 신용평가회사나 중앙은행의 스트레스 테스트도 겨우 3~5년 이상을 보지 않는 등, '시야의 비극(the tragedy of the horizon)'이 일어날 수 있기 때문이다.

물론 아직 BIS조차도 중앙은행들이 닥쳐올 것이 '확실한' 기후위기를 막기 위해 적극적인 예방적 행동을 해야 한다고 주장하는 것은 아니다. 기껏해야 기후위기로 인한 충격이 닥쳤을 때, 금융을 어떻게 안정화시킬 것인가에 초점이 가 있는 정도다. 그렇다 보니 중앙은행들이 그린스완 사건을 막기 위해서 "최후의 기후 구조자(climate rescuers of last resort)"가 되어서, 위기가 닥쳤을 때 가치가 폭락하는 탄소 의존형 자산들이나 기후위기로 물리적 손실을 입을 자산을 대규모로 매입하자는 정책들을 염두에 두고 있는 것 같다. 이 연장선에서 '그린양적 완화(green quantitative easing)' 정책도 논의가 되는 것 같다.

그러다 보니, 이 제안들 중에는 그린뉴딜 같은 정책을 제안하고 중앙은행이 여기에 얼마나 지원할 것인지는 없다. 또한 기후위기 과정에서 정의로운 전환을 돕기 위한 대규모 지원(완전고용 임무에 대응해서) 같은 논의도 없다. 나아가 위험이 왔을 때 대처방안은 많은데, 예방적으로 어떻게 화석기반 경제에서 탈−탄소 경제로 이행하도록 도울 것인지에 대해서는 많지 않다. 따라서 앞으로 그린채권이나 그린뱅크와 같은 보다 선제적이고 적극적인 탈탄소경제 전환 대책들이 고민될 필요가 있다.

# 20

## 국가와 지역은 그린뉴딜을 위해 무엇을 해야 할까?

**그린뉴딜은 왜 '혁신국가'를 호출하는가? '최초의 투자 의지처 (investor of first resort)'**

기후위기를 전쟁에 비유하는 사람들이 늘어나다 보니, '기후위기와 경제의 관계' 역시 '전쟁과 경제의 관계'와 자주 비교된다. 좀 과감한 주장을 하는 사람들은 전쟁조달을 위한 경제구조 개혁을 했던 것과 유사하게 기후위기를 막기 위한 경제구조 개혁을 주창하기도 한다. 어쩌면 당연한 얘기다. 전시에 대비하고 전시에 자원을 동원하여 성공적으로 시민들의 안전을 지켜낼 일차적 책임은 누가 지는가? 말할 필요도 없이 국가다.

대한민국의 영원한 트라우마인 외환위기를 떠올려보자. 당시 우리 경제는 손쓸 수 없이 추락하여 공장과 은행들이 줄줄이 문을 닫고 수많은 노동자들이 직장을 잃었다. 바로 그때 한국의 이산화탄소 배출이 1997년 5억 환산 톤에서 1998년 4.3억 환산 톤으로 약 14% 줄었던 적이 있다. 한국이 기후변화를 막기 위해 유엔 권고대로 탄소를 줄이려면, 지금부터 10년 안에 외환위기 충격으로 경제가 쪼그라들어 줄었던 탄소 14%가 아니라 50%를 줄여야 한다. 몇 번의 외환위기를 10년 안에 연달아 겪어야 할 정도로 상상 불가능한 충격이다.

이런 급격한 경제 충격 대신 계획적 전환과정으로 만들어 내려면, 너무 당연하게 시민들 각자가 전구를 교체하고 동네에서 재활용 잘한다고 되겠는가? 개인을 넘어, 특정 지역과 영역을 초월하여, 국가적이고 글로벌하게 급격한 구조변화를 추진해야 할 것이다. 당연하게도 시장경제에서 예측불가능하게 전개되는 가격 신호에 따라 기업들이 행동과 방향을 바꾸는 속도를 훨씬 뛰어넘어야 한다. 특히 국가는 탈─탄소 전환에 대한 확고한 의지와 전망을 보여주는 '혁신의 방향 제시자'가 되어야 한다. 그래서 시민들도, 시장의 기업들도 탄소 집약형 산업에 더는 집착하지 않고, 방향을 바꿔야 살 수 있다는 확고한 믿음을 갖게 해주어야 한다(마이클 제이콥스 외 2016).

또한 국가는 전환을 기술적으로 담보할 녹색기술 혁신과, 녹색 인프라를 구축하는 데서 중심역할을 맡아야 한다. 마치 국가가 전쟁에 직면했을 때 맡아야 하는 역할처럼 국가는 '최초의 투자 의지처(investor of first resort)'가 되어야 한다. 그게 독일재건은행(KfW)이 재생에너지 전환에서 했던 역할이고, 중국의 공공은행이 했던 역할이다. 심지어는 오바마 정부의 초기 그린뉴딜 정책에서도, 비록 매우 부족하지만 재정 710억 달러를 그린투자로 돌리고 200억 달러를 녹색 부문 세금 인센티브를 준 결과, 고용를 늘리면서 환경친화적 지속가능경제로의 전환도 얼마간 진전시킬 수 있었다(Harris 2013).

미국 진보연구소 '뉴 컨센서스'도 그린뉴딜 보고서를 발표하면서 다소 완곡하지만 이렇게 표현했다. "아무리 개별적으로 뛰어난 플롯이나 바이올린 주자가 있다 하더라도 지휘자 없는 오케스트라가 좋은 교향곡을 연주할 수는 없다. 국가는 그린뉴딜의 방향을 제시해주고 큰 규모의 지원을 해주고 필요한 사항에 긴급하게 반응해줘야 한다."(Gunn-Wright, Rhiana et. al. 2019)

## 그린뉴딜의 특별한 장점, 지역의 역할

아마 2020년대의 그린뉴딜이 90년 전의 루스벨트 뉴딜과 행위 주체 측면에서 가장 많이 달라진 점이 있다면, 분권적이고 주민 참여적이어야 한다는 점이 아닐까 싶다. 물론 냉정한 현실은 주민 참여는 고사하고 태양광이나 풍력 등 재생에너지 지지 분산 설치 과정에서 주민과의 갈등을 빚는 경우가 아닐까? 하지만 그럴수록 지역주민과의 공론장 형성, 주민들의 지분 참여나 이익 참여 등을 적극적으로 도모하고 이 과정에서 지방정부가 역할을 하도록 권한을 주는 것이 필요할 것이다.

"주민들이 소유와 이익 분배에 참여한다면, 시설 유치에 반대하는 님비 현상 대신 시설 유치를 환영하는 풀(POOL: Please on our Land)현상이 타나날 것이다.". "분권화 방식의 계획을 최대한 폭넓게 시행해야 한다. 자신들에게 가장 적절하고 효과적인 방법을 구상할 수 있도록 각 지역 사회에 도구와 권한을 넘겨주어야 한다."(나오미 클라인 2014).

확실한 것은 재생에너지 발전이나 순환경제, 노동집약적 돌봄경제 등을 포함한 탈-탄소 경제가 상대적으로 매우 '내수 지향적'이라는 사실이다. 특히 많은 그린칼라(Green Collar)

일자리(재난 방어, 재생에너지, 에너지 효율화, 사회적 돌봄, 교육, 예술, 주거와 교통)는 해외로 빠져나가기 어려운 것들이다. 따라서 그린뉴딜 재정 지출은 일자리 창출을 가져오고 세수확대로 이어져 스스로 재원을 조달할 수 있을 것이라는 기대가 있다.(Petiffor 2019)

아직은 지역 내수를 눈에 띄게 살릴 수 있는 탈-탄소 경제의 규모화가 눈에 띄지는 않을 것이다. 소소하고 부차적인 실험 외에 제대로 도전한 것이 없기 때문일 것이다. 그러나 그린뉴딜이 지나치게 중앙정부 중심의 하향식 지출이나 대규모 사업에 치중하지 않고, 지역별 특성을 감안하여 분권적으로 추진한다면 더 많은 주민들의 참여와 더 다양한 지역경제 활성화에 도움을 줄 수 있을 것이다.

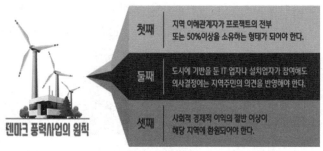

덴마크 풍력사업 지역주민 참여 원칙(출처 : 서울시 협치 교육자료)

## 또 하나의 소중한 지역 농촌

농업은 경작과 관개수로, 수확과 저장, 가공과 포장, 도소매 과정에서 적지 않은 에너지를 소비한다. 또한 화학비료나 농약, 농기계의 대량 사용으로 인해 대량의 탄소 배출을 한다. 특히 지구상에 14억 마리의 소가 사육될 정도로 거대한 축산업은 이산화탄소보다 25배나 온실효과가 높은 강력한 메탄가스 발생의 주범일 뿐 아니라 미국의 경우 곡물 생산의 절반은 가축이 소비할 정도로 곡물 소비에 큰 영향을 미친다(제레미 리프킨 2019).

그럼에도 불구하고 전 세계적 차원에서 가장 탈-탄소 경제 이행이 느린 분야가 바로 농업과 축산업이다. 예를 들어, 선도적으로 에너지 전환을 하고 있는 유럽조차 산업분야는 에너지원으로 재생에너지를 약 15%정도 사용하지만 유독 농업에서는 절반인 7%만 재생에너지로 사용한다. 일찍이 저탄소 농업으로의 전환은 유기농, 또는 생태기반 농법으로 대표되어 왔는데, 그럼에도 아직 유럽이 6.7% 정도, 미국은 고작 0.6%정도란다. 한국은 약 2%정도이다. 또한 외국 일부에서는 토양을 갈아엎지 않고 항상 식물로 뒤덮게 해서 대기 중의 탄소를 토양이나 식물 뿌리로 더 많이 저장시키는 이른바 '탄소 농사(carbon farming)'를 시도하는 것으로 알려졌다. 아울러 농촌에서 농사와 태양광, 풍력발전을 함께 이용할 수 있도록 농지 활용도를 높이는 사례들도 늘려나가고 있다. 어떻게 이들 기초적인 시도를 모아서 농업과 농촌을 살리면서도 기후대처에 합류하는 그린뉴딜 농업전략을 구체화할 지는 아직 숙제인 것 같다. 더 고민하고 당사자들과 토론하고 협의할 일이 많이 남았다.

# 21

# 다시 보는 케인스의 '전비조달론'

**왜 하필 초저금리 시대에 국가는 돈을 빌리지 않았을까?**

그린뉴딜이 단지 시장의 가격 메커니즘을 변화시켜 추진될 범위를 넘어서, 단시간 안에 국가적 프로젝트가 되어야 한다면 남은 질문은 하나다. 어떻게 수많은 탈–탄소 산업 투자 프로젝트들(재생에너지 발전 건설, 스마트 그리드 시스템 구축, 탈–탄소 도로와 도시 공간 혁신, 매연기관 폐기와 전기자 구매 촉진, 그린 리모델링, 탈–탄소 경제를 지원할 연구개발)에 투자할 자본을 동원할 것인가?

대부분은 정부의 통화정책과 결합된 확장적 재정정책이 답이라고 말한다. 이 대목에서 경제학자 앤 페티포(Ann

Pettifor)는 질문한다. 왜 지난 10년 동안 선진국들은 제로금리 수준의 최저금리를 지속시키면서도, 그렇게 이자가 쌀 때 돈을 빌려 경제를 부양하지 않고 '재정 건전성'에 집착했을까? 사적 투기꾼들이 중앙은행들의 양적완화로 풀린 돈을 동원해서 주식과 부동산 거품을 다시 일으키면서 자산 불평등을 더욱 키울 동안, 왜 정부들은 양적완화의 혜택을 보지 않고 방치했을까? 어쨌든 현실에서 양적완화는 자산거품을 만들어냈을 뿐, 실물경제가 사실상 디플레이션에 빠지는 것을 중앙은행 단독으로는 막지 못했다. 자산거품은 이미 부유한 사람들을 더 부유하게 만들면서 불평등을 심화시켰다. 결국 통화급진주의(monetary radicalism)와 재정보수주의(fiscal conservatism)는 실물경제를 죽이고 자산거품만 키워서 이미 자산을 소유한 부자들을 더욱 부자로 만드는 불평등 심화에 기여했을 뿐이다(Petiffor 2019).

한국경제를 봐도 다르지 않다. 지금 경제는 어떤 상태인가? 어떤 대목에서 보면, 지금 부동산 투기가 유행한다든지, 설비투자가 거의 반도체 등 극히 일부 업종에만 매달리는 현상은, 생산적인 투자처를 제대로 만나지 못하고 있기 때문일 수 있다. 투자는 되지 않고 저축이 넘치는 가운데 그 압력은 자꾸 부동산 거품으로 터져 나온다. 혁신이라고 해봐야 생산적 투자처라기 보다는 약간의 비즈니스 모델을 바꾸는 플랫폼 기업들을 '유니콘 기업' 육성이라고 난리를 치는 것뿐이다. 따라서 현재 역사적 유래가 없는 낮은 저금리 시대를 최대한 활용하여, 거대 투자처, 즉 화석연료로부터 탈출하여 탈–탄소 경제로 가기 위한 기반시설, 산업, 도시와 교통, 주거와 빌딩의 대대적인 투자를 할 여지는 충분할 수 있다. 사실 이런 각도로 보면, 엄청난 재원이 어디 있어서 그린뉴딜을 하냐고 반문하는 것 자체가 잘못된 질문이 될 수도 있다.


## 제1기 그린뉴딜이 실패한 이유?


재정 건전성이라는 족쇄는 유럽과 미국에서 2008년 제기되었던 그린뉴딜 정책이 꽃을 피워보기도 전에 좌절시킨 주범이다.

결국 '확장적' 재정을 기획하지 않고서는 국가는 그린뉴딜을 위해서 할 것이 별로 없는 것이다. 그리고 지금과 같은 초저금리와 낮은 물가가 지속되고 저축이 늘어난 시기에, 인프라 투자의 성격이 강한 그린뉴딜을 위해 정부가 동원할 재정이 부족할 것이라는 설정은 근거가 희박한 것이다. 이런 취지에서 경제학자 페티포 역시 정부가 탄소세 등을 기반으로 재원을 조달하거나, 국내의 상당한 저축 풀에 의지해서 국채를 발행하거나, 중앙은행과 상업 은행 등이 대출과 융자 등으로 신용창출을 하는 등의 그린뉴딜 재원조달 방법을 광범위하게 고민할 수 있다고 말한다.


## 제대로 실행되어야할 탄소세

그린뉴딜 비용조달과 관련해서 진보적인 레비 연구소(Levy Institute)는 1940년대 제2차 세계대전 당시의 전비조달을 고민하면서 케인스가 썼던 소책자 〈전비조달론(How to Pay for the War)〉을 호출한다. 그리고 그에 빗대어 〈그린뉴딜 비용조달론(How to Pay for the Green New Deal)〉이라는 보고서를 낸다. 매우 상징적이다. 사실 지금 기후위기에 대처하는 그린뉴딜을 전시에 대처하는 수준으로 사고해야 한다는 얘기는 여러 차례 했는데, 실제 미국의 경우 제2차 세계대전 당시 경제 규모의 무려 1/3을 전쟁으로 조달했다고 하니 과연 그린뉴딜을 이 정도까지 상상하고 있을까? 그린뉴딜은 재정적 차원에서 그때보다 좀 더 유리한 조건에서 추진될 여지가 넓다.(Nersisyan, Yeva. Wray, Randall 2019)

첫째, 그린뉴딜이 탄소에 의존하는 산업과 도시에서 탈-
탄소 산업과 도시로의 방향 전환을 뜻하므로, 추가적 재원을
조달하기 이전에 지금까지 탄소 집약형 산업에 지원되던 재정
을 그린뉴딜 재정으로 전환하는 데 주력하면 총재정 규모가
증가되지 않고 상당한 녹색 투자 재원이 형성될 수 있을 것이
다. 둘째, 정부가 공식적으로 녹색채권을 발행하여 재원을 조
달하는 방법도 있다. 과거와 달리 상당한 저축이 국내적으로
누적된 상황에서 인플레이션을 유발하거나 과도한 이자 부담
을 주지는 않을 것이다. 셋째, 탄소 배출에 비례해서 화석연
료에 탄소세를 제대로 부과하면, 이를 그린뉴딜 재원으로 사
용할 수 있을 뿐 아니라, 탄소세가 화석연료 사용을 억제하고
재생에너지로의 전환을 촉진하는 시장 가격 기제 역할을 하
게 될 것이다.

이와 관련하여 지난 2019년 1월 경제학자 3천여 명이 탄소
배당에 관한 경제학자 선언문(Economists' statement on carbon
dividends)이라는 이름으로 서명한 내용을 확인해보는 것도 좋
을 것이다. 선언문이 다섯 가지 원칙 가운데 앞의 세 가지를
소개하면 아래와 같다.

첫째, 탄소세는 필요한 규모와 속도로 탄소 배출을 줄이는

가장 비용 효율적인 수단을 제공한다. 잘 알려진 시장 실패를 수정함으로써, 탄소세는 시장의 보이지 않는 손을 이용하여 저탄소 미래를 향해 경제 행위자들을 이끌 수 있는 강력한 가격 신호를 보낼 것이다.

둘째, 정부 규모에 대한 논쟁을 피하기 위해, 배출량 감축 목표를 달성하고 수입(Revenue) 중립이 될 때까지 매년 탄소세가 인상되어야 한다. 탄소 가격이 지속적으로 상승하면 기술 혁신과 대규모 인프라 개발이 촉진 될 것이다. 또한 탄소 효율적인 상품 및 서비스의 확산을 가속화할 것이다.

셋째, 충분히 강력하고 점진적으로 증가하는 탄소세는 비효율적인 다양한 탄소 규제의 필요성을 대체할 것이다. 성가신 규제들을 가격 신호로 대체하면 경제 성장을 촉진하고 청정에너지 대안에 장기적으로 투자해야 하는 규제 확실성을 제공할 수 있다. 한국의 경우 IMF 권고를 기준으로 할 경우 2020년 탄소배출 톤당 50달러 탄소세를 매기기 시작하여 2030년까지 75달러까지 단계적으로 인상해야 한다. (정의당 그린뉴딜 전략 토론회 자료집 2020.2)

## 그린뉴딜의 비용 부담 이상으로 '방관비용(not acting cost)'을 감당하기 어려울 것

어찌 되었든 많은 이들은 상당수준의 확장재정이 그린뉴
딜을 위한 인프라 투자에 투입되어야만 실효적인 탈−탄소 전
환을 빠른 시간 안에 달성할 수 있다고 주장한다. 그것이 재정
의 방향 전환을 통해 충당되든, 아니면 탄소세와 같은 추가 조
세 재정을 통해 조달되든, 또는 녹색채권의 발행을 통해 조달
되든, 현재 경제상황은 인플레이션을 일으키지 않으면서 얼마
든지 그린뉴딜 정책을 추진할 수 있다는 것이다. 오히려 사람
들은 말한다. 그린뉴딜 재원 부담이 감당하기 어려운 것이 아
니라, 기후위기를 방치한 후에 수습 불가능한 수준으로 위험
해졌을 때 그 '방관비용(not acting cost)'이야 말로 진짜 감당하
기 어렵다는 것이다.

# 22

## 다시 경제로 −
## 그린뉴딜은 경제를 어떻게 살리나?

### 경제성장과 생태한계 유지의 오랜 딜레마

지금까지 탄소 배출을 10년 안에 절반 수준으로 떨어뜨려 기후위기를 안전한 수준으로 도달하는 목표를 위해 에너지 전환, 교통과 이동 수단의 전환, 빌딩과 주택의 전환 등의 정책 수단들을 살펴보았다. 아울러 이를 추진하고 동의할 주체들을 확인하면서 특히 국가의 역할과 지역의 역할에 초점을 두었다. 이어서 전시에 준하는 거대한 국가 프로젝트로 그린뉴딜을 추진하기 위해서 동원해야 할 재정 수단도 점검해보았다.

이제 경제라는 원점으로 돌아와 그린뉴딜이 경제를 어떻게 살리는지 재확인할 차례다. 사실 경제성장과 생태계의 오랜 딜레마를 무시할 수 없기 때문이다. 생태경제학자 팀 잭슨은 그 오랜 이슈를 이렇게 집약했다. "사회는 심각한 딜레마에 빠졌다. 성장에 저항하면 경제와 사회가 붕괴할 위험에 빠지며, 반면 성장을 추구하면 우리가 생존을 의지하는 생태계가 위험해진다."(자코모 달리사 외 2018)

한편 허먼 데일리는 이런 식으로 요약하기도 했다. "우리는 지금 경제성장이 결코 무한히 계속될 수 없다고 하는 '물리적 불가능성'과, 성장은 끊임없이 계속되어야 한다는 '정치적 불가능성' 사이의 갈등을 목격하고 있는지 모른다." 그러면서 이렇게 덧붙인다. 결국은 물리적 불가능성 명제가 이길 거라고(Daly 2008).

**그린뉴딜은 GDP 성장보다는 일자리와 분배를 우선시한다.**

그런데 그린뉴딜은 일종의 전환 프로젝트다. 따라서 나오미 클라인 말대로, 시민들로 하여금 "지구의 생태를 걱정할 것인가? 아니면 각자의 이번 달 생계를 걱정할 것인가?"라는 선택을 강요하지 않는다(Klein 2019). 그보다는 탄소 배출 줄이기와 경제적 어려움 해소를 함께 해결하고, 노동자와 서민들의 보건, 교육, 돌봄 등을 개선하는 방향을 제시한다. 따라서 대부분의 그린뉴딜 정책은 명시적으로 경제성장을 얼마나 올리겠다고 선언하기 보다는, 일자리 만들기, 불평등 해소와 복지를 전면에 내건다. 예를 들어 유럽연합의 그린딜은 '공정하고 번영하는 사회'로 전환시키자는 목표, '자원 효율적이면서 경쟁력 있는 경제'를 만들자는 목표를 내건다.(European Commission 2019).

그럼에도 그린뉴딜 10년 동안에는 GDP 차원에서 보아도 성장이 일어날 가능성이 높다. 물론 이 기간 동안 탄소기반 산업과 도시, 건축 등의 많은 것들이 폐기되거나 신축되지 않을 것이므로 성장에 나쁜 영향을 줄 것이다. 재래식 건설산업이 활기를 띠지는 않을 것이며 플라스틱이나 정유산업도 마찬가지일 것이다. 하지만 반대로 재생에너지 산업과 에너지 효율 건축을 위한 어마어마한 인프라 구축과 투자는 전례 없이 커질 것이고 이는 모두 GDP 성장에 플러스 요인이 될 것이다. 화석연료 외에 물질자원은 따라서 이 시기에는 급격히 줄기보다 어떤 면에서는 늘어날 것이다. GDP가 좋은 경제활동과 나쁜 경제활동을 구분하지 않고 모두 플러스만 한다는 점을 감안하면, 그린뉴딜 경제 기간 동안 GDP에는 긍정적인 요소로 작용할 것이다. "국내총생산은 더하기 버튼은 달려있지만, 빼

기 버튼은 없는 계산기이다."(자코모 달리사 외 2018)

특히 현재의 GDP 저성장 국면이, 생태적 압력으로 성장
에 제동이 걸렸기 때문이 아니라, 시장경제의 오작동으로 인
해서 한쪽에서는 저축(과 자본)이 남아돌아가고, 따른 쪽에서
는 사람들이 일자리를 잡지 못해서 쉬고 있기 때문이라는 점
을 감안해야 한다. 그린뉴딜은 전환을 위한 대규모 투자를 요
청하고 있으므로 국내 저축의 총동원이 요구될 것이다. 또한
그린뉴딜은 이를 통해 그린칼라 일자리를 최대한 만들어내자
는 데 있으므로 실업해소와 노동자 소득에 도움이 될 것이다.
이런 대목에서 보면, GDP 성장은 오히려 과거보다 높을지
도 모른다. 즉, 일부 탄소 의존적인 소비와 투자, 무역의 축소
가 불가피하겠지만, "정부 투자의 확대, 그리고 탄소제로를 달
성하는 데 필요한 대안상품과 기간시설에 대한 민간 및 공공
투자의 확대를 통해" 상쇄될 수도 있을지 모른다(Klein 2019).


**그린뉴딜로 전환시킨 경제의 성장 전망은?**

한발 더 나가보자. 그린뉴딜로 10년 전환을 이루고 난 이
후 경제성장 전망은 어떨 것인가? 어쩌면 우리는 탄소 없는 그

린경제가 어떤 모습일지 아직 모를 수 있다. 그것이 GDP라는 지표를 얼마나 상승시킬지도 모른다. 하지만 확실한 것은 더 많은 시민들의 삶의 질을 새로운 방식으로 추구할 수 있을 것이라는 점이 아닐까?

수많은 논쟁들이 있을 수 있으나 대체적으로 앤 페티포와 같은 생태경제학자들은 '정상 상태의 경제(steady state economy)'를 예상하면서 다음과 같은 경제 원칙을 제안한다. 예를 들어, 개인들의 무한한 욕망(wants)보다는 음식, 물, 주거, 안전, 아이들 돌봄, 기본 교육 등 시민들의 유한한 필요(needs)를 우선시하는 경제가 되어야 한다는 것이다. 또한 시장과 시민사회, 그리고 국가가 경제에서 함께 역할을 하는 혼합경제를 예상한다. 아울러 화석연료를 대체할 두 가지 에너지로서 태양 에너지와 함께, 인간 에너지 즉 노동집약적 경제로 바뀔 것을 예상한다. 당연하지만 지금의 엄청난 실업자와 부분실업자들이 그린뉴딜 전환과정에 참여하도록 하는 것은 자연스런 귀결이다(Petiffor 2019).

## 절대적 탈동조화와 녹색성장

그럼에도 불구하고 남아 있는 미련은, 기술혁신 등이 더 전진되면 자원절약형 방식으로 성장을 계속하면서 원료나 배출량(처리량)을 줄이는 '절대적 탈동조화'가 가능하지 않을까 하는 일말의 기대다. 사실 독일과 같은 일부 국가에서는 절대적 탈동조화 사례가 발견된다는 희망적인 보고도 있다. 그런데 최근 유럽 환경국(European Environmental Bureau)이 발표한 2019년 보고서 〈폭로된 탈동조화(Decoupling Debunked)〉는 이 문제에 대한 매우 확고한 결론을 제시한다.

한마디로, 탄소 배출 등 환경을 악화를 시키지 않으면서도 경제를 성장(규모의 확대)시킬 수 있다는 탈동조화 가설, 또는 탈동조화 가설에 입각한 녹색성장 이론을 뒷받침해주는 근거를 발견하지 못했다는 것이다. 즉, "지금까지 탈동조화의 증거는 없으며, 미래에도 탈동조화 일어날 가능성은 보이지 않는다"는 것이 결론이다. 보고서는 여러 나라를 분석한 결과, 탈동조화 되었다고 해도 '상대적(relative)'이거나 일시적(temporarily)이거나 아니면 국지적(locally)인 수준에서만 확인되었다고 보고한다. 또한 대부분은 상대적 탈동조화다. 절대적 탈동조화 일어나는 경우에도 단기간이었거나, 특정자원에 국한되거나 아니면 특정 지역에 한정하거나 아니면 매우 소소한 비율로만 탈동조화 진행된 정도란다(Barth, Parrique et al. 2019).

그러면서 탈동조화 완전히 비현실적이지는 않더라도 매우 회의적인 7가지 이유를 제시한다. 첫째 화석연료 등 에너지와 자원이 처음에는 싼 곳에서 추출되지만 갈수록 비싼 곳에서 추출되므로 자원과 에너지 '지출비용'은 계속 올라간다. 둘째, 에너지 효율화로 절약된 비용으로 비행기를 타는 등 '반등 효과(rebound effect)' 때문이다. 셋째, 태양광은 공짜로 에너지를 생산하지만, 태양광 셀에 필요한 리튬, 구리, 코발트 원료를 점점 더 소모하는 등 '문제의 전가(shifting)'가 발생한다. 넷째, 서비스산업의 자원과 에너지 소모를 저평가했다. 사실 서비스 산업도 에너지 소모 면에서 상품생산을 대체하는 것이 아니라, 거기에 더 얹어지는 것이다. 다섯째, 재활용으로 자원을 다시 공급하는 것은 한계가 분명한데, 이처럼 '재활용 잠재력의 한계'가 있다. 여섯째, 여전히 기술이 자원생산성을 높이는 쪽으로 집중되고 있지 않는 등 '불충분하고 부적당한 기술변화'도 문제다. 일곱째, 국내에서는 탄소 배출을 하지 않지만, 외국에서 탄소 배출을 많이 해서 생산한 제품을 수입하는 식으로 해외에 전가하는 '비용 전가(shifting)' 문제가 있다.(Barth,

Parrique et al. 2019).

　따라서 유럽연합은 선진국에서 직접적으로 경제생산과 소비의 규모를 줄여야할 것이라고 권고한다. 그리고 향후에는 에너지나 자원의 효율성(efficiency)을 넘어서, 많은 영역에서 생산과 소비의 규모를 줄이는 '충분성(sufficiency)' 추구를 정책으로 수용해야 한다고 권고한다. 심각하게 생각해 봐야 할 대목이다.


## 그린뉴딜 시대는 어떤 지표를 필요로 하는가?

　이 대목에서 한 가지만 덧붙여보자. 그린뉴딜이 명시적으로 GDP 성장을 목표로 내걸지 않는다면, 그린뉴딜 시대의 목표 달성 지표를 무엇으로 할 것인지에 대한 이슈다. GDP를 대신할 수많은 복수의 대안 지표들이 제시된 지도 오래되었다. 그런데 그린뉴딜이 기후위기와 불평등 위기를 함께 해소할 것을 제1목표로 했으므로 이에 대한 성과를 잘 측정할 지표를 고민하는 것이 맞을 것이다. 알다시피 자원의 효율적 배분, 재산과 소득의 공정한 분배, 그리고 생태한계에서의 적정한 경제 규모 세 가지는 각각 독립된 별개의 최적화 문제다.

세 가지 이슈에 대해서 허먼 데일리는 다음과 같이 비유한다. "신발과 자전거의 상대적 가격은 두 상품 사이에서 자원을 효율적으로 배분하기 위한 수단일 수 있지만, 재산과 소득 불평등의 적절한 범위를 결정하는 데 쓰일 수 있는 수단이 아님은 분명하다. 얼마나 많은 사람들이 얼마만큼의 1인당 자연자원을 소비해야 지속가능한지를 결정할 수 있는 수단은 더더욱 아니다."(데일리 1992).

따라서 그린뉴딜 기간에는 특히 성과를 측정하기 위해서 GDP 외에, 복수 개의 삶의 질 지수(실업률이나 노동시간 감소 등), 불평등 개선 지수(지니계수 등), 생태한계지수(탄소 배출량 등)을 전격적으로 도입할 필요가 있을 수 있다. 어쩌면 그린뉴딜을 통해서 우리 사회는 진짜로 GDP 의존에서 조금 더 멀어질 수도 있지 않을까? 《리얼리스트를 위한 유토피아 플랜》 저자인 뤼트허르 브레흐만은 이런 주장을 했었다. "각 시대는 그 시대에 맞는, 그 시대를 잘 대표하는 고유한 숫자와 지표가 있다(Every era needs its own figures)".

# 23
# 그린뉴딜이 남겨 놓은 이야기들

**그린뉴딜이 진짜 바꾸는 것은 무엇일까?**

환경운동가 빌 맥키번(Bill Mckibben)은 망가진 지구뿐 아니라 망가진 사회를 재구축하자고 얘기한다. 많은 환경운동가들도 변화해야 할 것은 기후가 아니라 사회 시스템이라고 한다. 지구 생태계가 이미 현재의 경제 시스템을 감당할 수 없는 상황까지 가 있으므로, 10년이라는 기간 안에 전격적이고 대규모적으로 경제, 사회 시스템을 변화시켜 지구가 감당 가능한 영역 안으로 넣자는 얘기다. 그럼 이런 대개혁은 기존에 진보에서 제안하고 추구해온 사회개혁과 어떻게 연결되는가? 그린뉴딜은 기존의 노동체제 개혁이나 복지 확충, 자산과 소득 불평등 개혁을 모두 수렴할 수 있는가?

우선 확인할 것이 있다. 그린뉴딜이 비록 기후위기 대처를 제1과제로 삼는다고는 하지만, 전통적인 환경 정책의 범주의 일부일 뿐이다. 환경문제는 탄소 배출 문제 이외에도 해양 산성화, 토양 변화, 담수 고갈, 생물 다양성 손실, 질소와 인순환의 문제 등 상당히 넓다(록스트림 2015). 그린뉴딜의 후속조치들은 이런 범주들을 체계적으로 수용해야 할 것이다. 그러나 일차적으로 결정적인 목표는 기후위기를 막기 위한 탄소 배출의 획기적 감축이고, 탈-탄소 경제로의 신속한 이행이다.

둘째로는, 그린뉴딜이 국가적인 경제사회구조를 바꾸는 전략이라고 했지만, 핵심은 기존 탄소 집약적 경제를 탈-탄소 경제로 전환시키는 데 있다. 그리고 이 과정에서 더 많은 일자리를 만드는 한편, 새로운 그린 산업과 자본 형성에 가급적 지역 공동체와 시민들을 참여시켜서 불평등을 완화해보자는 것이다. 그러나 이 자체만으로는 자본의 주인이 바뀌는 것도 아니고, 지금의 극도의 불안정한 노동체제가 바뀐다는 확실한 보장도 없다. 사회복지 시스템에서의 구조적 전환이 보장되는 것도 아니다. 지금까지의 사회 대개혁과 관련된 난제들 중에 정말 많은 숙제들은 여전히 남아있을 수 있다.

## 경제에서 탄소를 들어낸다는 것의 진짜 의미는?

그러면 그린뉴딜이 직접적으로는 극도로 편중된 자본의 집중을 완전히 해체하지도 않고, 소유관계를 근본적으로 틀어버리지도 않으며, 불안정한 노동시장도 개혁하지 못하고, 대규모 복지를 직접 수반하지 않는다면 도대체 뭘 바꾸겠다는 것일까?(물론 그린뉴딜 정책 틀 안에 이 부분들을 적극 담아내려는 시도도 있다) 일단 주목해봐야 할 아주 중요한 변화가 있다. 기후변화에 근본적으로 대처하기 위해 기존 화석연료 기반경제에서 탄소를 빼버리는 대전환을 한다는 것은, 기존 시스템의 뿌리를 흔드는 엄청난 일이다. 사실상 20세기 산업과 자본의 중추는 탄소 위에 세워진 것이라서, 맨 밑바닥에 깔려있는 탄소를 제거하려는 순간 그 위의 모든 자산 구조와 기득권 구조를 흔들 수 있기 때문이다.

과거의 산업혁명들을 흔히 증기기관 발명, 내연기관 발명 등으로 기억하고 있지만 보다 원초적으로 증기기관 발명은 석탄이라는 에너지 사용과 연결되지 않으면 무의미했고 진정한 1차 산업혁명은 오지도 않았을 것이다. 목재를 연료로 하는 증기기관의 한계는 명확하기 때문이다. 마찬가지로 석유가 19세기 중엽부터 본격 채굴되지 않았으면 내연기관의 발명 자체가 무의미했을 것이며, 이후 석탄과 석유로 전기를 생산하는 것이 없었다면 20세기의 모든 문명은 완전히 달라졌을 것이다. 일부에서는 1960년대 이래 컴퓨터 등장을 3차 산업혁명이라고 부르고 최근 인공지능 등의 혁신을 4차 산업혁명이라고 부르지만, 에너지원이 근본적으로 바뀌지 않고 여전히 석유와 전기로 컴퓨터와 인공지능을 돌리고 있는 한 진정한 산업혁명은 오지 않았다고 봐야 한다. 그런 뜻에서 화석연료에서 해방되어 태양과 바람을 곧장 이용하여 산업과 도시를 움직일 수 있다면 그것이야 말로 진정한 의미에서 '3차 산업혁명'이 될 것이다. 이 때가 와야 비로소 "인류 역사는 석유의 시대를 문명 진화 과정에서 눈 깜짝할 사이에 스쳐간 호시절로 기록하게 될지도 모른다."(록스트림 2015).

산업과 경제, 도시의 뿌리를 흔드는 그린뉴딜이 추진되면 기존에 탄소 위에 세워진 모든 제도와 구조들이 극도로 '유동화'될 수 있을 것이다. 그리고 그러한 환경에서 이제까지 견고했던 기득권과, 고정관념의 관성으로 철벽같았던 잘못된 제도들을 바로잡기 위한 길이 열릴 수 있다는 것이다.

이는 1930년대 루스벨트 뉴딜이 걸었던 길과 상당히 유사하다. 1933년부터 시작된 1기 뉴딜은 사실 경기부양과 일자리 창출 외에 강력한 사회개혁 프로그램이 준비된 것은 없었다. 그러나 시간이 지나면서 사회적 공간과 여지가 넓어지게 되고, 그 가운데에서 노동자와 시민들, 진보 정치가들(휴이 롱이나 업튼 싱클레어)이 움직이면서 전면적인 개혁의 문을 연 2기 뉴딜이 시작된다. 와그너법의 제정으로 노동권이 확립되고 사회보장법의 통과로 20세기 미국의 복지 체계 골격이 만들어지며 최저임금법이 제정된다. 소득세의 누진 체계가 확장되어 최고 세율이 무려 90% 이상까지 올라간다.


## 그린뉴딜 전략 뒤에 남겨진 숙제들


아직은 그린뉴딜 전략이 기후변화 대처와 일자리 창출을 전면에 내걸고 있기 때문에 이를 매개로 촉발될 폭넓고 깊숙한 개혁의 방향이나 방법을 모두 확정하고 있지는 않다. 어쩌면 그것은 상황에 따라 다양한 차이를 보이면서 진화할지도 모른다. 그러면 어떤 대목에서 더 깊숙한 개혁을 위한 이슈들이 남아 있을까? 몇 가지 확인할 수 있는 것만 짚어보고 숙제로 남겨 두겠다.

첫째, 탄소세의 역할과 힘을 어디까지 볼 것인가에 대한 쟁점이다. 탄소세를 단계적으로 인상해나감으로써 시장의 가격기제를 이용해서 화석연료 사용을 줄이고 재생에너지로 자본을 이동시킬 수 있다는 데는 이견이 없는 것 같다. 그린뉴딜이 당장 시장경제의 중요한 역할을 수용하고 있다면, 당연히 탄소세를 훨씬 더 강력한 전환의 지렛대로 삼는 것을 고려해야 하고 이는 그린뉴딜의 재원으로도 역할을 할 것이다. 하지만 그린뉴딜이 국가적 차원에서 빠른 시간에 과감하고 계획적인 전환을 추구하고 있으므로 가격기제에만 전적으로 의존할 수는 없다는 판단들 또한 있는 것 같다. 때문에 그린뉴딜 추진계획안에는 탄소세가 부분적으로 포함되어 있는 정도이고 그 역할이 명백하지 않다. 이는 추가적인 검토를 요하는 문제라고 생각된다.

둘째, 고용보장(완전고용)이냐, 소득보장(기본소득)이냐 하는 쟁점에 대해서도 일단 많은 그린뉴딜은 일자리 창출 쪽에 무게를 싣는다. 하지만 탄소세 등을 재원으로 한 탄소 배당 등으로 일종의 기본소득 정책을 그린뉴딜이 함께 가야 한다는 주장도 있는 상황이다. 아직은 그린뉴딜로 만들어질 그린칼라(Green Collar) 일자리의 양과 질에 대한 정확한 타산이 나와 있지 않은 상황에서 얼마나 완전고용을 만들어줄 수 있는지에 따라 달라질 수도 있다. 아울러 그린뉴딜 이후의 혁신이 노동절약적 차원보다 자원생산성을 높이는 방향으로 돌아 서게 되었을 때, 과연 다시 노동집약적 일자리들이 활성화 될 수 있는지도 관심사이다. 또는 과도한 소비를 줄이는 경제로 가게 되었을 때에는 그에 조응하여 노동시간도 줄이는 추이가 병행될지도 관심사다.

셋째, 그린뉴딜 재원과 관련하여 일부에서는 현대화폐이 론(MMT)을 수용하느냐 마느냐 하는 쟁점이 있다. 현재 미국 의 민주당 하원의원 코르테스 등은 현대통화이론을 근거로 재 원조달 방향을 고려하는 것으로 보인다. 하지만 영국 경제학 자 앤 페티포 등은 그린뉴딜이 꼭 현대통화이론을 받아들여야 수행 가능한 것은 아니라고 단언한다. 이 역시 남은 숙제다.

넷째, 그린뉴딜의 경제 원리로 탈성장(degrowth)을 가정할 것인가, 아니면 '녹색성장'을 가정할 것인가 하는 무거운 이슈 가 또 남아 있다.

이는 비록 다양한 스펙트럼이 있기는 하지만 생태경제학적 관점을 정책적 수준에서 어디까지 끌어들일 것인가는 어렵고 도 중대한 문제라고 생각한다. 일단 그린뉴딜 자체는 최소한 의 전제, 지구한계(지금의 대기가 감당할 수준의 온실가스) 내에 서 경제라는 개방시스템이 재구조화 되어야 한다는 대전제를 무조건 수용해야 한다. 이를 위한 국가의 계획적 전환이 그린 뉴딜이기 때문이다. 하지만 그린뉴딜 정책에 의해 일차적으로 경제구조의 전환이 달성된 이후의 모습은 무엇이 될 것인가에 대해서는 아직 열려 있다.(개인적으로는 통상적인 녹색성장에 점점 회의적으로 생각하게 된다.)

이외에도 그린뉴딜이 농업과 먹거리의 저탄소 전환을 추구하는 과정에서 탄소집약적인 축산업과 육식 먹거리를 얼마나 줄이면서 '채식주의'로 이행하는지에 대한 논의도 남아 있는 이슈 중 하나라고 생각되고, 또한 국내적 그린뉴딜이 글로벌 그린뉴딜과 어떻게 연결될 수 있을지도 관건적인 이슈가 될 수 있다.

*\*\**

그린뉴딜은 기후위기라는 인류가 지금까지 겪지 못했던 거대한 도전에 맞서, 전시체제에 준하는 자세로 능동적으로 대응해야 한다는 절박감에서 나온 국가적 규모의 정책이다. 아울러 경제 사회적으로 해결책 없이 속수무책으로 심화되는 불평등을 기후위기 대처와 적극적으로 연결시킴으로써 사회적인 동기와 참여를 최대로 끌어내자는 취지까지 얹어져 있다.

그러나 다른 측면에서 보면, 기후위기와 불평등 위기는 새로운 탈출구를 열 수 있는 거대한 기회가 될 수도 있다. 지금 당장 기후위기에 대처해야 하는 이유를 몸으로 알려주었던 그레타 툰베리는 이렇게 말한다. "위기가 곧 위기의 해결책이다. 위기에 처했을 때 비로소 우리의 행동 습관을 바꾸기 때문이다. 위기 상황에서 우리는 거의 모든 것을 해낼 수 있다."

## 〈부록 1〉 정의당 그린뉴딜 공약

### 그린뉴딜로 한국사회 대전환을 이루겠습니다
: 기존 토건경제, 회색뉴딜을 대체할 정의당 경제전략

한국사회는 지금 시스템 위기에 빠졌습니다.

식민지 후진국에서 70년 만에 선진국 클럽인 OECD 일원으로 오기까지 성장과 도약을 거듭했던 한국사회가, 지금 총체적인 시스템 위기에 직면했습니다. 성장률이 2% 내외로 주저앉은 한국 경제는 새로운 성장 동력을 찾지 못한 채 표류하고 있습니다. 사회를 분열시키는 불평등은 세계에서 손꼽을 만큼 빠른 속도로 악화되었고 현세대뿐만 아니라 미래세대의 삶을 더욱 어둡게 하고 있습니다. 대를 이어 지속되고 있는 부동산불패신화로 자산불평등은 심화되고 청년들은 희망을 찾지 못하고 있습니다. 합계출산율이 0.9 이하로 떨어지고, 소득분위 하위 10% 남성들의 결혼율이 6.8%에 불과한 현실은 이제 한국사회의 세대적 지속가능성을 위협하고 있습니다. 지금까지의 성장시스템은 막다른 골목에 와 왔습니다. 이대로는 더 이상 성장도 사회통합도 우리 사회의 지속가능성도 가능하지 않습니다.

이제 기후위기는 국가와 국민의 '생존이 걸린' 문제가 되었습니다.

더욱이 우리 국민은 지금까지 경험하지 못한 새로운 중대 위기를 직면하게 되었습니다. 바로 기후위기입니다. 무려 10억이 넘는 동물을 폐사시키고 서울면적 100배가 넘는 지역을 불태웠던 최근 호주 산불,

여름에는 모두 녹아 버리는 북극 빙하, 백화현상을 일으키는 산호초, 이 모든 위험한 징후들은 기후위기의 극히 일부에 불과합니다. 2년 전, 유엔 기후변화 정부간 협의체(IPCC)의 회의는, 우리나라 송도에서 '지구온난화 1.5도 특별보고서'를 채택하고, 기온 상승을 1.5도(산업화 이전과 대비한 기온 상승폭) 내로 묶지 못한다면 남극과 그린란드에선 빙상이 녹고 해수면 상승과 해양 산성화 등이 심각하게 진행될 것이라 경고했습니다. 말 그대로 우리는 기후재앙을 맞고 있습니다.

그런데 한국은 기후위기 대처 후진국, '기후악당국가'라는 오명을 쓰고 있습니다. 바로 정치권이 이 절망과 위기의식에 무감각하기 때문입니다.

지난해 유엔에서 17세의 스웨덴 기후활동가 그레타 툰베리가 세계 정상들에게 당장 탄소배출을 더 줄이자는 행동을 요구할 때, "파리협정을 충실히 이행하고 있다"는 문재인 대통령의 답변은 너무나 한가로워 보였습니다. 그런 무책임이 기후위기 대처에서 '매우 불충분(highly insufficient)'이라는 평가로 나타났습니다.

이처럼 한국사회는 성장의 위기, 불평등의 위기에 더하여 기후위기라고 하는 문자 그대로 사회시스템 전체가 흔들리는 근본적인 위기에 직면해 있습니다. 이대로 방치한다면 현 세대의 어려움을 넘어 다음 세대가 희망을 잃어버리는 '세대 재생산' 위기로 치닫게 될 것입니다.

그런데도 한국 정치를 주도해 온 거대 양당은 어떤 위기의식이 없이 제대로 된 혁신전략도 내 놓지 못하고 있습니다. 자유한국당이 제시한 해법이라는 것은 이미 전 세계가 사망선고를 받은 '시장만능주의'에 불과합니다. 민주당은 과거와 차별성 없는 대기업 주도의 '혁신성장'으로 회귀해 버리고 말았습니다. 겨우 마련한 확장재정을, 재래식 건설투자의 대대적인 활성화, 국민부담 큰 민자사업 활성화, 대기업투자에 유리한 세제지원 등에 쓰는 등 전형적인 회색뉴딜 전략으로 역행하고 있는 실정입니다.

그 사이 세계는 지금 정보화 사회 단계를 넘어서 탈탄소경제, 녹색산업으로 대대적인 경제적 전환을 시작하고 있습니다. 세계 전력생산 신규투자 2/3 이상은 태양광과 풍력 발전 등 재생에너지 분야로 투자되고 있습니다. 세계 각국의 자동차 기업들도 내연기관 자동차 개발을 포기하고, 경쟁적으로 전기차 신규모델을 출시하고 있는 상황입니다. 잘못하면 탈탄소경제 대전환으로 가는 치열한 국제경쟁에서 뒤쳐질 것입니다.

이제 다른 선택의 여지는 없습니다. 지금 결단해야 합니다. 과거의 토건경제, 회색경제, 탄소집약 경제와 과감히 단절해야 합니다. 그리고 지금 당장 대전환을 시작해야 합니다. 한국사회의 총체적 시스템 위기를 넘어서기 위해 녹색경제, 탈탄소 경제로 방향전환을 결단해야 합니다. 그래야 불평등도, 기후위기도, 일자리도, 성장과 사회통합의 길도 열어갈 수 있을 것입니다.

* * * * *

이에 정의당은 사회 시스템의 거대한 전환 10년 프로젝트, 그린뉴딜경제를 대안으로 제시합니다.

그린뉴딜 정책은 기후위기와 불평등 위기 대처를 위해 지금 당장부터 10년 동안 비상한 경제행동을 하자는 것입니다. 이 기간 동안 탄소기반 경제발전 방향과 토대를 바꾸고 시민들의 삶의 질을 새로운 방식으로 높여가는 경제개혁, 산업전략을 펴자는 겁니다. 이를 통해 비록 산업화 선도국가는 아니었지만, 그린뉴딜과 녹색혁신을 통해 기술 모방국가에서 기술 선도국가가 되고, 기후악당국가에서 기후모범국가가 됨으로써 다른 나라들이 존경할 수 있는 "품격 있는 나라"를 만들자는 것입니다.

그린뉴딜로 한국사회를 대전환하기 위한 3대 전략을 말씀드리겠습니다.

첫째, '회색경제에서 녹색경제'로 획기적인 방향전환을 하겠습니다. 그 시작은 10년 안에 현재의 절반 수준으로 탄소배출을 감축하고 2050년까지 순 배출 제로에 도달하겠다고 국민들과 국제사회에 확고한 정치적 의지를 천명하는 것입니다. 당장 기후 비상사태를 선언하고 토건경제, 탄소경제와 단절하고, 탄소배출을 빠르게 줄이면서 녹색일자리를 만드는 대전환에 착수해야 합니다.

둘째, '혁신가형 국가'로 국가의 역할부터 혁신하겠습니다.

산업화와 정보화를 뛰어넘는 시스템 대전환 국면에서의 비용과 위험을 국가가 감당해 줘야 합니다. 국가는 시장실패에 대한 소극적인 개입을 넘어서, 적극적 시장창출을 통해 경제의 불확실성을 제거해주는 역할을 해야 합니다. 전환에 필요한 새로운 제도, 가령 탄소배출 제한 등을 함으로써 새로운 산업이 성장할 수 있도록 지원할 수 있습니다. 또한 시장실패를 내부화하는 방식으로 탄소세를 부과한다면 시장가격변화에 따른 시장의 다양한 혁신을 촉진할 것입니다. 지금은 작은 정부냐 큰 정부냐 하는 철지난 논쟁을 하고 있을 때가 아니라, 혁신가형 정부라는 새로운 방향을 확립해야 합니다.

특히 혁신가형 국가는 개별기업이 동원할 수 없는 인프라나 기술에 대해서 정부는 투자를 선도하고 인내자본(endure capital)의 역할을 수행해야 합니다. 대전환의 비용과 위험을 정부가 부담함으로써 기업들의 더 이상 탄소 집약형 산업에 집착하지 않고 녹색산업으로 전환할 수 있도록 지원해야 합니다. 그린뉴딜 전환을 하지 않았을 때 감수해야 하는 막대한 환경재난 비용, 불평등 비용을 감안한다면, 그린뉴딜은 일종의 대한민국 생존전략이기도 하고, 미래를 위한 선제적 투자전략이기도 합니다.

셋째, '동아시아 그린동맹'을 구축하겠습니다. 기후위기는 한 나라만의 힘으로 극복할 수 없습니다. 세계가 힘을 합쳐야 합니다. 정의당은 세계 탄소배출량의 1/3, 세계 GDP의 1/4이상을 차지하는 한중일이 "탈탄소 클럽"을 만드는 것을 시작으로 공통 탄소가격 설정 등 국제협력을 강화해 나갈 것입니다.

\* \* \* \* \*

다음으로 그린뉴딜 대전환 3대 전략을 통해 실현하고자 하는 10대 과제를 말씀드리고자 합니다.


첫째, 2030년까지 석탄화력발전소 폐쇄, 재생에너지 발전 비중 40%로 확대하겠습니다.

재생에너지 설비 확대와 재정투자로 미세먼지와 탄소배출의 주범으로 손꼽히는 석탄화력발전소를 조기 퇴출시키고 잔존 수명연한이 남은 일부는 예비전력설비로 남겨두겠습니다.

- 혁신적이고 대대적인 재생에너지 발전시설 및 분산형 발전설비 · 운영에 10년간 200조원을 투자하여 약 20만개의 안정적 일자리를 창출하겠습니다.
- 지역별 재생에너지 발전 및 서비스 공기업을 설립하여 체계적이고 질서 있는 에너지 전환을 이루겠습니다.
- 재생에너지 발전비중을 확대로 인한 전력공급의 간헐성 문제를 해결하기 위해 전력시장을 개편하고, 스마트 그리드를 확대하는 등 전력망 운영을 고도화하겠습니다.


둘째, 2030년 전기자동차 1,000만대 시대를 열 것입니다.

세계 자동차 산업은 점차 강화되는 환경규제로 전기자동차 중심으로 급격히 재편되고 있습니다. 이 변화에 빠르게 적응하지 못한다면 한국 자동차 산업은 커다란 위기가 봉착하고 말 것입니다.

- 교통부문에서 탄소를 절반 줄이기 위해서 2030년까지 전기자동차 300만대에 머무르고 있는 정부 계획을 1000만대로 확대해나갈 것입니다.

- 이를 위해 서울, 부산 등 6대 광역도시 도심에 (혼잡통행료와 같은) 내연기관차 진입금지 조치 등의 정책적 수단을 동원할 것입니다.
- 전기차 보급·확대를 위해 EU국가들이 추진하는 '내연기관차 판매금지 제도'를 도입하여 전기차 시장을 창출하겠습니다.
- 자동차 산업 재편과 완성차 업체 위기 시, 정부투자를 바탕으로 협력업체, 지역사회를 묶는 컨소시엄을 구성하여 전기자동차 생산·부품 네트워크로 전환하겠습니다.
- 버스, 택시 등 대중교통을 전기차로 전환, 공유 전기자동차 확대 등으로 편리한 대중교통 시대를 열어 자동차 없어도 편리한 교통체계를 만들겠습니다.

셋째, 정부 주도로 표준화, 범용화되는 전기자동차 고속 충전인프라 '코리아 차져(Korea Charger) 프로젝트'를 추진하겠습니다.

전기차 생산업체별로 충전 인프라를 구축하는 것은 천문학적 비용이 소요될 뿐 아니라 중복투자에 따른 사회적 낭비를 초래합니다.

- 전국 고속도로뿐만 아니라 도시별 주요 거점 충전 인프라를 설치하여 충전문제가 전기차 보급에 걸림돌이 되지 않도록 하겠습니다.
- 고속도로 휴게소의 태양광 그늘막, 소음차단벽, 태양광 터널 등 태양광 발전 인프라를 구축하는 에코 고속도로(eco-highway)를 추진하겠습니다.

넷째, 200만호 그린 리모델링으로 주택과 건물의 에너지 효율을 획기적으로 높이겠습니다.

탄소배출의 3대 배출원인 주택과 건물분야에 에너지 소비 규제 강화와 지원을 통해 탄소배출 순제로 건물로 전환하는 프로젝트입니다.

- 모든 신축 공공건물에 탄소배출 순제로 원칙을 적용하고, 기존 건물에는 온실가스 배출제한 기준, 에너지효율 등급을 마련하여 이를 준수도록 하겠습니다.
- 20년 이상 주택 중 20평 이하 소형주택 또는 저소득층 주택부터 '그린 리모델링'하여 주거복지 체감을 높이고 지속적인 일자리를 창출하겠습니다.
- 탄소배출 "순 제로 건물" 표준을 수립하고 신규 건축은 이를 준수하도록 하겠습니다.

다섯째, 지역 재생에너지 산업, 순환경제 산업 확산으로 지역경제를 활성화하겠습니다.

재생에너지 산업은 내수지향이 강한 특징이 있어 기존 산업 상당 부분을 지역 분산형 재생에너지 발전 산업으로 전환시킬 수 있습니다.

- 전환과정에서 지역사회 주민, 마을 공동체가 적극 참여하도록 하고, 경제활동으로부터의 이익을 공유할 수 있도록 하겠습니다.

여섯째, 국가 신규 연구개발 투자의 50%를 녹색혁신 투자하여 자립적 기술기반을 만들겠습니다.

기후위기 시대의 기술혁신은 인건비를 줄이는 노동절감형 혁신보다는 자원절감형 혁신, 자원생산성을 높이는 혁신이 중심이어야 합니다.

- 에너지전환에 필요한 차세대 배터리, 저장 장치 개발, 교통 전환

에 필요한 인공지능 기술, 탈탄소 부품소재 개발 등 녹색기술혁
신 투자에 적극 나서겠습니다.
- 지역별 기술혁신연구원 설립하고 공동 연구실을 만들어 혁신 중
  소기업들의 R&D 투자의 효율을 높이고 비용은 낮추겠습니다.

일곱째, 기존 탄소 집약형 산업의 에너지 효율성을 높이고, 탈 -
탄소 산업과 농업을 육성하겠습니다.
- 철강, 석유화학 플라스틱, 시멘트의 재활용을 극대화하기 위한
  '순환경제(circular economy)'를 만들겠습니다.
- 기존의 에너지 다소비형, 화학비료 다소비형 농업을 획기적으로
  전환하여 에너지 자립형, 생태농업으로 전환하겠습니다.

여덟번째, '정의로운 전환 프로그램'을 통해 전환시 어려움을 겪게
될 노동자, 중소기업, 지역경제에 대한 집중적 지원 대책을 세우겠습니
다.
그린뉴딜로 산업구조 전환과정을 시장에 맡겨두면 전환비용이 힘
없는 노동자와 서민들에게 전가될 수 있습니다.
- 발전 산업, 자동차 산업 등 그린전환과정에서 예상되는 실업이나
  이직 발생상황에 대비해서 실업수당 확대 및 재교육 등 적극적
  노동시장정책과 사회안전망을 튼튼히 할 것입니다.
아홉번째, 매년 GDP의 1~3%의 녹색투자재원을 마련하고 투자
전략을 수립하겠습니다.
세계는 기후위기와 불평등위기가 사실상 전시상태에 준하는 위급
한 상황(the moral equivalent of war)이라고 판단하고 있고, 따라

서 전시에 준하는 상황으로 국가적 자원을 총동원할 것을 요구하고 있습니다.

- 확대 재정정책, 녹색채권 발행, 탄소세 부과, 그린뱅크 등을 통해 녹색투자재원을 마련하겠습니다.

열번째, '그린뉴딜 추진 특별법'을 입법화하고, 초당적인 '국회 그린 뉴딜 특별위원회'를 구성하여 그린뉴딜 정책 이행을 안정적으로 뒷받침 하겠습니다.

\* \* \* \* \*

이상 10대 과제를 말씀드렸습니다.

저는 지난 대선 때 약속드렸습니다. 박정희 대통령이 경부고속도로를 놓아 산업화를 이끌고 김대중 대통령께서 IT고속도로를 놓아 정보화 시대를 이끌었습니다. 저와 정의당은 생태고속도로를 놓아 그린뉴딜 시대를 열어갈 것입니다.

그린뉴딜로 만들어낼 한국사회 10년의 대전환은, 우리 국민들을 해마다 겪는 미세먼지 고통으로부터 벗어나게 해줄 것입니다. 사라져가는 일자리 때문에 불안해하던 국민들에게 수십만 개의 녹색일자리를 가져다 줄 것입니다. 해마다 달라지는 극한적 기후변화로부터 국민들의 삶을 지켜내고 주거 빈곤의 서민들에게 냉난방 걱정을 없애줄 것입니다. 더 이상 자동차가 뿜어대는 매연에 고통스러워 할 필요가 없을 것이고, 주차난을 겪지 않아도 될 것입니다.

그린뉴딜이 만들어낼 한국의 미래는 사회적 약자들과 자연에 대한 약탈에 기초한 사회경제를 끝내고, 자연과 시민들이 공생하며, 지역에서 기업생태계가 살아나고 극단적인 불평등의 세습이 사라진 '정의로운 생태복지국가'의 방향으로 들어서게 될 것입니다.

물론 사회의 시스템을 바꾸는 거대한 전환은 시민의 적극적 참여와 실천 없이 완성될 수 없습니다. 탄소배출 순 제로 사회를 위한 시민사회의 아이디어와 지역공동체에서의 실천은, 2030 세대가 꿈꾸는 2030년 대한민국을 만들어낼 것입니다. 기후위기와 불평등심화에 대한 문제의식에 공감하는 전국의 수많은 에코시민(eco-citizen)의 참여를 호소합니다. 또한 정의당은 대한민국에서 최초로 제안하는 국가적 대 전환계획인 그린뉴딜 공약을 '열린 공약'으로 생각하고, 앞으로 많은 이해관계자, 노동자와 시민, 그리고 지역 공동체의 창의적인 의견을 모아서 더욱 구체적이고 혁신적으로 발전시켜 나갈 것을 약속드립니다.

감사합니다.

정의당 대표 국회의원 심상정

## 기후위기 막고 삶을 지키는 그린뉴딜
: 녹색당, 탈탄소 경제·사회로 정의로운 전환 약속

2월 13일, 녹색당은 21대 총선을 앞두고 1호 공약으로 '기후위기 막고 시민의 삶을 지키는, 그린뉴딜'을 발표했다. 그린뉴딜은 지구평균 기온 상승을 1.5도 이하에서 막기 위해 온실가스를 줄이고, 불평등을 없애는 국제적 또는 국가적 차원의 탈탄소 경제사회로의 정의로운 전환 정책이다. 녹색당의 그린뉴딜은 유럽연합이 지난해 11월 기후비상사태 선언에 이어 발표한 그린딜(Green Deal)과 2012년, 2016년 미국 녹색당의 대선 공약이었던 그린뉴딜(Green Newdeal) 같은 기후위기 대안정책과 흐름을 같이 하고 있다.

녹색당은 국회와 의회, 지자체, 시민이 공동으로 국가기후비상사태를 선언해 탈탄소 경제시스템을 전면 재구성한다는 내용을 담았다. 2050년 온실가스 배출제로를, 10년 내 현재 온실가스 배출량을 절반으로 줄이기 위해 경제사회 전반에서 화석연료의 소비를 줄이는 것을 목표로 한다. 녹색당의 '그린뉴딜' 정책에서 제시하는 목표는 △1.5도 목표 달성을 위한 온실가스 감축 최우선 정책 수립 △ 한국사회 온실가스 감축을 위한 강력한 실행기반 구축 △주택·식량·에너지·교통 부문 탈탄소화와 불평등 해소 △순환경제 구축을 위한 녹색일자리 확대와 전환기 기본소득을 제시하고 있다. 정의로운 전환을 위한 사회안전망을 탄탄히 구축해 시민의 삶을 안전하고 건강하게 만들고자 한다.

녹색당은 '기후위기 막고 삶을 지키는 그린뉴딜'을 기치로 3대 방향 10대 정책을 약속했다. 3대 정책방향은 기후위기 비상체제로 국정목표 전환, 삶을 지키는 정의로운 전환, 탈탄소 순환경제로의 산업전환이다.

기후위기 비상체제로 국정 목표 전환을 위해 △국가기후비상사태선언- 2050 배출제로, 2030년 온실가스배출량 50% 감축, △탄소예산, 탄소영향평가제도 전면 도입, 기후위기대응기본법 제정 △기후비상시민의회 구성, 탄소세 도입, 토건 예산 감축, 그린뉴딜 기금 마련을할 예정이다.

녹색당이 그린뉴딜에서 제시한 '2050 배출제로'는 '기후변화에관한정부간협의체'(IPCC)가 제시한 2050 넷-제로(net-zero)보다 한발 더 나아간 목표다. 넷-제로는 '순배출제로'를 의미한다. 온실가스는 배출하더라도 탄소포집저장기술(CCS)을 포함한 다양한 기술적 해결책으로 대기 중 온실가스 배출량을 수치상 'O'으로 만들겠다는 접근이다. 녹색당은 이와 같은 접근법이 위험한 기술적 해결책을 끌어들일 뿐아니라 목표 설정에 있어 모호한 타협을 가능하게 할 우려가 있어 '2050 배출제로'로 목표 설정을 명확히 하고 이를 통해 신속하고 광범위한 전환을 해야 한다는 입장이다.

'2050 배출제로'를 현실화 하려면 2030년까지 온실가스 배출량을 50%까지 감축해야 한다. 녹색당이 국회로 진출하면 입법권을 갖춘 국회 '기후비상특별위원회'를 구성해 기후위기대응기본법 마련, 경제성장률이 아닌 탄소예산을 국정지표로 삼아 온실가스 감축을 최우선으로 삼을 것이다. 모든 정부와 지자체 사업에 탄소영향평가제도를 도입하고, 기후에너지부 및 독립적인 기후위기위원회를 통해 분기별 온실가스 감축량을 시민들에게 검증·보고하는 체계를 구축한다.

더불어 기후위기 대응에 있어 청소년을 포함한 노동자, 농민, 장애인, 성소수자 등 우리 사회의 모든 구성원이 배제 되지 않고, 기후위기 대응을 위한 의사결정 과정에 참여할 수 있도록 하며, 기후비상시민의회를 구성해 시민들이 기후위기 대응에 주체로 등장할 수 있도록 한다. "녹색전환의 주체는 시민이 되어야 한다"는 것이 녹색당의 설명이다. 그린뉴딜에 필요한 재원은 탄소세, 토건 예산 감축, 그린뉴딜 기금을 마련하는 구조로 설계했다.

삶을 지키는 정의로운 전환을 위해서는 △생활 안전망 : 전환기 기본소득 – 정의로운 전환을 위한 안전망, 정의로운 전환위원회 구성–고용전환 지원 △ 주거 안전망 : 폭염과 한파에 안전한 인프라와 그린리모델링, 불평등 잡는 3주택 소유금지 △식량 안전망 : 식량자급률 100%를 위한 탄탄한 농촌사회 – 농민기본소득, 여성농민 지원, 채식 및 비거니즘 확대를 제시했다. 특히 3주택 소유금지는 녹색당 핵심 공약 가운데 하나로 자세한 내용은 추후 발표 예정이다.

끝으로 탈탄소 순환경제로의 산업전환을 위해 △지역공동체 기반 에너지전환을 기조로 에너지요금 및 세제 개편으로 에너지 수요 50%

저감, 재생에너지 100% 달성, 2030 탈핵, 탈석탄 △이동을 줄이는 도시계획, 대중교통완전공영제, 2025년 전기 버스 100% 전환, 2028년 내연기관차량 생산·판매 금지 △순환경제 구축 – 산업 전 주기 탈탄소화와 재사용인프라 구축을 할 예정이다. 남북 공동 그린뉴딜 플랜으로 재생에너지 협력과 DMZ·하천 공동 관리 등 생태 협력 구상도 그리고 있다.

한국의 이산화탄소 배출량은 세계 7위 수준이다. 삼척과 강릉 등지에 7GW에 달하는 신규 석탄발전소를 건설 중이며, 공적금융을 포함한 해외 석탄발전투자도 세계 2위로 국제사회에서 '기후악당'이라는 지탄을 받고 있다. 국내와 해외의 석탄발전 투자는 당장 중단해야 한다. 지구와 우리의 미래를 끝장낼 생각이 아니라면 경제사회 시스템을 탈탄소로 완전 전환하는 대개혁이 필요하다.

이유진 녹색당 총선 공동대책본부장은 "지금까지 의지가 없었지 방법이 없었던 것이 아니다. 신종코로나에 대응하듯이 기후위기에 대응해야 한다. 우리가 가진 인력, 행정조직, 예산과 같은 모든 자원을 총동원해 기후위기에 대응하면서도 시민의 삶을 지키는 그린뉴딜을 해야 한다"고 강조했다.

녹색당의 그린뉴딜은 7년 내에 온실가스를 줄일 수 있는 기후위기를 막는 체제전환, 에너지지 산업정책만이 아니라 시민의 안전하고 건강한 삶까지 챙기는 종합정책, 에너지, 교통, 육식의 소비량 자체를 줄이는 수요관리 정책이며, 핵발전은 기후변화 대응의 선택지가 아님을 명확하게 하고 있다. 동시에 기후위기 대응의 주체가 시민임을 강조하고 있다.

## 기후위기 비상체제로 국정목표 전환

1. 국가기후비상사태 선언— 2050 배출제로, 2030년까지 온실가스배출량 50% 감축
2. 탄소예산, 탄소영향평가제도 전면 도입, 기후위기대응기본법 제정
3. 기후비상시민의회 구성, 탄소세 도입, 토건 예산 감축, 그린뉴딜 기금 마련

## 삶을 지키는 정의로운 전환

4. 전환기 기본소득, 정의로운 전환위원회 구성, 고용전환 지원
5. 폭염과 한파에 안전한 인프라와 그린 리모델링, 불평등 잡는 3주택 소유금지
6. 식량자급률 100%를 위한 탄탄한 농촌사회 — 농민기본소득, 여성농민 지원, 채식과 비거니즘 확대

## 탈탄소 순환경제로의 산업전환

7. 지역기반 공동체 에너지전환 — 에너지요금과 세제 개편으로 에너지 수요 50% 저감, 재생에너지 100% 달성. 2030 탈핵, 탈

석탄

8. 교통량을 줄이는 도시계획, 대중교통완전공영제, 2025년 전기
버스 100% 전환, 2028년 내연기관차량 생산·판매 금지

9. 순환경제 구축 – 산업 전 주기 탈탄소화와 재사용인프라 구축

10. 남북 공동 그린뉴딜 플랜 – 탈탄소경제 실현을 위한 남북 재
생에너지 협력

# 참고 문헌

2050 저탄소 사회 비전 포럼. 2020. "2050 장기 저탄소 발전전략"

관계부처합동. 2018. "2030 국가온실가스 감축목표 달성을 위한 기본 로드맵 수정안"

관계부처합동. 2019. "제2차 기후변화대응 기본계획"

국가정책기획위원회. 2019. 〈혁신적 포용국가 미래비전 2045〉 공개설명 자료.

국회도서관. 2019. 『신재생에너지』. Fact Book Vol. 76.

그레타 툰베리 외 지음. 고영아 옮김. 2018. 『그레타 툰베리의 금요일』. 책담.

기획재정부. 2019. "2020년 경제정책방향"

김동훈 지음. 2018. 『전력혁명과 에너지 신산업』. 나남.

나심 니콜라스 탈레브 지음. 차익종 외 옮김. 2007. 『블랙 스완 – 위험 가득한 세상에서 안전하게 살아남기』. 동녘사이언스

나오미 클라인(Naomi Klein) 지음. 이순희 옮김. 2014. 『이것이 모든 것을 바꾼다(This changes Everything)』. 열린책들.

데이비드 필링(David Pilling) 지음. 조진서 옮김. 『만들어진 성장(The Growth Delusion)』. 이콘

레스터 브라운(Lester Brown) 지음. 정성우. 조윤택 옮김. 2015. 『에너지 대전환』. 어문학사.

로버트 라이시(Robert Reiche) 지음. 안진환 옮김. 2011. 『위기는 왜 반복되는가』. 김영사.

뤼트허르 브레흐만 지음. 안기순 옮김. 『리얼리스트를 위한 유토피아 플랜』. 김영사.

마리아나 마추카토(Marriana Mazzucato) 지음. 김광래 옮김. 2013. 『기업가형 국가(The Entrepreneurial State)』. 매일경제 신문사.

마이클 제이콥스 외 엮음. 정태인 옮김. 2016. 『자본주의를 다시 생각한다』. 칼폴라니사회경제연구소.

마틴 포드 지음. 김대영 외 옮김. 2019. 『AI 마인드』. 터닝포인트.

밀턴 프리드먼(Milton Friedman)지음. 심준보.변동열 옮김. 1982. 『자본주의와 자유(Capitalism and Freedom)』. 청어람미디어.

바룬 시바람(varun Sivaram) 지음. 김지현 옮김. 2018. 『태양 길들이기(Taming the Sun)』. kmac.

발터 샤이델(Walter Scheidel) 지음. 조미현 옮김. 2017. 『불평등의 역사(The Great Leveler)』. 에코리브르.

산업통상자원부. 2017. "재생에너지 3020 이행계획(안).

산업통상자원부. 2017. "제8차 전력수급기본계획(안)"

산업통상자원부. 2019. "제3차 에너지기본계획"

송상현. 2019. "사우디아라비아 '비전 2030' 추진 배경과 과제". Asian Regional Review DiverseAsia Vol.2 No.1 (2019).

요한 록스트림(Johan Rockstrom) 외 지음. 김홍옥 옮김. 2015. 『지구한계의 경계에서(Big World Small Planet)』. 에코리브르.

윌리엄 노드하우스(William Nordhaus) 지음. 황성원 옮김. 2013. 『기후카지노』. 한길사.

이유진. 2019. "그린뉴딜(Green New Deal) 시사점과 한국사회 적용". 국토연구원

이유진. 2019. "미국의 그린뉴딜(Green New Deal) 정책과 한국에 주는 시사점". 국토연구원

자코모 달리사 외 지음. 강이현 옮김. 2018. 『탈성장 개념어 사전』. 그물코

제러미 리프킨(Jeremy Rifikin) 지음. 안진환 옮김. 2019. 『글로벌 그린뉴딜』. 민음사.

조너선 오스트리 외 지음. 신현호 외 옮김. 2020. 『IMF, 불평등에 맞서다』. 생각의 힘.

존 메이너드 케인스(John Maynard Keynes) 지음. 이주명 옮김. 1936. 『고용, 이자, 화폐의 일반이론』. 필맥.

케이트 래워스(Kate Raworth) 지음. 홍기빈 옮김. 2017. 『도넛 경제학』. 학고재.

클라우스 슈밥(Klaus Schwab) 지음. 송경진 옮김. 2016. 『클라우스 슈밥의 제4차 산업혁명』. 새로운 현재.

팀 잭슨(Tim Jackson) 지음. 전광철 옮김. 2009. 『성장없는 번영(Prosperity without Growth)』. 착한책가게.

허먼 데일리(Herman Daly) 지음. 박형준 옮김. 1996. 『성장을 넘어서: 지속가능한 발전의 경제학』. 열린책들.

호드 립슨 외 지음. 박세연 옮김. 2017. 『넥스트 모바일: 자율주행 혁명』. 더퀘스트.


Barth, Parrique et al. 2019. "Decoupling Debunked: Evidence and arguments against green growth as s sole strategy for Sustainability. European Environmental Bureau.

Beuret, Nicholas. 2019. "A Green New Deal Between Whom and For What?". Viewpointmag.com.

Bolding, Kenneth. 1966. "The Economics of the Coming Spaceship Earth".

Burch, Isabella et al. 2018. "Survey of Global Activity to Phase Out Internal Combustion Engine Vehicles". Center for Climate Protection.

Carlock, Greg. 2018. "A Green New Deal". Policy Report by Data for Progress

Cohen, Daniel. 2020. "A Green New Deal for American Public Housing Communities". Data for Progress.

Daly, Herman. 2008. Ecological Economics and Sustainable Development, Selected Essays of Herman Daly. Edward Elgar Pub.

Energy Transition Commission. 2018. "Mission Possible: Reaching net-zero carbon emission from harder-to-abate sectors by mid-century".

Energy Watch Group. 2019. "New Study: Global Energy System based on 100% Renewable Energy"

European commission. 2019. "Communication from the commission: The European Green Deal". Brussels.

European Commission. 2020. "The just Transition Mechanism: Making sure No One is left behind: The European Green Deal"

Friedman, Thomas. 2007. "A Warning from the Garden". The New York Time 2007.1.19.

Garcetti, Eric. 2019. "L.A.'s Green New Deal: Sustainable City pLAn".

Gunn-Wright, Rhiana et. al. 2019. "The Green New Deal". New Consensus.

Harris, Jonathan. 2013. "Green Keynesianism: Beyond Standard Growth Paradigms". Global Development and Environment Institute. Working Paper No. 12-02.

Harris, Jonathan. 2019. "Ecological Economics of the Green New Deal". Global Development and Environment Institute. Climate Policy Brief No.11.

Heinberg, Richard. 2016. Our Renewable Future. Island Press.

Holt, Richard et al. 2013. Post Keynesian and Ecological Economics. Edward Elgar.

IMF. 2019. "Fiscal Monitor: How to Mitigate Climate Change"

IRENA. 2019. "Future of Solar Photovoltaic". A Global Energy Transformation Paper.

IRENA. 2020. "10 years progress to action"

Klein, Naomi. 2019. On Fire: The (Burning) Case for a Green New Deal. Simon & Schuster.

Max Lawson et. al. 2020. Time to care. Oxfam Policy Paper

Mulvaney, Dustin. 2019. Solar Power: Innovation, Sustainability, and Environmental Justice. University of California Press.

Nersisyan, Yeva. Wray, Randall. 2019. "How to Pay for the Green New Deal". Levy Economics Institute. Working Paper No. 931.

Osborne, Martin. 2019. "5 reasons why a Green New Deal and Universal Basic Income go hand in hand". Independent media for radical, democratic, green movements.

Pettifor, Ann. 2019. The Case For the Green New Deal. Verso.

Pollin, Robert. 2018. "De-Growth vs A Green New Deal". New Left Review 112.

Sanders, Bernie. 2019. "The Green New Deal"

Stayton, Robert. 2019. Solar Dividends: How solar energy can generate a basic income for everyone on earth. Standstone Publishing.

Stiglitz, Joseph. 2019. Measuring What Counts. The New Press.

Stiglitz, Joseph. 2019. People, Power and Profits. Norton & Company.

UNCTAD. 2019. "A Road Map for Global Growth and Sustainable Development"

WEF. 2020. The Global Risks Report 2020.

## 기후위기와 불평등에 맞선
## 그린뉴딜

초판 1쇄 2020년 3월 20일
초판 4쇄 2021년 10월 15일
지은이 김병권
펴낸이 강상태
펴낸곳 도서출판 책숲
출판등록 제2011-000083호
주소 서울시 마포구 성미산로 5길 8, 삼화주택. 102호
전화 070-8702-3368
팩스 02-318-1125

ISBN 979-11-86342-30-5 03300

이 도서의 국립중앙도서관 출판시도서목록(CIP)은 서지정보유통지원시스템
홈페이지(http://seoji.nl.go.kr)와 국가자료공동목록시스템(http://www.nl.go.
kr/kolisnet)에서 이용하실 수 있습니다.(CIP제어번호 : CIP2020008933)